中公文庫

第三帝国の愛人

ヒトラーと対峙したアメリカ大使一家

エリック・ラーソン
佐久間みかよ 訳

JN229357

中央公論新社

娘たちへ、来るべき二五《トゥエンティファイブ》へ
（そして、よき犬モリーを偲んで）

人生の途中で、正道を見失い、暗い森に入りこんでいた
——ダンテ・アリギエーリ『神曲』第一歌

はじめに

序曲、あるいは、前奏

das ist erst das――それは始めるためのものである

辺りはまだ暗い夜明け前、アメリカ人の父と娘は、彼らのシカゴの快適な家を離れ、ヒトラーのいるベルリン中心部にいた。この父娘は、これから四年半ベルリンで過ごすことになる。物語の中心となるのは、最初の一年。この時期は、ヒトラーが首相から絶対的な専制君主へと上り詰めていく時期と重なっていた。あらゆることがバランスを失い、確かなことなど何もなかった。その一年は、あとに続く戦争と殺人の壮大な叙事詩の序曲であり、叙事詩のテーマは次第に明らかになっていったのだった。

ヒトラーの治世が暗さを増していくのを、真っ先に、だが、部外者としてどのような思いで見ていたのだろうと、私はいつも疑問に思っていた。この外交官とその客たちは、街の様子、見ること、聞くこと、匂い、一連の出来事をどのように考えていたのか。危険な時代には歴史の流れが容易に変わる、と慧眼な人は言う。それならば、なぜ誰にも変えられなかったのか。ヒトラーとその政権によってもたらされた真の危険を認識するのに、なぜ時間が掛かったのか。

他の人と同じように、私もこの時代の第一印象は本や写真から得たものにすぎない。色彩を持たない、灰色と黒のグラデーションの世界という印象を抱かせるものだった。二人の主人公は、決まった日課をこなしながら、生々しい現実に出会っていく。毎朝、赤と白と黒の巨大な旗が下がる市内を行き来していた。いつも同じカフェに立ち寄ったが、そこには、細身で黒い軍服姿のナチの親衛隊がいた。時折、大きなメルセデスのオープンカーに乗った小柄なヒトラーその人の姿も見かけた。彼らはまた、毎日、赤いゼラニウムが咲き誇る家々を見ながら歩いた。市内の大きなデパートで買い物をし、ティーパーティを開き、ベルリンの名所、ティーアガルテンの春の芳《かぐわ》しい空気を深く吸った。二人は、ゲッベルスやゲーリングと食事をしたり、踊ったり、ジョークを言い合う社交上の友人であったが、それは最初の一年が終わる頃までのことだった。その頃、ヒトラーが真の姿を現し、その後一〇年の要となる出来事が起こったのだ。父娘双方にとって、すべては一変した。

これはノンフィクションである。引用符で囲んであるものは手紙、日記、回想録、歴史文書からの引用である。この時代の壮大な歴史書を書くことに力を注いだわけではない。私の興味はもっとパーソナルな部分にある。父娘、主要な登場人物の経験と意識を通して、過去の世界を明らかにしたいと思ったのだ。この二人はベルリンに着くや、発見と変貌、そして最終的に深い絶望を知ることになる旅を始める。

この話には、少なくとも『シンドラーのリスト』のようなヒーローはいないが、ヒロイズムと思いがけない優美さを示す人々の姿を垣間見ることができる。時にはこちらを不安にさせる一面もあるとはいえ、いつも微妙なニュアンスを含んでいる。そこがノンフィクションの難しいところである。今ならばそうであったと知られているようなことはひとまず置いて、真実を未だ知らない二人と共に彼らが経験した世界を見ていこう。

怪物たちがその真の姿を露《あら》わにする前の複雑な時代を生き、翻弄された人々の記録である。

シアトルにて　エリック・ラーソン

目次

Ⅲ　庭園の堕天使

Ⅳ　骨の疼く寒さ

1934

V 動揺

VI 黄昏のベルリン

Ⅶ　すべてが変わる時

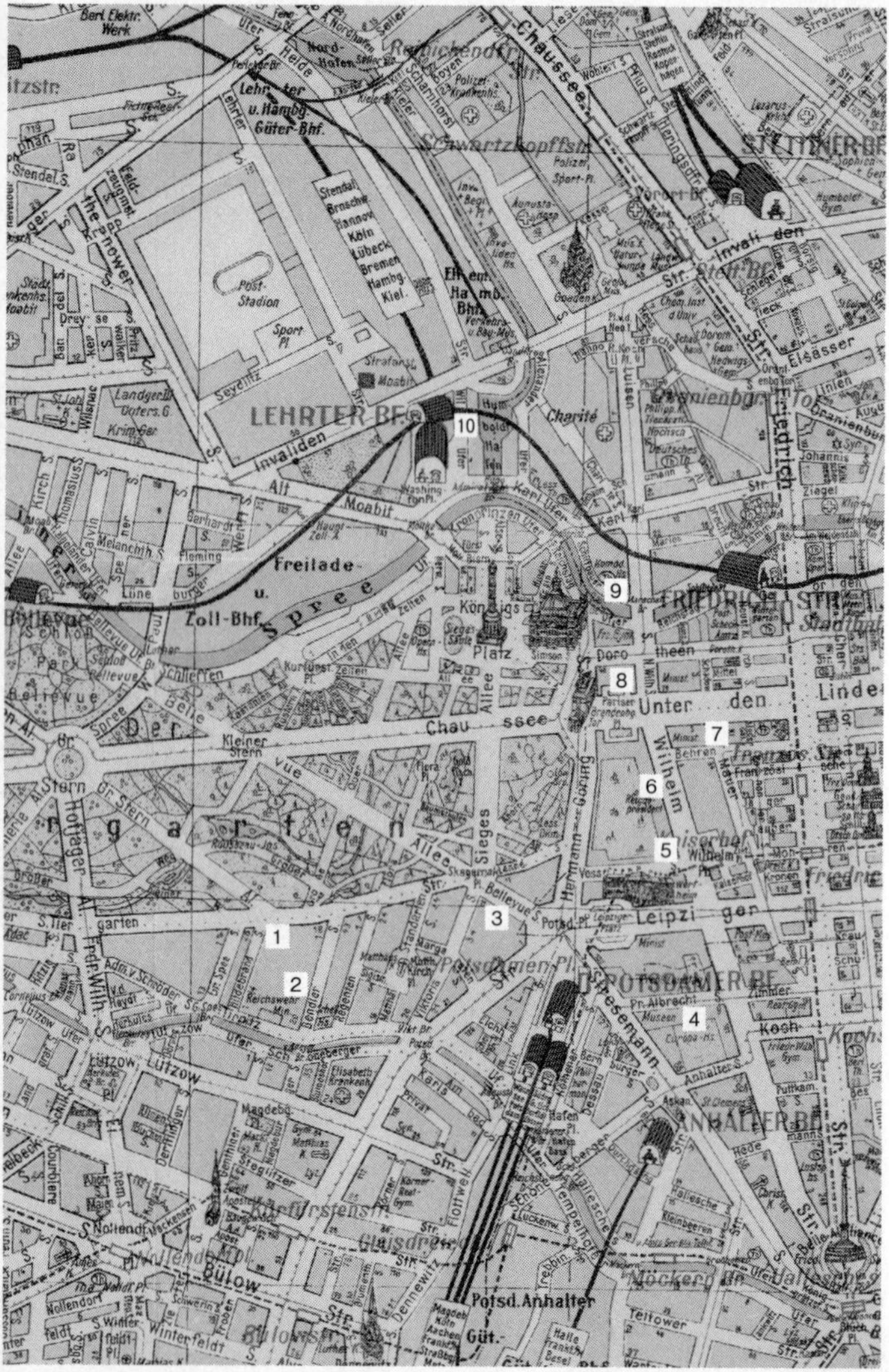

Berl. Elektr. Werk
Nord-Hafen
Lehrter u. Hambg. Güter-Bhf.
Stendal Brnschw Hannov Köln Lübeck Bremen Hambg. Kiel.
Chaussee
Schwartzkopffstr.
STETTINER BF.
Invaliden
Post-Stadion
Sport Pl.
Charité
LEHRTER BF.
10
Alt Moabit
Freilade- u. Zoll-Bhf.
Spree
Friedrich
FRIEDRICHSTR.
9
Königs Platz
Dorotheen
8
Unter den Linden
Chaussee
7
6
Wilhelm
5
Kleiner Stern
Gr. Stern
Hofjäger Al.
Siegesallee
Hermann-Göring
3
Leipziger
1
2
Potsdamer Pl.
POTSDAMER BF.
4
Stresemann
Lützow Ufer
ANHALTER BF.
Kurfürstenstr.
Nollendorf
Bülow
Potsd. Anhalter Güt.-
Möckern
Teltower
Halle

ティーアガルテン、1933 年
1　ティーアガルテン通り 27a
2　アメリカ大使館
3　ホテル・エスプラナーデ、アメリカ領事館
4　ゲシュタポ本部
5　首相公邸
6　ドイツ外交機関
7　ソビエト大使館
8　フランス大使館、イギリス大使館、ホテル・アドロン、ブランデンブルク門
9　帝国議会議事堂
10　レールテ駅
Plötzensee
Charlottenburg
Wilmersdorf
Zoolog. Garten

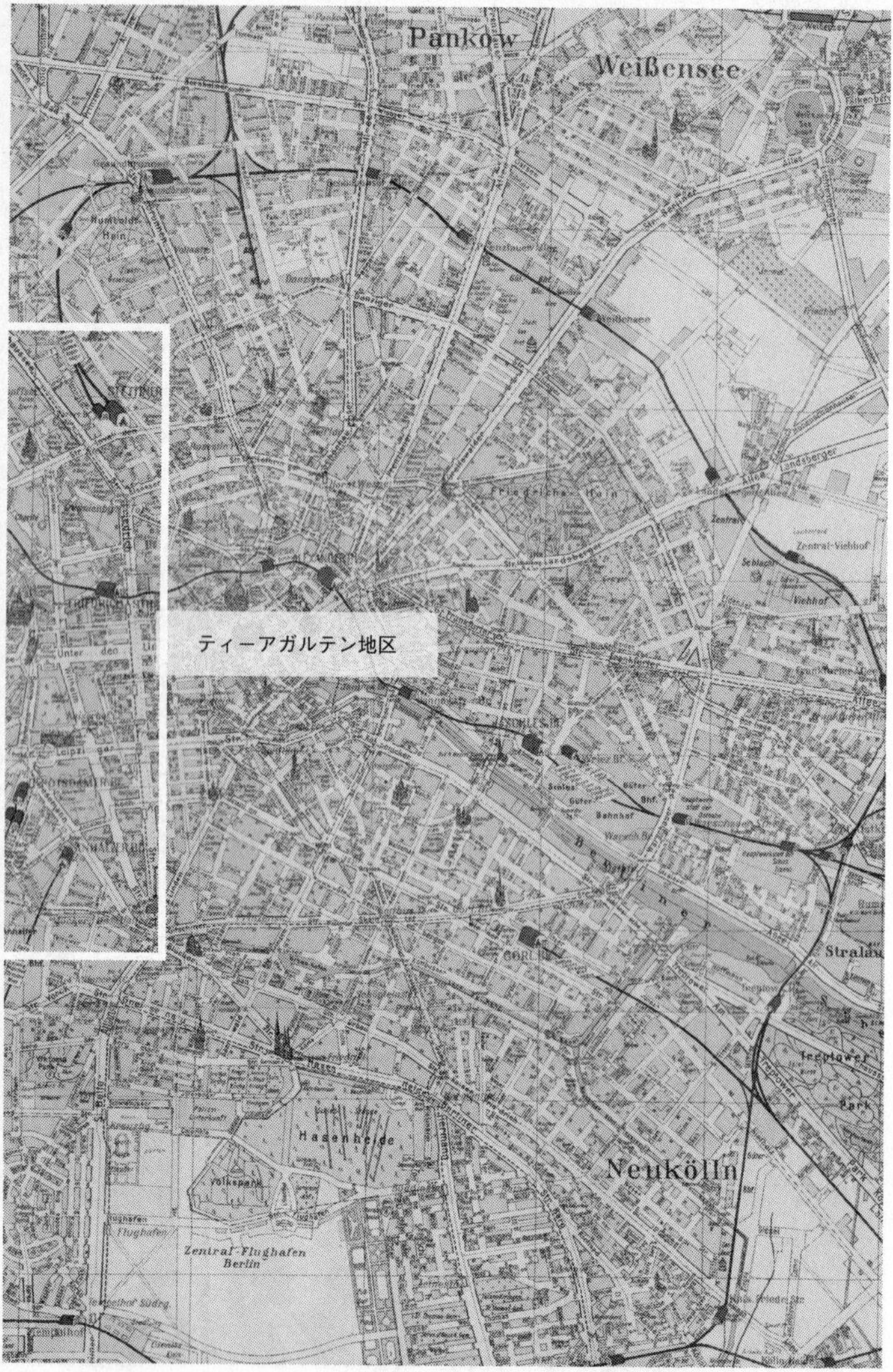
Pankow
Weißensee
ティーアガルテン地区
Zentral-Viehhof
Hasenheide
Neukölln
Zentral-Flughafen
Berlin

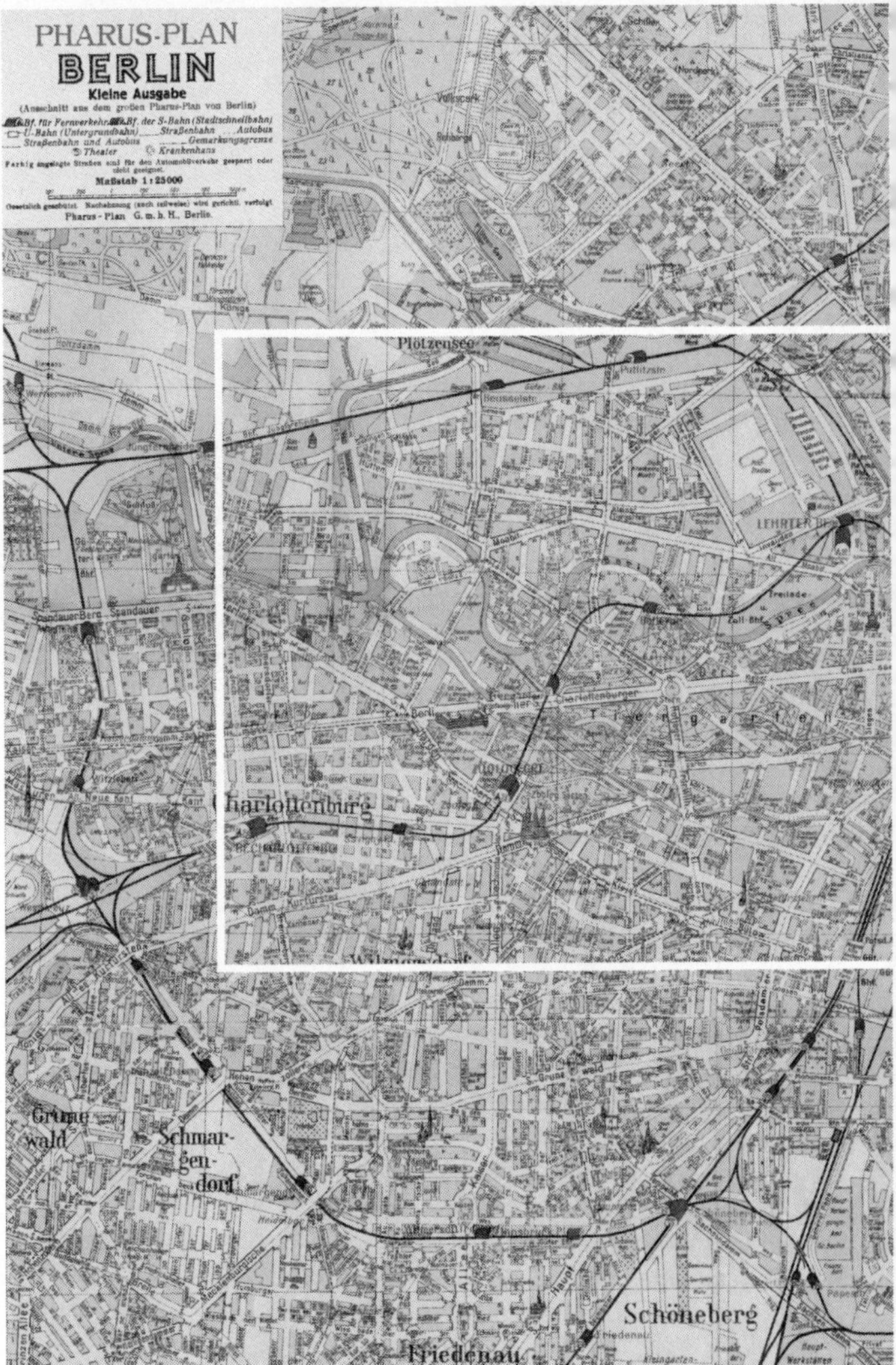
PHARUS-PLAN
BERLIN
Kleine Ausgabe
(Ausschnitt aus dem großen Pharus-Plan von Berlin)
Bf. für Fernverkehr
Bf. der S-Bahn (Stadtschnellbahn)
U-Bahn (Untergrundbahn)
Straßenbahn
Autobus
Straßenbahn und Autobus
Gemarkungsgrenze
Theater
Krankenhaus
Maßstab 1:25000
Pharus-Plan G.m.b.H., Berlin
Plötzensee
Charlottenburg
Tiergarten
Schöneberg
Friedenau
Schmargendorf
Grunewald

第三帝国の愛人

ヒトラーと対峙したアメリカ大使一家

凡例

一、本文中の〔 〕は引用に対する著者の補足、〔 〕は訳注をあらわす。

一、書名について、邦訳されているものは邦題とともに〔 〕内に刊行年と版元を併記した。未邦訳のものは原文中に記されている題名をイタリック体で表記し、〔 〕内にその逐語訳を記した。

1933

カーテンに隠れた男

在外アメリカ人がベルリンのアメリカ大使館を訪れるのはよくあることだった。しかし、一九三三年六月二九日木曜日にやってきた男の様子は尋常ではなかった。男の名はジョーゼフ・シャクノー、ニューヨーク出身の三十一歳の内科医で、最近までベルリン郊外で開業していた。彼は今、大使館一階のカーテンで仕切られた診療室に裸で立っていた。そこは普段、公衆衛生医官がアメリカに移住しようとするビザ申請者を診察する場所だった。その身体の大部分から皮膚が剝がれ落ちんとしていた。

二人の大使館員が到着し、診察室に入っていった。一人はジョージ・S・メッサースミス（ドイツ人航空エンジニアのヴィルヘルム・「ウィリー」・メッサーシュミットと縁戚関係はない）、一九三〇年以来ドイツのアメリカ大使館総領事だった。ベルリンでの上級外交官としてメッサースミスは、ドイツ国内の都市に駐在する一〇人の領事に指示を与えていた。その脇には、副総領事のレイモンド・ガイストがいた。ガイストは冷静沈着な男で、理想の副官だった。しかし、今はそのガイストが蒼白となり、明らかに動揺していた。

二人ともシャクノーを見てぞっとした。「首からかかとまで生肉の塊だ」とメッサースミスは思った。「鞭《むち》で容赦なく打たれ、肉が文字通り剝き出しになり血まみれだった。一目見るなり私は、吐きそうになり、［公衆衛生医官の］消毒用の洗面器をとった」。

鞭打は九日前に受けたものだとメッサースミスは知らされたが、その傷は未だに生々しかった。「肩甲骨から膝にかけて、九日経っても鞭打ちの痕が残っており、両側から打たれたことがわかった。臀《でん》部《ぶ》は生肉状態で、尻の大部分はそこを覆うはずの皮膚がなかった。肉体というより肉塊となっているところが方々にあった」。

これが九日目だとしたら、鞭打たれた直後の傷はどんなに酷かったかとメッサースミスはおののいた。

話はこうだった。

六月二一日夜、シャクノーの家に、彼が国家反逆者である可能性が高いという匿名の告発を受け、武装した分隊がやってきた。男たちは家を捜索し、何も出てこなかったが、本部へ彼を連行した。シャクノーは服を脱ぐよう命じられ、すぐに二人の男が鞭を持って激しく長い殴打を始めた。その後釈放され、なんとか家に辿り着くと、妻と共に、妻の母の家があるベルリン中心部へ逃げた。一週間ベッドで寝ていた。そして体力が回復するや、大使館に向かったのだった。

メッサースミスは彼を病院に連れていき、その日のうちに新しいアメリカ合衆国のパスポートを発行した。すぐさまシャクノーと妻はスウェーデンへ逃げ、それからアメリカに向かった。

一月にヒトラーが首相に指名されて以来、アメリカ国民に対する逮捕と暴力が頻発していた。しかし、これほど酷いものはそれまでなかった。何千ものドイツ国民が同じように酷い扱いを、いやもっと酷い扱いを受けていた。メッサースミスにとってこれは、ヒトラー政権下での現実の生活を象徴する一つの指標であった。こういった暴力は、残虐行為の暴発以上のものと受け止めていた。ドイツにおいて何か根本的なものが変わったのだ。

自分には明らかなことが、アメリカではほとんど理解されていないことも認識していた。ヒトラーの脅威の真の恐ろしさを世界に理解させる困難を抱えて、メッサースミスは次第に苛立っていった。ヒトラーが秘密裏に、そして猛烈に、ドイツに征服戦争へと備えさせていることは明らかだった。一九三三年六月、国務省に宛てた急報で、「本国の人になんとか理解してもらいたい。いや、ドイツで好戦的な気分が醸成されていることが確実であることを理解すべきだ。このドイツ政府があと一年権力を保持し、この雰囲気がさらに助長されれば、数年後ドイツは世界平和の脅威となる方向に向かっていくだろう」と訴えた。

さらに書き加えた。「ほぼ例外なく、今のドイツを支配している男たちは、あなたや私が理解できないメンタリティの持ち主だ。中には精神障害を持つ者もいて、定期的にどこかで治療を受けている」。

しかし、その時ドイツにはまだアメリカ大使が駐在していなかった。前大使のフレデリック・M・サケットは、アメリカの新大統領フランクリン・D・ローズベルトの就任式を機に三月に帰国していた（一九三三年の就任式は三月四日に行われた）。ほぼ四ヶ月の間、大使のポストは空席で、三週間後に新任者が来るなどということは期待薄だった。メッサースミスは、新任者について個人的には知らなかった。彼が得た情報は国務省の知り合いから聞いたことだった。新しい大使は、残酷さと腐敗と狂信の渦に巻き込まれても、アメリカの利益を守り、権力を見せつけることのできる強靭な人物でなければならないのは確かだった。権力だけが、ヒトラーとその取り巻きが理解できる唯一のものだったのだ。

ところが、新任者は謙虚な人物で、大恐慌に苦しむアメリカ国民への示しとして、ベルリンで慎ましい生活を送ることを誓ったということだった。信じ難いことだが、新大使はベルリンに、自分の使い古したシボレーを送って、その倹約ぶりを知らしめた。かたやベルリンでは、ヒトラー配下の者が、バスと同じくらいの大きさの巨大な黒いセダンの車を乗り回していたのだ。

I　藪の中

ハンブルク到着時のドッド一家

第1章　逃避の手段

シカゴに住むドッド一家の運命を変える電話が鳴ったのは、一九三三年六月八日木曜日の正午のことだった。その時ドッドは、いつものようにシカゴ大学の研究室にいた。

今や歴史学部学部長のウィリアム・E・ドッドは、一九〇九年から教授職を務め、アメリカ南部の研究とウッドロー・ウィルソンの伝記でアメリカ中に知られた学者だった。年は六四歳、引き締まった体型で、身長一七三センチ、目はブルーグレイ、髪は明るい茶色だった。黙っていると厳格な印象を与える顔だったが、実際は陽気で飾り気がなく、場を活気づかせるようなユーモアのセンスの持ち主だった。マッティとみんなに呼ばれる妻のマーサと二人の子どもがいた。娘の名は同じくマーサで二四歳、息子のウィリアム・ジュニア（通称ビル）は二八歳だった。

どこから見ても、ドッド一家は幸福で強い絆で結ばれた家族だった。決して富裕層ではなかったが、当時国中を襲った経済恐慌の最中にあっても豊かな生活を送っていた。大学から数ブロック離れたシカゴ・ハイドパーク近辺のブラックストーン通り五七五七番地にある邸宅に暮らしていた。ドッドは他にもヴァージニア州ラウンド・ヒルに、別荘として小さな農場を所有していた。郡の記録によると「概算で」約四七万坪〔東京ドーム三三個ほどの広さ〕あり、第一級の農本主義者で民主主義者のドッドにとっては、ここに滞在して二一頭のガーンジー種の牛の間を歩いたりするほうが落ち着けたのだ。他に四頭の去勢馬、ビル、コーリー、マンディ、プリンスとファーマール型のトラクター、馬が引くシラキュース鋤《すき》を持っていた。薪を燃やすコンロの上で、マックスウェル・ハウスの缶でコーヒーを沸かした。妻は農場があまり好きではなく、ドッドが農場に行っている間、家族はシカゴに残ることが多かった。ドッドは農場をストーンリーと名付けた。農場一面に岩が散らばっているからだが、この農場について話すドッドはまるで初恋の話をしているかのようだった。「果実はとても美しい。傷もなく、赤く熟し、香りもいい。見ると、梢《こずえ》が重みでたわんでいたりして」と、リンゴの収穫期、ある澄み切った夜に日記に書いた。「すべてが魅惑的だった」。

常套句ではあるが、ドッドは掛かってきた電話を「青天の霹靂《へきれき》」と言った。だが、これはいささか誇張であろう。というのも、彼の友人の間では、いつかはこんな電話があるだろう、とここ何ヶ月かの間囁《ささや》かれていたからである。ドッドを驚かせ、困惑させたのは、その内容だった。

いつの頃からか、ドッドは大学での役職に不満を覚えていた。歴史を教えることは好きだったが、書くことのほうが好きだった。数年を掛けて、南部の初期の歴史を再評価する決定的な研究、*The Rise and Fall of the Old South*〔旧南部の興亡、以下『旧南部』〕という四巻本のシリーズに取り組み始めた。しかし、日々の大学の雑務のためにしばしば研究が滞った。かろうじて第一巻は近々刊行となったが、年齢を考えると、残りは未完のままで葬られるのではと心配になった。学部と交渉し仕事量を減らしてもらった。しかし、その場しのぎの対策ではよくあることだが、彼が望んだようにはならなかった。スタッフの離反や、大恐慌がもたらした大学の財政上の問題によって、これまでになかったほど仕事が舞い込み、大学の事務方と付き合い、講義の準備をし、大学院の学生からの要望にも応えなければならなかった。一九三二年一〇月三〇日、施設課宛てに手紙を書いて、日曜にも研究室に暖房を入れるよう頼んだ。そうすれば、丸一日邪魔されずに執筆に専念できるからだ。友人には自分の役職を「厄介なもの」と言っていた。

不満に加えて、自分は今よりもっとよいキャリアにつけるという確信があった。早く出世できなかったのは自分が特権階級出ではなかったからで、自分より早く出世した人々と違って、実績をあげるためにいつも努力を強いられてきた、と妻にこぼしていた。一八六九年一〇月二一日、ノース・カロライナ州クレイトンの小さな村にある両親の家で生まれたドッドは、南北戦争前の階級意識が残る、南部白人社会の下位層の世界で育つ。父親のジョン・D・ドッドは、かろうじて読み書きができる自営農夫で、母親のエヴリン・クリーチは、ノース・カロライナのもっと上流の出で、格下の家との結婚と思われていた。二人は、エヴリンの父から譲り受けた綿花畑でなんとか生計を建てていたが、南北戦争後には綿花生産が増大して価格が下落し、次第にエヴリンの親戚が経営する雑貨店に借金をするようになった。この親戚はクレイトンの三名家の一つであり、ドッドは「やり手」と呼んだ。「実業家で貴族的な主《あるじ》！」

ドッドは七人兄弟の一人で、若い頃は家族の農場で働いた。労働は尊いものだと思っていたが、残りの人生を農場で過ごすつもりはなかった。自分のような下層出身の人間が運命を変えるには、教育を身につけることだと考え、上を目指して頑張った。「修道僧ドッド」とあだ名されるほど勉学に専心した。一八九一年一月、ヴァージニア農業工業大学（のちのヴァージニア工科大学）に入学した。そこでも真面目で熱心な学生として知られた。他の学生は大学所有の牛にペンキを塗ったり、偽の決闘を仕組んで相手を殺したと思わせて新入生を驚かす悪ふざけに興じていた。ドッドは一八九五年に学士に、一八九七年に修士になった。この時ドッドは二七歳だった。

有名な教授の推薦の下、寛大な大叔父からお金を借りて、一八九七年六月、博士号を取るべくドイツのライプツィヒ大学に向けて出航した。その時自転車を持参していった。ドイツでアメリカの一八世紀の資料を捜すのは難しいとわかっていたが、トマス・ジェファソンに絞って博士論文を書く決意をした。ドッドはそのために必要な授業をとり、関係の古文書はロンドンとベルリンで捜し出した。旅行もよくしたが、自転車を使うことが多かった。そしてしばしば、ドイツを覆う軍国主義的な雰囲気に出くわすこととなった。ある時ドッドのお気に入りの教授の一人が、「アメリカが強大なドイツ軍隊に侵略されたら、どれくらい無力か」を議論しようと言った。確かに、プロシアの好戦性はドッドを不安にさせるものだった。「どこに行っても戦争の雰囲気が漂っている」と書いた。

ドッドは一八九九年の晩秋、ノース・カロライナに戻った。何ヶ月か就職活動を行った後、ヴァージニア州アッシュランドにあるランドルフ・メイコン大学に講師の職を得た。そして、ドッドの故郷の近くに住む裕福な地主の娘、マーサ・ジョーンズとの再会を楽しんだ。友情はやがて愛に変わり、一九〇一年のクリスマス・イブに結婚した。

ランドルフ・メイコン大学で、ドッドは早速厄介なことに巻き込まれる。一九〇二年、ネイション誌に論文を発表した。ヴァージニア州では南部退役軍人会の圧力で、南部の名誉を傷つけるような教科書を禁止するよう運動が行われており、このキャンペーンを批判する内容のものを書いたのだ。南部による「アメリカ合衆国からの離反はまったく正しいことだった」と論じる歴史書こそが唯一正しいものだ、という退役軍人たちの考えを批判したのだ。

反発はすぐにやってきた。退役軍人会の活動で有名な弁護士は、ドッドをランドルフ・メイコン大学から解雇するよう運動を始めた。大学側はドッドを支持した。一年後、ドッドは再び退役軍人たちを批判した。今回はアメリカ歴史協会での講演で、退役軍人たちは「自分たちの狭い愛国心の基準に合わない本すべてを学校から閉め出そう」と躍起になっていると評したのだ。さらに、「正直で勇敢な男として黙っていることはできない」と激しく論じた。

歴史家としてのドッドの才覚が増すとともに、家族も増えていった。一九〇五年に息子が、一九〇八年に娘が生まれた。収入を増やすため、また、南部の敵たちからの攻撃がいつまでもやみそうにないので、ドッドはシカゴ大学の職に応募した。ここでのポストを手に入れると一九〇九年、凍りつくような一月、三九歳になったドッドは家族と共にシカゴへ向かった。この地でドッドは、向こう四半世紀を過ごすことになる。一九一二年一〇月、先祖からの生業と真のジェファソン主義の民主主義者としての信頼を確かなものとするため、農場を購入した。少年の頃はただ消耗するだけだった畑仕事は、今では魂のための気分転換とアメリカの過去を懐古するロマンティックな郷愁を誘うものとなった。

ドッドは政界に対して関心を持ち続けていたが、一九一六年八月、ウッドロー・ウィルソンの大統領執務室に呼ばれたことが重大な契機となった。ドッドの伝記作者によると、この出会いはドッドの「人生を大きく変える」ものだったという。

ドッドは、ヨーロッパで戦われている世界大戦への介入にアメリカが傾いていることを深く憂慮していた。ライプツィヒでの経験から、産業家と地主貴族の欲望を満たすためにドイツだけが戦争を始めようとしていることに疑問の余地はない、と思っていた。ユンカーと呼ばれる地主貴族階級は、ちょうど南北戦争前の南部貴族階級に当たるものだと考えられた。アメリカの産業界と軍事方面のエリートたちの間でも、同じような慢心が起きているとドッドは見ていた。国民戦争に備えるキャンペーンに軍の上部がシカゴ大学を巻き込もうとしていることを知って、ドッドは自制しつつも、総司令官である大統領に直接、不服の意を伝えた。

ドッドがウィルソンに望んだ時間はほんの一〇分ばかりだったが、まるでおとぎ話に引き入れられるように、ウィルソンの話に夢中になった。そして、戦争へのアメリカの介入を訴えるウィルソンは正しいと考えるようになったのだった。ドッドにとって、ウィルソンこそ現代のジェファソンであった。それから七年間、ドッドはウィルソンの友人となり、彼の伝記を執筆した。二月三日のウィルソンの死に際して、ドッドは深い喪に服した。

そしてドッドは次第に、フランクリン・ローズベルトをウィルソンに匹敵する人物と考えるようになり、一九三二年のローズベルトの大統領選挙戦に際して機会があれば彼を支持する話をし、書きもした。しかし、ローズベルトの取り巻きの一人になることを期待していたとしても、それは失望に変わって、大学のポストが要求する様々な仕事に身を不満ながら委ねていた。


六四歳となったドッドは、世に自分の業績を残すとしたら旧南部の歴史だと思っていたが、南部の歴史が敗北に向かう抗し難い力を象徴しているように、現実の問題として、大学は日曜日の暖房を止めてしまった。

ドッドは、「手遅れにならないうちに」執筆のための時間を持てるようなポストにつくため、大学を辞めることを考えるようになった。ハーグやブリュッセル大使のような、あまり忙しくない国務省のポストが理想ではないかという考えが浮かんだ。自分の政治的影響力を過大に評価しているところがあり、そういった地位につくのにも十分名声があると考えていた。ローズベルト就任前から、そしてその直後も、経済・政治問題で助言するために彼に手紙を書いた。選挙後まもなく、大統領から、あらゆる手紙に即座に返答はできないので、秘書官が代わりに返信していると書かれた印刷された手紙を受け取って、ドッドは困惑したに違いない。

しかしドッドには、商務長官ダニエル・ローパーなど、ローズベルトに近い友人が何人かいた。ローパーにとってはドッドの息子も娘も、甥や姪と言ってもよい近い間柄だったので、ドッドは躊躇《ちゅうちょ》なくローパーのもとへ息子を行かせて、ベルギーまたはオランダ大使に新政権がドッドを指名してくれる可能性があるかを聞いた。ドッドは息子に、「このポストには政府もそれなりの人物を考えているだろうが、仕事はそれほど大変なものではない」と語り、『旧南部』の完成を優先させたいと打ち明けた。「ローズベルトから指名を望んでいるわけではないが、生涯の仕事を頓挫させたくはない」。

つまるところドッドは閑職を望んでいたのだ。あまり忙しくなく、しかし体面と収入と、何より書く時間がある、そんな職を望んでいた。外交官という職が自分の性格に必ずしも合っていないかもしれないという自覚はあった。一九三三年の妻に宛てた手紙では、「ロンドン、パリ、ベルリンのような重要ポストに私は不向き」だと書いていた。「おまえのためにも心配している。「国のために外国に嘘をつく」ことができるような機知もないし、二枚舌を使えるタイプでもない。もしベルリンに行ったら、ヒトラーに屈服して、ドイツについて学び直すことになるだろう」。しかし、と付け加えている。「そんなことについて書くのは無益だ。向こう四年間、誰がベルリンで暮らしたいだろうか」と。

息子がローパーと話したからか、あるいは他からの力か、ドッドの名前が噂されるようになった。一九三三年三月一五日、ドッドはヴァージニアの農場に滞在中ワシントンに行って、これまで何度か会ったことのある、ローズベルト政権で国務長官になったコーデル・ハルと話をした。ハルは長身でシルバーグレイの髪、がっしりした顔をして顎《あご》にしわがあった。外見は国務長官が持つべき様相をしていたが、彼をよく知る者は、怒るとおよそ政治家とは思えないような悪態をとめどなくつき、また発話に問題があって、漫画の主人公エルマー・ファッドのように、ル（r）の音がウ（w）になることがあった。ローズベルトは、ハルが「トウェイド・トウィーティ（トレード・トリーティ〔貿易協定〕）」と言った時、呂律が回ってないと密かによくからかっていた。ハルは、まさにドッドが望んでいた、オランダかベルギーのポストの指名を受けるかどうかと言及した。しかし、そういったポストが要求するであろう日常の現実について想像を巡らして、ドッドは突如躊躇した。「諸事情を熟慮して、そのようなポストは引き受けられない、とハルに伝えた」と手帳に書き込んだ。

しかし、彼の名はその後もリストに残った。

そして六月のあの木曜日、ドッドの電話が鳴ったのだった。受話器を当てると、すぐにその声の主が誰かわかった。

第2章　空白のベルリン大使のポスト

誰もその職を引き受けたがらなかった。新しく選ばれた大統領ローズベルトにとって、一番たやすいと思った仕事の一つが、一九三三年の六月には、最も困難な仕事の一つとなった。大使の職としてベルリンは、ロンドンやパリほどではないものの、素晴らしいポストであった。依然としてヨーロッパの偉大な首都の一つだったし、さらにベルリンは、新しく首相に選ばれたアドルフ・ヒトラーの指導力の下で革命的な変化を遂げている国の中心であった。ベルリンは、見方によっては、偉大なる復興とも野蛮な暗黒化ともいえる変貌を遂げていた。ヒトラーの台頭によって、ドイツでは国家による事件が起こっていた。ヒトラーの褐色の制服の準軍事組織、シュトルムアプタイルング（SA。ナチ突撃隊）は日ごとに凶暴になり、共産主義者、社会主義者、ユダヤ人を逮捕し、殴打し、また時には殺害していた。ナチ突撃隊は、即席の監獄や拷問所を地下や納屋などいたるところに作った。ベルリンだけでもこうした秘密基地が五〇もあった。何万人もの人が逮捕され監禁され、それは、まったく茶番の「保護拘禁《シュッツハフト》」と呼ばれた。保護拘禁中に五〇〇から七〇〇人の囚人が亡くなった。警察の証言によると、他にも溺れさせられたり、首を絞められたりしていた。ベルリン中心部にあるスマートな現代的建物で有名なコロンブスハウスとよく間違えられるコロンビアハウスは、テンペルホーフ空港近くの監獄として特に悪名高かった。この激動は、ニューヨークのユダヤ人ラビ（ユダヤ教の師）、スティーブン・ワイズをして、友人に次のように語らしめた。「文明というフロンティアの一線を越えた」と。

一九三三年三月九日、大統領職に就いて一週間も経たないうちにローズベルトは、ベルリンのポストを埋める試みを始めたが、ちょうどその頃ドイツでの暴力行為は残忍さのピークに達していた。まず、一九二〇年の大統領選に立候補したジェームズ・M・コックスに持ちかけた。ローズベルトはこのとき副大統領候補だった。

美辞麗句に溢れた手紙にローズベルトは、「ドイツ大使としてあなたの名前をどうしても上院に送りたいのは、親愛の情からだけでなく、この重要なポストに適するのはあなたしかいないと考えるからです。どうか、あの明るいご夫人と、彼女こそ大使夫人にふさわしいと思いますが、御相談の上お引き受けいただきたく思います。承諾の電報を何卒《なにとぞ》お送りください」と書いた。

コックスの返事はノーだった。いくつかの新聞の社主としても、経営上の様々な問題のために断らざるをえないとのことだった。コックスはドイツでの暴力については触れていなかった。

ローズベルトは、国家を揺るがす経済危機に対処するためにこの問題を一時棚上げした。この危機は大恐慌と呼ばれ、その春までに農業従事者以外の労働者の三分の一が失業し、国民総生産が半分になっていた。少なくとも一ヶ月はこのポスト問題に取り組めなかった。そして次に、ウッドロー・ウィルソン時代の陸軍長官であり、現在クリーブランドで法律事務所を経営しているニュートン・ベーカーに持ちかけた。ベーカーも断ってきた。第三の男、傑出した実業家オーウェン・D・ヤングも断った。そこでローズベルトは、民主党のキーパーソンであり、有力な支援者でもあるエドワード・J・フリンに持ちかけた。フリンは妻と相談し、「自分たちの小さな子どもたちの年齢を考えると、不可能だという結論になりました」。

ある時、ローズベルトはウォーバーグ家の一人に、「ジミー、私の大使としてユダヤ人をベルリンに送ったら、あのヒトラーに相応の扱いをしたことになろう。どうだい?」と冗談めかして言ったことがある。

六月も近くなり、大使任命の期限も迫ってきた。ローズベルトは、全国産業復興法を通過させるために全力を尽くしていた。この法案はニューディールの目玉となるもので、強力な共和党の中核勢力から反対を受けていた。その月の初め、議会がもう何日かで夏の休会に入るところだった。法案がもうすぐ通過しようという時、共和党と一部民主党の反撃があった。彼らは山ほどの修正案を提案し、上院にマラソン議会を強いた。ローズベルトは、議事が長くなればなるにつれ、議案が廃案になるか弱体化することを恐れた。議会の会期が延びることは、夏の休暇に出掛けようとしている立法府職員の怒りを招く恐れもあった。誰もが苛立っていた。晩春に到来した熱波は、何百人もの命を奪うほどの高温をもたらした。ワシントンは熱波に包まれ、人々は悪臭を放った。ニューヨーク・タイムズ一面の三行コラムには、「ローズベルト、早期議会解会のためプログラムを削減。政策は危機に」と書かれた。

そこには葛藤があった。議会が承認したならば、新しい大使の予算も決めなければならない。つまり、議会が早く決着すればするほど、ベルリンの新大使を決めるプレッシャーがローズベルトに掛かってくることになった。そこでローズベルトは、自分の取り巻き以外の人々を候補に考え始めた。少なくとも三つの大学の学長を務め、マンハッタンのリバーサイド教会のバプティストの牧師でもある、平和主義者として有名なハリー・エマソン・フォスディックらである。しかし、どの候補も理想的とは言えず、結局誰にも声を掛けることはなかった。

六月七日水曜日、閉会まで数日を残して、ローズベルトは親しい相談者らに、新しい大使が決まらないフラストレーションを漏らしていた。その中に、ローズベルトが時々「アンクル・ダン」と呼ぶ商務長官のローパーがいた。

ローパーはしばらく考え、まったく新しい候補を提案した。自分の長年の友人の名前であった。「ウィリアム・E・ドッドはどうでしょうか」。

「いい考えだ」とローズベルトは言った。しかし、本当にその時、そう思ったのかは定かでない。大変気さくなローズベルトは、必ずしも言う必要のないことを約束しがちだった。

「考えてみよう」とローズベルトは答えた。

ドッドは外交官になるタイプでは決してなかった。裕福でもない。政治的に影響力があるわけでもない。ローズベルトの友人でもない。しかしドイツ語が話せ、ドイツに詳しいと言われていた。懸念材料の一つは、ドッドのウッドロー・ウィルソンとのかつての繋がりだった。ウィルソンは、諸外国を世界情勢に関与させたかった。そのため、アメリカ合衆国は他国への干渉を避けるべきだとする、勢力を広げつつあったアメリカ主義者の仲間にとってウィルソンは厄介な存在だった。アイダホのウィリアム・ボラとカリフォルニアのハイラム・ジョンソンらに率いられた「孤立主義者」は次第に騒々しく強力になっていた。世論調査によると、アメリカ国民の九五パーセントが、外国との戦争を望んでいなかった。ローズベルト自身は国際的な関与を望んでいたが、国内政策の進展を妨げないように、この件に関する意見は表に出さないようにしていた。しかしながら、ドッドがこの孤立主義者たちを刺激するようには思えなかった。ドッドは穏健な歴史家であり、ドイツを実際に知っていることには大きな価値があった。

ベルリンは、一年後と比べれば、まだ多忙をきわめる要衝地ではなかった。ヒトラー政権は長く続かないだろうという予想が広まっていた。ドイツの軍事力は限定的で、帝国国防軍といわれる軍隊は一〇万に過ぎず、フランス、イギリス、ポーランド、ソビエトの連合した軍事力には及ばす、隣国のフランス一国の軍事力にも及ばなかった。この年の初め、ドイツ各地の暴力的な締め付けはあったものの、ヒトラーは、実際以上に節度ある人物を装っていた。一九三三年五月一〇日、ナチ党は、アインシュタイン、フロイト、マン兄弟の本を不適切な本としてドイツ中で燃やした。一方、この七日後には平和への貢献を宣言し、他国の範となるかのように完全非武装化を宣言するに至った。世界は安堵した。世界恐慌と、続いて起きた干ばつという、ローズベルトが直面する問題の背景として、ドイツは何にもまして苛立たしい存在となっていた。ローズベルトとハル国務長官にとって最も火急のドイツ問題は、アメリカへの一二億ドルの借金だった。この返済をヒトラー政権は拒もうとしていたのだ。

ヒトラー政権と交渉するにはどのような人格が必要かなど、誰もほとんど考えていなかった。ローパー商務長官は、「ドッドは外交問題をうまく扱うから、会議が難航したら、ジェファソンを引用して潮流を変えるだろう」と信頼していた。

ローズベルトは、ローパーの助言を真面目に受け止めた。

時間の余裕はなく、国家が経済危機へ陥る時にやるべきことは多かった。

翌六月八日、ローズベルトはシカゴに長距離電話を掛けた。

簡潔に話した。「政府に奉仕する気があるか聞きたい。ドイツに大使として行ってもらいたいのだ」と。

「ドイツでリベラルなアメリカ人の手本を示してもらいたい」とも加えた。

大統領執務室も暑かったが、ドッドのオフィスも暑かった。シカゴの気温は三二度をゆうに超えていた。

ドッドは、妻と相談する時間がほしいとローズベルトに言った。

二時間待つ、と彼は答えた。

ドッドがまず大学に話したところ、引き受けるよう促された。そして、猛暑の中、早速家まで歩いて帰った。

一つ大きな気掛かりがあった。彼の最優先事項は『旧南部』の執筆だった。ヒトラー政権下のドイツの大使になることは、大学の役職を果たすよりも執筆時間が少なくなることを意味していた。

妻マッティはよく理解していた。ドッドには認められることが必要で、これまでの人生でなしとげた以上のことが彼はできるはずだと思っていた。彼女は、ドッドがここ何年も、ほとんど評価されていない時にも大きな支えとなっていた。「私のような気質の人間には、なかなか適切な場所がない。おまえと子どもたちにはすまないと思っている」と、その年の初めに農場から出した手紙にドッドは書いていた。「こうした歴史の転換を以前から予測しながら何もできない夫を持つことは、おまえのような献身的な妻にはつらいことだろう。高い地位を得ることもできず、長い研究者人生の実りも得ることができないのだから。不幸としか言いようがない」と続けた。

ひとしきりの議論と互いに熟考し合った後、ドッドと妻は、ローズベルトのオファーを受けることにした。この決断を少し容易にしたのは、もしシカゴ大学が「要求すれば」一年以内にドッドが復職できることを、ローズベルトが認めたためだった。しかし、今はベルリンに行ってもらいたい、とローズベルトは言った。

遅れること半時間、二時半にドッドは、懸念を抑え込んでホワイトハウスに電話をし、職を受けるとローズベルトの秘書官に伝えた。二日後、ローズベルトは上院にドッドの指名を提出した。上院は、ドッドの登院も、重要なポストの指名にはその後慣例となる果てしない公聴会も要求することなく認めた。この指名についてマスコミはほとんど取り上げなかった。ニューヨーク・タイムズは、六月一一日付け日曜版の一二頁目にごく簡単なレポートを載せた。

国務長官のハルは、ロンドンで重要な経済会議に出席する途中だったので、この件に関してコメントしなかった。たとえドッドの名前が出ていたとしても、何も言わなかっただろう。ローズベルトのやり方は、先達に相談することなく仲間内で直接指名をするもので、このやり方はハルを限りなく苛立たせた。のちにハルは、ドッドの指名に反対はしないが、ドッドには「我々の友人ウィリアム・ジェニングズ・ブライアンのように過度に没頭するところがあり、いつ何時脱線するかもしれない懸念がある。ゆえに、有能で聡明とはいえ、私が知る限り今も昔も厄介な場であるベルリンによき友人を送ることには留保をつけた」と言うことになる。

このポストを以前断ったエドワード・フリンは、ローズベルトは間違えてドッドに電話を掛けたのであり、本当はウォルター・F・ドッドという名のエール大法学部の元教授に掛けるはずだった、と誤った情報を流した。その噂が広まって、ドッドは「電話帳ドッド」とあだ名された。

次にドッドは、成人した子どものマーサとビルを、人生のいい経験になると誘った。これは、家族が集まる最後の機会だとも思った。『旧南部』も大切だったが、それ以上に家族と家庭は彼にとって愛そのものであり必要なものだった。クリスマスも近い寒い一二月の夜、娘が一年間留学しているパリに妻は滞在し、息子も出張中だったので、ドッドは一人、農園で娘に手紙を書いていた。その夜はかなり暗い気分だった。二人の成人した子どもを手元に置くことは無理だと思った。すぐに二人ともそれぞれの人生を歩み、彼らと自分たちの関係は希薄になるとわかっていた。彼の人生は『旧南部』以外、消えていくように感じた。

「愛する子どもたちへ、怒らないで聞いてほしい。おまえたちは、私にとってかけがえのない存在だ。困難な人生でおまえたちの幸福が私の心の支えだ。明るく成長するおまえたちのことを考えなかったことはない。おまえたちの年齢も承知しているし、その考えも成長も大事に思っている。もう子どもではない」と書いた。「私たちの前に道がある。おまえたちの人生は始まったばかりで、私はその先達だ。だから自分の前の影を頼りに生きていけばいい。去っていく友人もいる。他の友人とも決してずっといられるわけではない。五月と思っていたら、もう一二月だ」と続けた。さらに、家庭は「私の人生の喜びである」と記した。でも今、みんな世界のほうぼうに散らばっている。「私はそれぞれがこのまま違う方向へ行ってしまい、一緒にいられるのがほんの少ししかないことに耐えられない」。

ローズベルトのオファーは、たとえ短くても家族がもう一度集まる機会を与えてくれるものだった。

第3章　選　択

アメリカの経済危機を考えると、父ドッドからの誘いは、決して安易に承諾すべきものではなかった。マーサとビルは幸運にも職にありついていたからだ。マーサはシカゴ・トリビューン紙の文化部門の編集補佐、ビルは歴史教師で学者の卵でもあった。しかし、ビルの仕事ぶりは生彩を欠き、父親を心配させていた。一九三三年の妻への手紙には、ビルに対する心配が溢れんばかりに書かれている。「ウィリアムはいい教師だが、きつい仕事を嫌がっている」。自動車のことになると、特に注意力散漫だと書いている。「彼の研究を助けたいと思っているうちは、われわれはシカゴで車を持たないほうがいいだろう。自動車の存在は大きな誘惑だから」と。

マーサは仕事面ではうまくいっていたのでドッドも喜んでいたが、プライベートの問題では心配していた。子どもを二人とも愛していたが、マーサは彼の自慢の種だった（マーサが最初に話した言葉は「ダディ」だった）。マーサは身長が一六〇センチ、金髪に青い目で笑顔が素敵だった。ロマンティックなことが好きで、仕草には誘うようなところがあり、若者だけでなく多くの年代の男たちを惹きつけた。

一九三〇年四月には、オハイオ州立大学の英文科教授ロイヤル・ヘンダーソン・スノウと婚約した。この婚約は六月には破棄された。そして、*Death of a Young Man*〔ある若者の死〕という作品を何年か前に出版した作家のW・L・リバーと短い間付き合った。彼はマーサのことをモッティと呼び、あきれるほど長い文を書き連ねて彼女に忠誠を誓った。彼は一文が七四行もある文章もあって、いわゆる実験的文体であった。「あなた以外にほしいものはありません。いつでもあなたと共にいて、あなたのために働き書き、あなたの住みたいところに住み、あなた以外は何も愛さず、あなたを地球一杯の愛で満たし、永遠のそして精神的な愛で……」。

しかし、彼の願いは叶わなかった。マーサは、「優しくキス、花びらとたわむれる光」と書いたシカゴ出身のジェイムズ・バーンハムと恋に落ちた。彼らは婚約した。マーサは、今度は結婚まで行けると思っていた。差し迫った結婚に対する様々な不安が、果てのないものになったある夜までは。両親がたくさんの客をブラックストーン通りにある自宅に招いた。その中に、第一次大戦の退役軍人で今はニューヨークにある銀行の副頭取をしているジョージ・バセット・ロバーツがいた。友人たちからバセットと呼ばれていた。彼はニユーヨーク北部郊外のラーチモントに両親と住んでいた。人気のコラムニストが彼の出世について書いていて、「きれいに髭《ひげ》を剃り、声は穏やかだ。話しぶりはゆっくりだが、……旧いタイプの厳格な銀行家でも面白みのない統計学者でもない」と評している。

マーサは、ジョージが他の客に紛れている時には特に彼を魅力的だとは思わなかった。しかし、その夜彼が一人で立っている姿に遭遇する。マーサは、「打ちのめされたわ。我が家の広間で他の人たちと離れているあなたの姿を見た時、飛ぶ矢に射られたように痛みと甘美が襲ったの。冗談みたいでしょ。でもその時は本当にそう思ったの。人を一目見て好きになったのは初めてだったわ」と書いている。

バセットも同じように心を動かされた。彼らは遠距離恋愛に情熱を傾けた。一九三一年九月一九日の手紙で、「あの午後のプールは楽しかった。僕が水着を脱いだ時の君の可愛かったこと！」と書いている。その数行後には「ああ、なんて女だ。君って人は」とも。マーサも、彼が彼女の「花を摘み取った」と記している。バセットは、マーサを「恋人」とか「私の人」と呼んでいた。

しかし、彼はマーサを困らせた。バセットはたいていの男のようには振る舞わなかった。「これまで私が愛し愛された時は、短い期間のうちにプロポーズされないことなどなかった」とのちに彼に書いている。「だから私はとても傷ついたの。私の愛の木に苦い汁がかけられた」と。彼女は結婚したがっていたが、彼ははっきりしなかった。そこで彼女が先手を打った。バーンハムとの婚約をそのままにして、バセットを嫉妬させたのだ。「僕を愛するか、愛さないか、どちらかだ」と、彼はラーチモントから手紙を書いた。「僕を愛しているなら、そして正気なら、他の男なんかと結婚などできない」と。

二人とも消耗し、ついに一九三二年三月、結婚した。しかしこれも、二人の不安定な関係を延ばすものでしかなかった。友人たちにさえ結婚を秘密にしたのである。「ものすごくあなたが好きで、長い間自分のものにしようと努力したわ。でも結局その努力に疲れ切り、愛も消耗してしまったの」とマーサは書いた。そして結婚の翌日、バセットは取り返しのつかない誤りを犯す。折悪しくも銀行の仕事のため、ニューヨークに行かなければならなくなったのだ。さらに悪いことに、花を贈り忘れた。「ちょっとした失敗」とマーサはのちに呼んだが、実は深い意味のある誤りだった。その後バセットは、金に関する国際会議のためジュネーブに行った。その時、また別の誤りをした。出発前に電話をして、「二人の結婚のことを気にかけていて、地理的に離れることがとても不安だ」と言わなかったのだ。

結婚の最初の一年、二人は離れて暮らした。ニューヨークとシカゴで時々落ち合ったが、この物理的別離は二人の関係の緊張を増すことになった。マーサがのちに言ったことだが、バセットが提案したようにニューヨークに行って一緒に暮らし、ジュネーブへの旅を新婚旅行にすべきだった。しかし、その時にはバセットにも自信がなかった。ある電話ではバセットは、自分たちの結婚は間違いでなかったかと口にしていた。「私も同感」とマーサは書いた。マーサの言葉によれば、その時から、彼女は他の男たちと「浮気」を始めた。両親の友人であり、一五歳の時から知っているカール・サンドバーグとも関係を持った。サンドバーグは、詩を小さな奇妙な形の紙片に書き、自分の金色の前髪を黒いボタン糸で結んで贈った。メモで「シェナンドア川の轟《とどろ》きと薄い青色の雨の囁きに負けずに君を愛す」とも宣言した。のちにマーサも言っているが、「自分の傷を癒すのに精一杯で、サンドバーグや他の人のことであなたを傷つけていた」。

　ある日、ブラックストーン通りのドッド邸の庭で、こうした不安が一つになった。マーサは、「どうして私たちの結婚がうまく行かなかったか知っている？」「私は二三になったけれど、家から出るにはあまりに未熟だったの。あなたと私が結婚してすぐに、自分の家の庭で誰かとふざけていた時、父に「小さな私の娘は年取ったお父さんを置いていくのだね」と言われて、胸が潰れそうだった」と書いている。

　こうしたプライベートな一連の騒動があった時に、ベルリンに一緒に行かないかと父親がマーサを誘ったのだ。彼女は突然、選択を迫られた。バセットと銀行、そしてやがてはラーチモントの家で芝生と子どもがいる生活をすることになるか、それとも父と一緒にベルリンで知らない人との生活を選ぶか。

父からの誘いは抗し難いものがあった。彼女はバセットにのちに次のように書いている。

「父と「冒険」か、それともあなたか。やりたいと思う方を選ぶしかなかった」。

第4章　不　安

翌週ドッドは、列車でワシントンに行った。六月一六日金曜日、ローズベルトと昼食をとったが、執務室の机の上にトレイを二つ置いた食事だった。

ローズベルトはにこやかで快活だった。様々な話題から、最近ワシントンに来たドイツの帝国銀行《ライヒスバンク》総裁ヒャルマル・シャハト（フルネームはホレス・グリーリー・ヒャルマル・シャハト）の話になった。彼は、ドイツがアメリカに借金を返済すべきか決定するのに影響力のある人物だった。ローズベルトは、シャハトの伝説的な横暴さをくじくため、国務長官のハルにあらゆる手練手管を使うよう指示したことを説明した。シャハトがハルのオフィスに来て机の前に立つという場面を想定した。ハルは、シャハトがそこにいないかのように「何か書類を探している」というのが、ドッドが記憶している筋書きだ。とうとうハルは探していない振りをする。シャハトが立っているのに、三分間その存在に気が付かなかったものを発見する。それは、ドイツのデフォルト〔債務不履行〕を非難するローズベルトからの厳しい指示である。その時初めてハルは立ってシャハトに挨拶しつつ、そのメモを渡すというものだった。この目的は「ドイツ人の姿勢の横柄なところを少しくじくというものだった」。ローズベルトは、これがとてもうまくいくだろうと思っていたようだ。ローズベルトは次に、ドッドに何を期待するかという話題に移った。まずドイツの借金の問題だが、やや葛藤も述べた。アメリカの銀行はドイツの産業と国民にお金を貸し、合衆国に関係する債券を売ることで「法外な利益」を得ていることをローズベルトは知っていた。「しかし、我が国民も返済を受ける権利がある。これは政府の責任範囲ではないが、支払猶予を防ぐためにあらゆることをやってほしい」。ドイツの支払猶予は「アメリカの景気回復を遅らせることになる」。

次の話題は、誰もがそう呼ぶことになるユダヤ人「問題」、あるいは「案件」であった。

ローズベルトにとって、これは危険な領域だった。ナチのユダヤ人に対する扱いに驚いてもいたし、その年の初めドイツを震撼させた暴力事件のことも知っていたが、それを非難する直接の声明は避けていた。ユダヤ人指導者のラビであるワイズ、アービング・リーマン判事、ルイス・L・ストラウス（クーン・ローブの共同経営者）らはローズベルトに声明を望んだ。しかし、フェリックス・ウォーバーグ、ジョーゼフ・プロスカウアー判事らは、アメリカにユダヤ人が入国しやすくなるよう大統領に働きかけるというソフトなアプローチを望んだ。ローズベルトのどちらの立場にも応えない態度は怒りを買った。一九三三年一一月には、ワイズはローズベルトのことを、「ユダヤ人問題に関して彼に面倒を掛けないと信じられるユダヤ人の友人以外には、不動で御し難く、近づき難い」と述べている。フェリックス・ウォーバーグも、「これまでの口約束は何一つ実現していない」と書いている。ローズベルトのよき友人で、のちに最高裁裁判官に指名されるハーヴァード大学の法学教授フェーリックス・フランクフルターも、ローズベルトを動かすことができず落胆していた。しかしローズベルトは、ナチの迫害を公的に非難することによる政治的損害がいかに大きいか、またユダヤ人の入国緩和の推進がいかに大きな影響を引き起こすかを承知していた。アメリカの政治姿勢いかんで、ユダヤ人問題を移民問題とする火種を作ることになるからである。アメリカが大恐慌から立ち直ろうとする時のドイツのユダヤ人迫害は、ユダヤ人難民の大規模流入の恐怖を引き起こした。孤立主義者は、ナチによるユダヤ人迫害は、ヒトラー政権が行っている限り国内問題であり、アメリカの問題ではないと主張して、論争に別の側面を持ち込んだ。

アメリカ国内のユダヤ人たちもこの問題で二分した。一方はアメリカ・ユダヤ人会議で、デモやドイツ製品ボイコットを含むあらゆる形の反抗を呼びかけた。ひときわ際立っていたのが指導者のラビ・ワイズで、この組織の名誉会長であった。一九三三年になってもローズベルトがいっこうに公的な抗議をしないので、彼の不満は募る一方だった。ワシントンに旅行中に大統領に面会しようとしたが、うまくいかなかった。「大統領が会うのを拒むなら、私は戻ってユダヤ人に雪崩《なだれ》のような行動を起こさせよう。私には切り札がある。その方がいい、これまで語らなかったことを今こそ話そう。神よ助けたまえ、私は戦うぞ」と書いている。

もう一つの方は、アメリカ・ユダヤ人協会と連携しているユダヤ人のグループだった。協会長はプロスカウアー判事で、もっと穏やかな方法を望んでいた。騒々しい抗議やボイコットは、ドイツにいるユダヤ人にとって事態を悪くするだけだからだ。シカゴのユダヤ人弁護士レオ・ヴォルムザーも同じ意見だった。ドッドへの手紙には、「シカゴにいる者は、サミユエル・アンターマイヤーとスティーブン・ワイズ博士らが計画している、ユダヤ人によるドイツ製品ボイコット運動の推進には一貫して反対しています」と述べた。そうしたボイコットは相手を刺激し、ドイツにいるユダヤ人に一層深刻な迫害をもたらすからであり、「多くのユダヤ人に、今この時もさらに悪いことが起こっているかもしれない」。また、ボイコットは「理性と利益に訴えることで懐柔的な態度を引き出そうと今、努力しているドイツの同胞たちの邪魔をすることになり、アメリカに借金を返済しようとするドイツの能力を損なうことにもなる」とも述べた。彼は、ユダヤ人と特定される行動の影響を恐れたのだ。「ユダヤ人がボイコットを指揮したと公表されるならば、迫害は、ユダヤ人が耐えるべき問題ではなく、自由が試される問題であるということが曖昧にされる」と述べた。ロン・チャーナウが『ウォーバーグ』（一九九八年　日本経済新聞社）で書いているように、「たとえナチの報道が単一の不動の勢力によって行われたと主張しても、そうした分断は国際的なユダヤ人の団結を損なうことになるだろう」。

しかし両者とも、ユダヤ人のアメリカへの移民を公的に喧伝することは問題を引き起こすだろう、という見解では一致していた。一九三三年六月の初め、ラビのワイズは当時ハーヴァード大学の法学教授であったフェーリックス・フランクフルターに、議会にこの移民問題が上がれば、「ユダヤ人に対する反感が爆発するだろう」と書き送った。確かに、アメリカにおける反移民の感情は一九三八年に至っても強く残っていた。同年のフォーチュン誌の世論調査では、難民を受け入れないことに三分の二が賛成していた。

ローズベルト政権の中でも、この件に関して意見は二分していた。合衆国で初めて女性で長官となった労働省長官フランシス・パーキンスは、ユダヤ人がアメリカに容易に入国できるよう精力的に政府に働きかけた。労働省は移民政策を監督するところではあったが、誰にビザを与え、誰を拒否するかを決めるところではなかった。この仕事は国務省と各国の領事であり、その意見は様々であった。実際、省の高官にはユダヤ人に対する明らかな反感を持っている者もいた。

その一人が、ハル長官に次ぐポストである国務省次官ウィリアム・フィリップスであった。フィリップスの妻とエレノア・ローズベルトは子どもの頃からの友人であった。フィリップスを次官に選んだのは、ハルではなくローズベルトであった。フィリップスは日記で、ある仕事の知り合いを「ボストンからの私のかわいいユダヤ人の友人」と書いている。フィリップスはアトランティック・シティに行くことが好きだったが、別の日記には、「ここはユダヤ人がはびこっている。実際、土曜の午後と日曜の海岸は見ものである。砂も見えないくらい、肌も露わなユダヤ人男女で一杯だった」と記していた。

もう一人の重要人物、国務次官補ウィルバー・J・カーは領事関係の仕事を全般的にしていたが、ユダヤ人を「ユダ公」と呼んでいた。彼が作成したロシアとポーランドの移民に関する覚書きでは、「彼らは不潔で非アメリカ的で、危険な習慣を持っている」と記していた。デトロイトへの旅の後、この街は「ほこりと煙と煤《すす》とユダヤ人」で一杯だとした。彼も、アトランティック・シティでのユダヤ人の存在に不平を述べていた。彼と妻は二月に三日間その地で過ごしたが、どの日の日記にもユダヤ人を見下す表現があった。「ブロードウォーク沿いに散歩すると、ユダヤ人でない人がいない」。妻とその夜クラーリッジホテルで食事をしたが、その時ダイニングはユダヤ人で一杯であった。「誰もきちんとした身なりをしていない。私以外には、二人しかジャケットを着ていない。ダイニングであることに気を遣っていないのだ」。そして次の日、カー夫妻はマルボローブレンハイムという別のホテルで食事をした。「気に入った。クラーリッジのユダヤ人だらけの雰囲気となんという違いだ」。

あるアメリカ・ユダヤ人協会員は、カーのことを「反ユダヤ人的なペテン師で、きれいな言葉を並べるが私たちのためには何もしてくれない」と評している。

カーもフィリップスも、移民して「公的負担」となりそうな者の入国を拒否する法、LPC条項〔公的負担条項〕として悪名高い移民法の条項を厳格に守ることを支持していた。一九一七年の移民法の特徴は、失業が急増した時代に移民を止めるため、フーヴァー政権が一九三〇年に修正したものだった。領事館の職員はこのLPC条項に従って、ビザ申請者の誰を拒否するかを決めるのに大きな力を持つようになる。移民法では、申請者は自らの善良さを証明する警察調書、出生証明書二通、その他政府関係の書類を準備しなければならなかった。あるユダヤ人は、「敵のところに行って身元保証書を作ってもらうという、はなはだ不合理なことだ」と書いている。

ユダヤ人活動家は、アメリカの在外領事館が、各国に割り当てられたビザのわずかしか認めないよう密かに指示を受けていると非難した。この非難は効果があった。一九三三年に労働省の法務官チャールズ・E・ワイザンスキーは、各国に割り当てられたビザの一〇パーセントしか認めないように制限するよう口頭で指示されていた証拠を見つけた。プロスカウアー判事が次官のフィリップスに手紙で述べたことだが、ユダヤ人の指導者はさらに、警察の記録を得ることは困難なだけでなく危険なこと――「ほとんど乗り越えられない障害」と主張していた。

フィリップスはプロスカウアーが領事たちを障害と書いたことに気を悪くしていた。「領事は、ビザ申請者が法の要求を満たしているかどうか、有意義で真摯な方法で決定している」とやんわりと苦言を呈した。

プロスカウアーとユダヤ人指導者によると、結果的に、ユダヤ人は合衆国への移民を申請しなくなった。実際、ビザを申請したドイツ人の数は、年毎の割り当てで認められた二万六〇〇〇のうちのほんの少数だった。この差は逆に、国務省役人の中で改正に反対する者に統計的な根拠を与えることになる。現実的にユダヤ人がほとんど申請してこないのに、どんな問題があるというのか。これは、一九三三年四月時点でローズベルトが認めようとしていた議論だった。移民規制を緩める努力は、現在の割り当てを抜本的に解除する意見を議会内で促進するかもしれないと、彼は察知していた。

ドッドとの昼食を前に、ローズベルトは事態の微妙さを十分に認識していた。「ドイツ当局はユダヤ人に恥ずべき行いをしており、わが国のユダヤ人は大変敏感になっている」とローズベルトはドッドに言った。「しかし、これは政府の問題ではない。我々はアメリカ国民が犠牲になった場合を除いて何もできない。自国民は守らねばならないし、非公式に、また個人的な方法で迫害を減じることがあればなんでもすべきだ」。

会話は実際的なことへと進んだ。ドッドは一万七五〇〇ドルのサラリーでの生活を主張した。これは大恐慌の時代にはかなりの大金だったが、ヨーロッパの大使とナチの高官を接待するには不十分な金額だった。ドッドには信念があった。国中が厳しい生活をしているのに、大使だけが贅沢はできないというものだった。しかし、そもそもの問題として、ドッドは他の大使のように個人的な財産がなかったので、たとえ贅沢に暮らしたくてもそんなお金はなかった。

ローズベルトは、「その通りだ。二、三回の夕食会と接待以外に高額の社交をする必要はない。ベルリンにいるアメリカ人に公正に接し、アメリカと近づきたいドイツ人を時々接待すればいい。君の収入で暮らし、必要な公務は犠牲にしないでやっていけるだろう」と言った。

その他関税と軍備縮小について話して、昼食は終わった。

二時だった。ドッドはホワイトハウスを出て、国務省まで歩いていった。役人たちに会って、ベルリンからの通信を読もうと思った。それは総領事のジョージ・S・メッサースミスが書いた非常に長いものだった。その内容は驚くべきものだった。

ヒトラーは、政治取引によって首相指名を受けて六ヶ月が経っていたが、まだ絶対的権力は持っていなかった。ドイツ大統領は八五歳の陸軍元帥パウル・フォン・ベネッケンドルフ・ウント・フォン・ヒンデンブルクで、首相と内閣の指名権を持っており、またこれも大切なことだが、帝国国防軍も掌握していた。ヒンデンブルクに比べて、ヒトラーと副官たちは驚くほど若かった。ヒトラーは四四歳、ヘルマン・ゲーリングは四〇歳、ヨーゼフ・ゲッベルスは三六歳だった。

ヒトラーの奇妙な振る舞いや、ユダヤ人、共産主義者、その他敵対する者への政府の残虐行為を新聞で読むと驚くべきものだったが、記事は誇張したもので、近代国家がそんなことをするはずがないという意見がアメリカ中で広くあった。しかし、ドッドが読んだメッサースミスの通信にはどれにも、ドイツが民主的な共和国から残虐な専制国家へと急激に変容していることが書かれていた。メッサースミスは詳細を省かなかった。彼はこうした長文のために、「四〇頁のジョージ」とあだ名されていた。メッサースミスは、ヒトラーの指名以来数ヶ月で急激に増えた広範囲の暴力事件と、ドイツ社会を変質させる政府の統制について書き送ってきていた。三月三一日、三人のアメリカ国民が誘拐されて突撃隊の殴打場に連行され、そこで衣服を剝がされた上、夜中の寒さの中に放置された。朝になると意識がなくなるまで鞭打たれ、道に捨てられた。UPIの記者が姿を消したが、メッサースミスの照会によって無傷で解放された。ヒトラー政権は、ユダヤ人がドイツでするビジネスすべてを一日ボイコットすると宣言した。それには商店、法律事務所、医院も含まれていた。焚書やユダヤ人の解雇、果てしなく続く突撃隊の行進、活気のあったドイツの報道の自由への抑圧。メッサースミスによると、政府の規制は「今まで他の国で見たことがないほど強大なものとなり、言論検閲は絶対的なものになった」。

最近の文書では、メッサースミスは以前より前向きな調子になっており、ドッドを安堵させた。一種の楽観主義からメッサースミスは、ドイツが安定してきており、それはヒトラー、ゲーリング、ゲッベルスへの信頼が増したのが要因だとしていた。「責任が党の主要な指導者を大きく変えていった」と彼は書いていた。「だんだん穏健になっていく証拠がある」。

しかし、この後にバラ色の見通しをメッサースミスが撤回した手紙を読む機会を、ドッドは逸してしまった。彼は「親展」と書かれた手紙を次官のフィリップスに送っていた。

一九三三年六月二六日付けの手紙がフィリップスに届いたのは、ドッドがまさにベルリンに出発しようとする時だった。

「私は報告書で、党の高官たちは穏健になっていると書いたが、党の中間層そして大衆は今までになく急進的で、問題は、高官たちが穏健な考えを大衆に強いることができるかだ」と書かれていた。「そんなことができないのは明らかだったし、下からの圧力は日に日に強くなっていった」。とりわけゲーリングとゲッベルスはもはや穏健派ではなくなった、と彼は書いた。「ゲッベルス博士は、革命は始まったばかりで今までのことは序章に過ぎない、と毎日演説している」。

牧師たちが逮捕された。メッサースミスも個人的な付き合いがある低シレジア地方の前の長官が、強制収容所に連行された。ナチ党の中間層にヒステリックな状態が高まっているのが感じられた。彼らは「安全のために誰でも監獄に入れた」。ドイツは、静かにだが確実に戦争の準備をしていた。「世界はドイツと敵対しており、世界に対してわが国は無防備だ」という認識を植え付けるプロパガンダを流布していた。ヒトラーの平和への誓いは欺瞞であり、ドイツが再軍備する時間を稼ぐために過ぎない、とメッサースミスは警告した。「彼らの望みは間違いなく、ドイツをこれまでにないほど最大限に戦争能力のある国にすることだった」。

一方ワシントンでは、ドイツ大使館がドッドのためにパーティを開き、そこで初めてドッドはウィルバー・カーと会った。カーはその後、ドッドについて日記に書き留めている。「楽しくて面白い人物。ユーモアのセンスと謙虚さがある」。

ドッドは国務省の西欧局長ジェイ・ピアポント・モファットにも会いに行った。ユダヤ人への反感と移民に対する強硬路線では、彼もカーやフィリップスと同意見だった。モファットは新大使に対する印象を、「意見をはっきり持っていて、非常に説得的に話すが、強調したいことは大げさに言うところがある。難を言えば、四人の家族を連れて自分の報酬で大使職を賄うつもりなところだ。物価の高いベルリンでどうやっていくつもりだろう。もちろん私が関わることではないが」と書いている。

カーもモファットも日記には書かなかったが、彼らやその同僚はドッドの指名に驚きと失望を感じていた。彼らの世界は、生まれのよい者だけが入ることのできるエリートの世界だった。彼らの多くは、セント・ポールやグロトンといった私立校に入り、そこからハーヴァード、イェール、プリンストンに進学した。次官のフィリップスは、ボストンの中心地域バック・ベイのヴィクトリア朝の館で育った。二一歳の時に既に自分の財産を所有し、のちにハーヴァード大学の理事になった。国務省の同僚の多くも皆裕福で、在外時は自身の財産から多額の支出をしたが、その返還を求めることなどしなかった。そんな役人の一人がヒュー・ウィルソンで、仲間の外交官を褒めて、「名門クラブに入っているのと同じだと皆感じていた。その感覚が健全な精神を養っていくのだ」と書いている。こうした名門クラブの基準からすると、ドッドはありえない仲間ということだった。

ドッドはシカゴに戻り、いくつもの送別会に出席した。その後、妻、マーサ、ビルと共にヴァージニアに列車で行き、最後にラウンド・ヒルの農場に泊まった。八六歳になる父親がそこから近いノース・カロライナ州に住んでいたが、父親を訪ねはしなかった。自分の子どもには自分のもとにいてほしいと言いながらではあったが、ローズベルトが一刻も早くベルリンに大使を送りたがっていたからだ。ドッドは父親に、大使に指名されたことと、出発前には会いに行けないだろうと手紙を書いた。いくらかお金を入れて、「遠くに行ってしまって、すまなく思います」と書き添えた。するとすぐに、「ワシントンからこんな栄誉」をドッドがもらったことを誇りに思うと返事が来た。しかし、ちょっと気分を害しているかのような言葉も添えられていた。親だけが使いこなせる言い方だった。ほんの少しの何かが罪悪感を引き起こし予定を変えたくなるような――。ドッドの父は「生きている間に会えないとしても、最後までおまえを誇りに思う」と書いたのだった。

ドッドは予定を変更した。七月一日土曜日、妻と共にノース・カロライナ行きの寝台車に乗った。父親を訪問中、二人は故郷の名所を巡った。ドッドと妻は、最後の別れのようにこの古い大地に触れた。一家の墓にも行った。一九〇九年に亡くなった母親の墓の前に立った。墓地の草地を歩いていると、ロバート・リー将軍と共にアポマトックスで降伏した二人を含む、南北戦争時代の祖先たちのことが思い起こされた。「不幸な家系」と人生の不透明さに思いを巡らせる訪問となった。「心が痛む日」と彼は書いた。

ドッドは妻とヴァージニアの農場に戻ると、ニューヨーク行きの列車に乗った。マーサとビルは、家族の車であるシボレーに乗った。ベルリンへの中継点である波止場に車を持っていくためだった。

　ドッドは家族と数日過ごしたかったが、ニューヨークに着いたらドイツの借金に関して銀行の重役と会い、——ドッドはほとんど関心がなかったが——ユダヤ人の指導者とも面会するように国務省から言われた。アメリカとドイツのマスコミがこうした会談を歪曲して伝え、ベルリンでドッドが示すはずの客観的態度に悪影響があるのではと懸念した。しかし、要求通りに面会した。ディケンズの『クリスマス・キャロル』の幽霊たちの訪問を再現するかのような出会いの一日となった。強力なユダヤ人救済基金の活動家から、七月三日月曜日の夜に男性が二グループ、最初が八時半、次が九時に会いに行きますという手紙があった。会談はドッドのニューヨークでの拠点となるセンチュリー・クラブで行った。しかし、ドッドはまず銀行家に会った。のちにシティバンクとなる、ナショナル・シティ・バンク・オブ・ニューヨークのオフィスで面会した。驚いたことにナショナル・シティ・バンクとチェース・ナショナル・バンクはドイツ債を一億ドル所有しており、ドイツ側は一ドルに対し三〇セントの利率で返済すると言ってきていた。「色々議論したが合意には至らず、ドイツがデフォルトを宣言しないように私ができる限りのことをすることになった」とドッドは書いている。彼は銀行家には同情心を持っていなかった。銀行家たちはドイツ債の高い利率に目がくらんで、戦争で疲弊した政治的に不安定な国がデフォルトを宣言するかもしれないという明白な危険性を無視したのだ。

その夜、ユダヤ人指導者が時間通りに到着した。そのうちのフェリックス・M・ウォーバーグは大金融業者で、アメリカ・ユダヤ人協会の穏健な政策を好んだ。もう一人のラビのワイズは、強硬に主張するアメリカ・ユダヤ人会議から来ていた。ドッドの日記には、「一時間半議論が続いた。内容は、ドイツ人は四六時中ユダヤ人を殺している。その迫害は酷く、自殺にまで追い込まれている（ウォーバーグ家の者もその中にいたとされる）。すべてのユダヤ人の財産が没収されている」とあった。

会談の途中ウォーバーグは、三週間ほど前フランクフルトで二人の年長の親類、モリッツとケイティ・オッペンハイムが自殺したことを告げた。ウォーバーグはのちに「ヒトラー政権はユダヤ人を疫病のように扱い、その死を願っていたのは間違いない」と記していた。

ドッドの訪問者はローズベルトに公的な介入をするよう要請したが、ドッドは躊躇した。「政府は公的には介入できないが、面会者には、ドイツにいるユダヤ人に対する不当な扱いとアメリカ国籍のユダヤ人に対する虐待に抗議すべく可能な限り努力をすると約束した」。

その後ドッドは、夜一一時にボストン行きの列車に乗り、翌七月四日早朝に着くとすぐ、運転手付きの車で、友人でありローズベルト大統領の側近エドワード・M・ハウス大佐の家に向かった。二人は朝食をとりながら話し合った。

多岐にわたる会話から、自分がローズベルトの最初の候補者からどれほどかけ離れているかを初めて知った。ショックだった。日記には「自分の指名についてのうぬぼれを制するものだった」と書かれている。

話題がドイツのユダヤ人迫害に及ぶと、ハウス大佐は「ユダヤ人の苦しみを緩和するよう」可能なすべてのことをするよう促したが、「かつてのように、ユダヤ人がベルリンの経済や学問の中心を占めることはもう許されない」と警告もした。

ハウス大佐が示唆したのは、ドイツのユダヤ人は、少なくとも自分の問題には責任を持つべきだという一般の感情であった。ドッドはニューヨークに戻り、その日遅くに、さらに過激な意見に遭遇する。家族と一緒にチャールズ・R・クレインのパーク・アヴェニューのアパートに行って、夕食を共にした。クレインは七五歳の慈善家で、彼の家系は配管を商売にして富を得た。クレインはアラビア通で、中東とバルカン諸国に影響力を持ち、シカゴ大学でドッドの学部を支援してくれた人でもある。ロシア史研究とその組織のために寄付をしてくれていた。

ドッドはクレインがユダヤ人贔屓《びいき》でないことは知っていた。ドッドへの指名のお祝いの言葉と共に、助言があった。「ユダヤ人は戦争に勝って速いペースで駆け始め、ロシアとイギリスとパレスティナを手に入れ、ドイツも占有しようとした。そこで初めて拒絶を経験し、完全にイカレて世界中に溢れ出し、特に行きやすいアメリカで反ナチのプロパガンダをしている。どんな誘いにも応じないほうがいいと強く勧める」というものだ。

ドッドは、ユダヤ人にも責任があるというクレインの意見を部分的に受け入れていた。ベルリンに到着後、クレインに次のように返事を出した。「ドイツでユダヤ人に加えられている容赦ない行為を認めることはできないが」、ドイツ人の不平ももっともであり、「ドイツ高官と非公式に話す機会があったので、ユダヤ人には深刻な問題があるが、それをどう解決してよいかわからないようですね、と率直に言った」とドッドは書いている。「ユダヤ人は数の上からも能力の点でも、与えられるべき以上の重要な地位を占めてきた」。夕食をとりながら、クレインがヒトラーを賞賛するのを聞いて、ナチによるドイツのユダヤ人の扱い方に関しクレイン自身は反対していないことを知った。その晩ドッドが帰ろうとする時、クレインは一言助言をした。「ヒトラーのやりたいようにさせておきなさい」。

その翌日、一九三三年七月五日一一時、ドッド一家は波止場までタクシーで行き、ハンブルクに向かうワシントン号に乗った。ちょうどその時、彼らはエレノア・ローズベルトに会った。彼女は、ヨーロッパに滞在するため船出する息子のフランクリン・ジュニアを見送りに来たところだった。

ドッドが妻とビルと一緒にデッキに上がると、共に乗船した十数人のレポーターが彼らを取り囲んだ。マーサは船の他の場所にいた。彼らは一家を質問攻めにし、手を振って別れのポーズをとるよう言った。しぶしぶ一家は言われたようにしたが、ドッドは「その時はまだ知らなかったが、ヒトラー式敬礼に似ているとは気づかずに、私たちは手を振っていた」。

写真を見るとあっと驚く。まさしくドッドと妻と息子は敬礼の途中のようなポーズをしていた。

ドッドの不安が急に高まった。シカゴとこれまでの生活に別れを告げることにこの時、不穏な感情が巻き起こった。船が岸壁からゆっくり離れると、一家は、マーサがのちに言う「これまでにない悲しみと胸騒ぎ」を覚えた。

マーサは泣いていた。

第5章　最初の夜

マーサは二日間ほとんど泣いていた、「激しく、感傷的に」。不安からではなかった。ヒトラーのドイツがどんなところかほとんど知らなかったからだ。むしろ、残してきたもののために泣いた。人と場所、友人や仕事、ブラックストーン通りの快適なわが家、愛するカール、シカゴの「計り知れない大切な」生活のすべてを。自分が失おうとするものを知るには、送別パーティで自分が座った位置を思い出せばよかった。彼女はサンドバーグともう一人の友人ソーントン・ワイルダー〔アメリカの劇作家〕の間に座っていた。

次第に悲しみも薄らいだ。海は穏やかで日の光は明るい。ローズベルトの息子と親しくなり、ダンスをしたり、シャンパンを飲んだりした。お互いのパスポートを見せ合った。彼のものは「合衆国大統領の息子」と明記され、彼女のものは「合衆国駐独特命全権大使ウィリアム・ドッドの娘」とあった。父が子どもたちをA－10の船室に呼んだ。一日に少なくとも一時間、ドイツ語の文章を読んで聞かせた。ドイツ語に慣れさせるためだったが、父の深刻な様子に、マーサは今までにない不安を感じた。

しかし、これからの冒険の日々を考えると、心配も遠のいた。国際政治についてほとんど知らず、ドイツで起きていることの重さを自分では認識できなかった。ヒトラーのことも「チャーリー・チャップリンのような道化」と思っていた。当時アメリカにいた者や世界中の多くの人々と同じように、ヒトラーの政権が長く続くとは思っておらず、深刻に捉えていなかった。ユダヤ人に関しては曖昧なところがあった。シカゴ大学の学生だった時、ユダヤ人に対して反感を煽る「表立って現れない微妙な運動」を経験していた。「教授や学生の多くが、ユダヤ人の同僚や学生の優秀さに怒りを覚えている」と感じていた。自分でも、「私も反ユダヤの傾向がある。ユダヤ人はキリスト教徒より肉体的魅力がなく、社交性も欠けている」と書いていた。ユダヤ人は確かに優秀だが、金持ちで押しが強いという意見に染まっていた。これは、他のアメリカ人の態度を見事に反映していた。一九三〇年代に始まる世論調査の結果がある。ある調査では、四〇パーセントの人が「ユダヤ人はアメリカで力を持ちすぎている」と感じており、また別の調査では、五分の一が「ユダヤ人をアメリカから出ていかせたい」と思っていることがわかった（それから何十年かのち、二〇〇九年の調査では、ユダヤ人が力を持ちすぎていると感じる人は一三パーセントにまで下がった）。

クラスメートは、マーサをスカーレット・オハラのようだと言う。「魅力的な女性だ。官能的で、ブロンド、輝く青い目、透明な肌」。作家志望で、短編や小説の執筆を職業としたいと思っていた。サンドバーグも後押ししていた。「個性の塊だ」と彼は言った。「必要なのは、昔から言われている単純なことで、時間、孤独、努力だ。君は、作家としてやりたいことをするためのほぼすべてを持っている」。一家がベルリンに出発してまもなく、サンドバーグは、どんなことでもノートに記録し、「ちょっとしたこと、印象、ふと浮かんだ詩、なんでも思いついたことを書いておく」ことを勧め、「君には書く才能がある」と書いた。とりわけ、「ヒトラーという男がどういう男か、どんな頭の働き方をしているか、その骨肉はどう作られたのか見つける」ことを促した。

ソーントン・ワイルダーも別れる時に彼女にアドバイスをした。新聞のためには書かないように、「その場仕事」は真剣な仕事に必要な集中力の邪魔になると注意した。噂や政治の話題や人々の意見など、様子を日記に書くことを勧めた。「将来、その日記はあなたにとって、そして、ああ、私にとっても、とても面白い記録になるよ」。ワイルダーの好みの女性は他にいたようだが、マーサの友人たちは、彼女が彼に恋愛感情を抱いていると考えていた。マーサはロケットに彼の写真を入れていたのだ。

船上での二日目、ドッドがワシントン号のデッキを歩いていると、見知った顔に出会った。三日前にニューヨークで面会したユダヤ人のリーダーでラビのワイズだった。一週間の航海中、二人はドイツの問題について「六回以上」話し合った。ワイズは仲間のユダヤ人リーダーで控訴審判事のジュリアン・W・マックに、次のように知らせていた。ドッドは「誰より友好的で、思いやりがあり、信頼できる」。

ドッドはいかにもその性格通りに、アメリカの歴史について長々と語り、ある時ワイズに「ジェファソンとワシントンについてはすべての真実を語り得ない。多くの人がそんなことを望んでいないし、受け止められないからだ」と話した。

これにはワイズは驚いて、「今週あった唯一の不穏な発言」と呼んだ。「ジェファソンとワシントンに関する真実を受け止める準備が必要だと言うなら、ドッドは職務上、ヒトラーに関する真実を知ったらどうするつもりだろう」。

さらに、「ドッドが自分の国とドイツのためにできる最大の奉仕は首相に真実を言うこと、キリスト教徒の意見や政治的な考えを含む世論がドイツに反対しているとはっきり言うことだと私が示唆するたび、「ヒトラーと話してみるまではできない。もしそうだとわかれば、ヒトラーに率直に話し、すべてを言おう」と彼は何度も答えるのだった」。

これらの話からワイズは、「ドッドは、ドイツにアメリカ式リベラリズムを導入するよう遣わされたと思っている」と結論した。ドッド自身が「もし私が失敗すれば、リベラリズムにとって深刻な事態となる。大統領と、そして私が、大切に守っていることにとっても」と言っていたからである。

この時点までドッドは、大使の任務を単なる観察者や報告者以上のものと思っていた。理性と前例に従って、ヒトラーと政府に緩衝的な影響力を行使できるようにし、アメリカを孤立主義からもっと国際問題に関与するように動かすべきだと考えていた。最良の策は、自国が世界から酷い扱いを受けているというドイツ人の認識をできる限り同情の念を持って、批判せずに理解することだと考えた。実際、ある程度理解できていた。ヒトラーが敵視しているヴェルサイユ条約は、「戦争を終わらせるための他の多くの条約のように、多くの点で不公平なものだった」と日記に書いている。娘のマーサは回想録でさらに強い言葉を用いて、ドッドは条約を「非難している」と記した。

歴史学の学生となって以来、ドッドは人間に内在する合理性を信じ、とりわけナチによるユダヤ人迫害を終わらせることに関しては、理性と説得が打ち勝つと信じていた。国務次官補のR・ウォルトン・ムーアに、単なる外交儀礼やお飾りになるくらいなら辞めたほうがましだ、と話していた。

ドッド一家は一九三三年七月一三日木曜日、ドイツに到着した。ドッドは、家族の到着までにすべてが整っていると思っていたが誤りだった。エルベ川をゆっくり航行してハンブルクに着いたが、ベルリンに行くための特別車両はいうまでもなく、大使館が席すら予約していないことを知った。大使館の総領事ジョージ・ゴードンが一家を港で出迎え、慌てて旧式の普通列車の客室を手配した。これは、たった二時間でベルリンまで到達する「ハンブルク特急」とは大違いだった。一家の車シボレーにも問題があった。ビルがベルリンまで運転する予定だった。しかし、船から車を降ろしたところで、ドイツの道路を運転するための書類に記入漏れがあり、運転できなくなった。これを解決してからビルは出発した。一方ドッドは、一群の記者たちからの質問に対応していた。その中に、ユダヤ系新聞のハンブルク・イスラエル同胞新聞の記者がいた。この新聞は、ドッドの使命はユダヤ人の迫害をやめさせることだと書いており、ドッドが一番避けたい歪曲した意見であった。

その午後には、ドッド一家はゴードン参事官への嫌悪を募らせた。ゴードンは大使館のナンバー2で、一等書記官、二等書記官の幹部と速記者、事務官、その他二四名ほどの大使館員を監督していた。堅苦しい上に横柄で、前世紀の貴族のような格好をしていた。ステッキを持ち、カールした口髭、赤ら顔で、ある官吏は「かんしゃく持ち」と呼んでいた。

ドッドたちの簡素ないでたちに対して軽蔑の様子を隠そうとしなかった。ボーイ、メイド、運転手の一団なしに家族だけで来たことに不服だったのだ。前大使のサケットは裕福で、ベルリンの住居に一〇人の召使いがいるゴードンと同じような生活をしていた。ドッド一家は、ゴードンが普通付き合う階級の人間ではないと思っているとマーサは感じた。

マーサと母親は、港でもらった歓迎のブーケが飾られた客室に入った。ドッド夫人マッテイはこれからの仕事や生活の変化を考えて、不安で落ち込んでいるのをマーサは感じていた。マーサは母親の肩に頭を置くとすぐに寝入った。

ドッドとゴードンは別の客室で、大使館とドイツの問題について話していた。ゴードンは、ドッドの倹約ぶりと国務省の給料だけで生活する方針は、ヒトラー政府と関係を築くには問題だと戒めた。もはやただの大学教授ではないのだ、とも言った。今や、力がある者だけを重んじる高圧的な政府を相手にする外交官なのだ。ドッドの日常生活は変えなければならない。

列車は美しい街と午後の光で葉が輝く渓谷を走り、三時間ほどでベルリン地区に入った。ついにベルリンのレールルテ駅に着いた。街の中心部を流れるシュプレー川の湾曲部に駅はあった。ベルリンの五つの列車の表玄関の一つであり、駅舎は半円形の天井とアーチ型の窓が並び大聖堂のように高くそびえていた。

プラットホームでドッド一家は、ドイツ外務省の役人と、カメラと「フラッシュライト」と呼ばれる器具をもったレポーターら、一家を待ち受けるアメリカ人とドイツ人に会った。歴史家で外交官のジョージ・ケナンがのちに「飾り気はなく、のんびり話すが辛辣な男」と評した、身長一六七センチの溌剌とした男が一歩前に出て自己紹介をした。この男が、外務局の総領事ジョージ・メッサースミスだった。ドッドがワシントンで読んだ長い通信を書いた人物である。マーサと父親はすぐに彼が気に入った。信念を持ち誠実で、友人にぴったりの人物だと思われたが、その予想はやがて完全に修正されることになる。

メッサースミスはこの好意に報いた。「最初からドッドのことは気に入った。マナーも付き合い方も大変さっぱりしていた」。しかし、「脆い印象も受けた」とも書いている。

多くの訪問客の中に、一家に数年間大きな影響を与えることになる女性がいた。一人はドイツ人、もう一人はウィスコンシン州出身のアメリカ人で、ドイツ学問界で有数の名門一家の一人と結婚していた。

ドイツ人女性はベラ・フロム、高く評価されているフォス紙で「フォス伯母さん」というコラムを担当していた。当時二〇〇あった新聞の一つで現在も発行は続いており、他紙と違って独自のルポルタージュを載せている。フロムは大柄で、くっきりした目の美人だった。きれいな弧を描く眉の下の黒い瞳は、知性と懐疑の両方を備えていることを示すかのように半ばまぶたで隠されていた。ナチの高官だけでなく、市のほとんどの外交官から信用されていた。彼女がユダヤ人であることを考えると驚くべきことである。ヒトラー政権の高位の者に情報源を持ち、将来の帝国の方向に警告を発していた。メッサースミスとは親友で、娘のゴニーは彼をおじさんと呼んでいた。

フロムは、ドッド一家の第一印象を日記に書いている。マーサについては「知的アメリカ女性の典型」。大使は「学者のよう。辛口のユーモアに惹かれた。観察が鋭く明解だ。ライプツィヒにいる時からドイツのことが好きになり、両国に誠実な友好関係を築くため力を尽くしたいと言っていた」。

さらに、「彼とアメリカ大統領の努力が失望にならないようにと願った」と書いた。もう一人の女性はアメリカ人で、ミルドレッド・フィッシュ・ハルナックと言った。ベルリンのアメリカ人婦人会の代表だった。フロムの外見と対照的に、痩せて、ブロンドで、はかなさがあり、控えめだった。マーサとミルドレッドはすぐに仲良くなった。ミルドレッドの記述には、マーサは「はっきりしていて有能で、世界を理解したいという欲望に燃えている。私たちは関心を共有している」とある。「彼女は書くことに真剣に興味を持っている。一人でいることや孤立していることのほうがよくないことだ。アイデアがアイデアを生み、書くことへの愛は乗り移るものだわ」。まさに気の合う友を見つけた思いだった。マーサもミルドレッドに感銘を受けた。「すぐに惹きつけられた」と書いている。ミルドレッドは強さと繊細さの両方を持っていた。「ゆっくり話し意見を言う。静かに話を聞き、大きなグレイブルーの眼でじっくり吟味しながら理解していく」。

ゴードン参事官は、ドッド一家がしかるべき住まいを見つけるまで宿泊することになったホテルにマーサを送るため、用意した車に若い儀典課秘書官を同乗させた。両親は、ゴードン、メッサースミスとその妻と共に行った。マーサの車は南へとシュプレー川を越え、市内に向かった。

長いまっすぐな道はシカゴの碁盤道路を思わせた。しかし、似ているのはそこだけだった。シカゴで毎日歩いていた摩天楼が立ち並ぶ風景と違って、建物の背は低く、たいていが五階建てで、そのためか街全体が低く平坦な感じを与えていた。全体的に古い印象だが、ガラスの壁に平たい屋根、カーブした外観などいくつかは新奇なものもあった。ワルター・グロピウスやブルーノ・タウト、エーリッヒ・メンデルゾーン〔すべて建築家〕の影響があったが、彼らはナチから退廃的な共産主義者、何よりユダヤ人として糾弾されていた。ベルリンは色彩とエネルギーに溢れていた。二階建てのバス、都市高速鉄道（Sバーン〉、吊架線から明るい青白い火花を出す鮮やかな色の路面電車。大きな音を立てながら走る車体の低い車はほとんどは黒だったが、中には赤、クリーム色、群青色など、見知らぬ型もあった。オペル4－16PS、フードにトレードマークの弓矢が付いたホルヒ〈戦前の高級車〉、ベンツはどこにでも見られ、黒くてクロムの筋が付いている。ヨーゼフ・ゲッベルスは、市の一番の目抜き通りクーアフュルステンダム通りの活気に驚いて文章にまとめた。しかしそれは、讃えるためではなく、この通りを市の膿みと呼んで非難したのだ。「路面電車のベルが鳴り、バスはクラクションを鳴らし、人々で溢れている。タクシーと派手な車が生気のないアスファルトの上を音を立てて走り去る」「強い香水の匂いがする。売春婦たちがはやりの化粧で笑いかける。男のほうは片眼鏡を光らせ、そぞろに歩く。偽物も本物の宝石も煌めく」。ベルリンは、罪と腐敗にまみれ、それでも、必死に笑おうとする人が住まう「石の砂漠」だと書いている。

儀典課の若い秘書官は様々な名所を指し示した。マーサは次々に質問したが、役人の忍耐を試しているかのようだった。ドライブの途中、シレジア砂岩の巨大な建物が見下ろす広場に来た。四隅には約六〇メートルの塔があり、有名なベデカー旅行案内書にも「華麗なイタリアルネサンス様式」と紹介されていた。これが国会議事堂であり、四ヶ月前の出火があるまでドイツ立法府、帝国議会があったところだった。あるオランダ人青年、マリヌス・ファン・デア・ルッベという名の問題のある共産主義者が放火のかどで逮捕され、四人の共犯者と共に告発された。しかし、ナチがボルシェビキ運動への恐怖を煽るため放火を工作し、市民の自由を制限し、ドイツ共産党を崩壊させるための世論の後押しを得ようとした、とあちこちで囁かれていた。その裁判はベルリン市民の話題の的だった。

マーサは困惑していた。ニュースが予想させていたものに反して、建物は無事だったからである。塔もそのままで表面も無傷だった。「焼け落ちたかと思っていたわ」と、車が建物を通り過ぎる時に叫んだ。「何事もなかったように思えるけど、どういうことか説明していただける？」

これだけに留まらず他にもいくつか質問したが、マーサ自身も図々しいと思うほどだった。儀典課秘書官は彼女に近づいて囁いた。「シー、お嬢さん。いつも見られ、聞かれていると心得なければいけません。ここはアメリカではないのですから、思っていることすべてを言ってはいけないのです」。

その後、ドライブの間中マーサはおとなしくしていた。

黄昏《たそがれ》の美しいベルヴュー通りにある宿泊先のホテル・エスプラナーデに着くと、マーサと両親はメッサースミスが手配した部屋に案内された。

ドッドは驚嘆し、マーサは魅せられた。
このホテルはベルリンで最も洗練されたホテルの一つで、巨大なシャンデリアと暖炉、ガラスの屋根で覆われた中庭が二つあり、その一つパーム・コートヤードは夕刻のダンスパーティで有名で、ベルリンの人が初めてチャールストンを踊る場所として知られていた。グレタ・ガルボやチャーリー・チャップリンも泊まったことがあった。メッサースミスが予約したインペリアル・スイートは、プライベートバスの付いたダブルベッドの部屋、やはりプライベートバスのついたシングルルームが二つ、そして会議室。すべてが一一六号から一二四号までホールの偶数号室に沿って並んでいた。二つのレセプション・ルームの壁はサテンの綾織り地だった。スイートルームは支持者から贈られた花の、春のような香りに溢れていた。たくさんの花についてマーサは、「蘭や珍しい百合、あらゆる種類の花で、歩く場所もないくらいだった」と述べている。部屋に入ると、「あまりの素晴らしさに息をのんだ」。

しかし、こうした華美さはドッドがこれまで守ってきたジェファソン的原則とまったくそぐわないものだった。ドッドは到着前から「普通のホテルの普通の部屋」への希望を明らかにしていた、とメッサースミスは記している。ドッドの「派手にならず普通の暮らし」をしたいという要望を知っていたが、一方で「ドイツの役人も国民もそんなことは受け入れない」ことも知っていた。

また別の要因があった。合衆国の外交官や国務省の役人はいつもホテル・エスプラナーデに泊まっていた。例外を作れば、外交儀礼上、言語道断の違反となったのだ。


家族は落ち着いた。しかし、息子のビルとシボレーの到着はしばらく後となった。ドッドは本を持って寝室に行った。マーサは事態を理解しかねていた。お祝いのカードと花は次々に届いていた。「魂とでも引き換えにしない限りどうやってお返しをしたらいいだろう」と途方に暮れ、贅の限りに取り囲まれて母親と座り込んでいた。

その夜遅く、一家は揃って夕食をとるためホテルのダイニングに行った。ドッドは昔やったドイツ語を思い出し、ウェイターにさりげなくジョークを言った。マーサは「素晴らしいジョーク」と記した。ウェイターは、外国の高官やナチの役人たちの尊大な態度にむしろ慣れていたので、どうしてよいかわからず、マーサから見るとおもねるように慇懃に応対していた。マーサは、食事は美味しいと思ったが、伝統的なドイツ風で量が多かったので、食後の散歩をしなければならなかった。

ドッド一家はホテルの外に出て左に曲がり、ベルヴュー通りの木の陰と街灯でできる陰影の中を歩いていった。おぼろげな灯りはマーサに、アメリカの田舎町の深夜のけだるさを思い出させた。兵隊も警官もいなかった。夜は優しく美しかった。「すべてが平和でロマンティックで、不思議な懐かしさがあった」とマーサは言う。

通りの端まで行き、ベルリンの中央公園、ティーアガルテンの中の小さな広場を通った。この名称が意味するところは、文字通り訳すと「動物公園」または「動物の庭」で、由来はずっと昔王族のための狩猟保護区であった時代に遡る。今では樹木、散歩道、馬車道、彫刻がある約八〇万坪の地で、ブランデンブルク門からシャルロッテンブルクの高級住宅地とショッピング地帯へと西に伸びていた。シュプレー川が北側を流れ、南西の角に有名な動物園があった。夜はとりわけ魅惑的だった。あるイギリスの外交官は、「木々の間を小さな灯りが煌めき、葉は蛍で輝いて何千もの煙草の火のようだった」と書いている。

ドッド一家は勝利《ジーゲスアレ》の通りに入った。かつてのプロシアの指導者たちの九六の彫像と胸像が並んでいた。フリードリヒ大王、フリードリヒ家のものであり、そしてかつての英雄たちアルブレヒト熊公、王子ハインリッヒ、怠惰王オットーらである。ベルリンの人はパペン（人形）と呼んでいた。ドッドは、三〇年前ライプツィヒで学んだドイツ史の知識を呼び起こして、熱っぽく語った。マーサは、父の悪い予感が消えていく感じがした。「ドイツで過ごした一番幸せな夕べの一つだった。喜びと平和で満ちていた」と書いた。

若い女性が毎日、部屋に新しいスミレを持ってきてくれたというライプツィヒでの滞在以来、父はドイツを愛していた。そして、その父の赴任最初の夜、勝利の通りを歩きながら、マーサもこの国に愛情を感じ始めていた。この市の全体の印象は、アメリカでの報道から想像していたものとまったく違っていた。「マスコミが悪く書いているだけで、この国の温かさと友情、樹と花の香りのする柔らかな夏の夜の通りの静けさをみんなに知らせたい」と書いた。

一九三三年七月一三日のことだった。

Ⅱ　第三帝国での家探し

執務室のドッド大使

第6章　誘　惑

ベルリン最初の数日、マーサは風邪で寝込んでいた。ホテル・エスプラナーデで静養している時、シグリット・シュルツという名のアメリカ人女性が訪ねてきた。シュルツは、マーサのかつての勤め先シカゴ・トリビューン紙のベルリン特派員をこれまで一四年間勤め、中央ヨーロッパの主席特派員となっていた。マーサと同じ身長一六〇センチで、ブロンドに青い目をしていた。マーサによれば、「少しずんぐりした」感じで金色の豊かな髪の持ち主である。ふっくらとした印象とは裏腹にシュルツは、仲間の特派員やナチの役人から粘り強く、率直で、恐れを知らない人として知られていた。どの外交官からも招待状が来たし、ゲッベルス、ゲーリングなどナチのリーダーたちのパーティの常連だった。ゲーリングは彼女を「シカゴのドラゴン」と呼んで喜んでいた。

シュルツとマーサの話題は最初はたわいもないことだったが、ヒトラーが首相になって六ヶ月の間のベルリンの急速な変化についてに変わっていった。シュルツは、ユダヤ人、共産主義者、そしてナチの革命に賛同しないと見なされた人への暴力について語った。アメリカ人に対しての時もあった。

ドイツは歴史的な再生の途上にある、とマーサは反論した。これらは確かに実際の事件ではあるが、ドイツ中を捉えている凄まじい熱狂が生み出した、ちょっとした行き過ぎであろう。到着して数日が経つが、シュルツが言うようなことを裏付ける出来事を見たことがなかったのだ。

しかしシュルツは、鞭打ち、「臨時」収容所――ナチの準軍事組織の力で国中に突如作られた即席の拘置所――や、今では強制収容所として知られる正規の拘置所への突然の拘留などの話を続けた。ドイツ語でコンツェントラツィオーンスラーガー、略してKZである。最初のものは一九三三年三月二二日に完成し、当時三二歳、養鶏場の農夫で今やミュンヘン警察所長となったハインリヒ・ヒムラーが、記者会見でその存在を明らかにした。収容所はミュンヘンから電車ですぐのところにある古い軍需工場地で、ダッハウの美しい街の隣にあり、誰もその正確な数を知らないが何百とも何千とも言われる人々が、特定の事由でなく「保護拘禁」という名目で逮捕されていた。収容者はまだユダヤ人ではなく、共産主義者とリベラルな社会民主党員だった。全員厳しい規則で拘束されていた。

マーサはシュルツが自分のバラ色の見通しを台無しにするのにはうんざりしたが、彼女のことは気に入って、ジャーナリストや外交官との幅広いコネをつけてくれる大切な友人となった。穏便に別れたが、マーサの周りで起こりつつある革命は新しく健全なドイツを生む英雄的なエピソードである、というマーサの考えは揺るがなかった。

「彼女の話を全部信じたわけではない。誇張して少しヒステリックになっていると思った」とマーサは書いていた。

マーサがホテルから外出した時も、暴力事件も見なかったし、恐怖で縮こまっている人もおらず、抑圧されている様子も感じなかった。都市は歓喜そのものだった。ゲッベルスが非難したものをマーサは愛した。ホテルを出て、右にティーアガルテンのさわやかな緑を見ながら歩くとポツダム広場に着く。世界一混雑する交差点であり、ヨーロッパで初めて赤信号が設置されたところである。ベルリンには車が一二万台あったが、ある時刻にはそのすべてが、巣に戻る蜜蜂のようにここに集ってきた。ジョスティ・カフェのテーブルから群がる車と人を眺めることができた。五階建てのナイトクラブ、ハウス・ファーターラントは一二のレストラン街で六〇〇〇人分のディナーを提供できる規模だった。中には、カウボーイ・ハットを被ったウェイターがいる西部劇風バー、毎時間屋内で稲妻付きの雷雨が経験できるラインラント・ワイン・テラスが入っていた。シルクを着ているご婦人には困りものだった。その飛沫で濡れるからだ。「なんて若さに溢れ、気兼ねなく、朝まで遊べる、ロマンティックで素晴らしいところだ」と書いている人もいた。「ベルリンで一番楽しい場所だ」と。

仕事からも経済的な心配からも、そしてついには終わった結婚からも解放された二四歳の女性にとって、ベルリンは果てしなく魅力的だった。何日かすると、有名なアメリカ人記者のH・R・ニッカボッカーとお茶を飲みながらデートした。彼は、友達からはニックと呼ばれ、ニューヨーク・イブニング・ポストに記事を送っていた。彼はマーサを悪名高いエデン・ホテルに連れていった。一九一九年、共産主義の煽動者ローザ・ルクセンブルクがこの場所で死ぬほど殴打され、隣のティーアガルテンまで追われて殺害されたのだ。

そして今、エデン・ホテルのティールームでマーサとニックはダンスをしていた。細身で背は低く、赤毛で瞳は茶色。優雅な身のこなしでマーサをリードした。会話は必然的にドイツのことになった。シグリット・シュルツのように、彼もマーサに、この国の政治と新しい指導者の特徴をいくらか教えようとした。マーサは興味を示さず、会話は途切れた。マーサを驚かせたのは、周りのドイツ人の男女だった。「真面目な踊り方、理解できない言葉を話すハスキーな声、素朴な仕草、自然な振る舞い、人生を子どものように楽しむ姿」、それらをマーサは気に入ったのだ。

これまで会ったドイツ人のほうが、パリに留学中に出会ったフランス人より好きだった。

フランス人と違って、ドイツ人は「盗みをしないし、利己的でなく、気が短くなく、冷たくも気難しくもない」とマーサは記した。

マーサの物事をバラ色に見る見方は、ドイツやとりわけベルリンを訪れる外国人に共通のものだった。ほとんど毎日近隣ではいつもと同じ日々が続いていた。ウンター・デン・リンデンにあるホテル・アドロンの前では、煙草売りがいつもと同じように煙草を売っていた（ヒトラーは、近くのカイザーホフを好んでこのホテルには近づかなかったが）。ドイツ人は毎朝ティーアガルテンに集った。馬車や、ウエディングやオンケル・トムス・ヒュッテなどの近隣から列車や路面電車で、市の中心にやってきた。きちんとした身なりの男女がロマーニッシェス・カフェに座り、コーヒーやワインを飲み、煙草や葉巻を吸い、ベルリンの人特有の「ベルリナー・シュナウツェ」、ベルリン言葉で機知に富む会話をしていた。カタコンベ・キャバレーでは、ヴェルナー・フィンクが新しい政権を揶揄し続けていた。逮捕の危険もあった。ショーの最中に聴衆の一人が、「ろくでなしユダ公」と叫んだ。「ユダヤ人じゃないですよ。賢く見えるだけですよ」と彼は即座に応じた。観客はどっと笑った。

晴れた日は、それでも素敵だった。クリストファー・イシャウッドは、短編「ベルリン・ストーリーズ」の中で「太陽は輝き」と書いている。「ヒトラーがこの市の主だ。太陽は輝き、……私の友人の多くは獄にいる、死んだかもしれない」。どこもかしこもが正常であることは人を惑わす。「店先の鏡に映る自分の顔を見ると、微笑んでいる自分がいるのに驚いた。こんな美しいお天気では微笑まずにはいられない」とも書いた。路面電車も通りを歩く人も、いつも通りだった。自分の周りは「どことなく懐かしく、過去にあったごく普通の楽しいことを思い出させる。素敵な写真を見ているようだ」とも。

水面下では、日常生活の奥底まで浸透する、急速で圧倒的な革命が進行していた。それは、穏やかな眺めから静かに広く進んでいった。その中心となったのが、政府が行った「グライヒシャルトゥング」と呼ばれる「強制的同一化」運動である。これは、市民、政府、役所、大学、文化施設、社会施設をすべて国家社会主義ドイツ労働者党の信条・政策と同調させるというものだった。

「同一化」は、特別法によって規定されていない一般の生活の領域にまで急速に広がっていった。ドイツ国民がナチの規則に喜んで従ったからである。自発的同一化と言われる現象だった。変化はドイツに急速に広範囲に訪れたので、仕事や旅行で離れていた人が戻ってくると、ドイツがすっかり変わっていることに気づいた。ちょうどホラー映画の登場人物が、かつて友人、仕事相手、患者、顧客だった人のあまりの変貌ぶりに誰だかわからない状況に陥るのに似ていた。社会主義者のゲルダ・ローファーは、「長い間、友人と思っていた人が一時間ごとに違う人になっていった」と書いている。

隣近所の人々の間にも敵意が広がっていった。些細な嫉妬が、SA〔突撃隊〕や、ドイツ語の頭文字からゲシュタポと呼ばれる新設の秘密国家警察への告発となった。この語は郵便局員がこの組織を特定する簡単な略語として作ったものだった。全知と悪というゲシュタポの評判は、二つの現象が融合したものである。一つは、政府を批判しただけで逮捕できる政治風土。もう一つは、同調して協力するだけでなく、個人の欲望を利用して嫉妬心を満足させるナチのやり方をしきりに利用する大衆の存在だった。ナチの記録の研究によると、二一三の告発のうち、三七パーセントは真の政治的信念からではなく、驚くほど些細な個人的諍いからのものだった。例えば一九三三年一〇月の告発は、八百屋の店員が三ペニヒのお釣りを払うよう頑固に言い張る気難しい客に対してだった。店員はこの客を税金不払いで告発した。お互いを自分の好みで告発し合うようになって、ついにナチの役人は市民に、本当に警察に訴えるべき状況のものか選別するよう促すことになった。ヒトラー自身も現状を把握して、司法大臣に「私たちは告発と人間の卑しさの海にいる」と述べた。

「同一化」の中心要素は、ドイツの行政法にアーリア条項を入れることだった。これによって、ユダヤ人を行政職から効率的に閉め出すことができた。付加条項と偏狭な敵意から、ユダヤ人は医者と弁護士の仕事を行うことを厳しく制限された。一九三三年一月には、六五〇〇万人のドイツ人のうち一パーセントがユダヤ人だった。その大多数が都市部に居住し、それ以外はごくわずかで、約四分の一の一六万人がベルリンに住んでいた。しかし、それはこの都市の四二〇万人の四パーセントにしかすぎなかった。多くは強い結びつきをもって一定の場所に住んでおり、旅行客が訪れるようなところにはいなかった。

しかし、多くのユダヤ人たちは事の真相を把握していなかった。五万人が理解し、ヒトラーが首相になって数週間のうちにドイツを去ったが、ほとんどは留まった。ユダヤ人作家のカール・ザッカーマイヤーが「ユダヤ人に対する脅威を深刻に受けとめた人はほとんどいなかった」と書いている。「多くのユダヤ人はナチの野蛮なユダヤ人排斥騒ぎを単なるプロパガンダで、ナチが政治的力を獲得し国民の信頼を得られたら取り下げる方針だと思っていた」。ナチ突撃隊で人気の曲は「ユダヤ人の血が私のナイフからほとばしる時」と題されたが、ドッドが到着した頃には、ユダヤ人に対する暴力は収まり始めていた。事件は間欠的で限定的となった。歴史家のジョン・ディッペルはなぜ多くのユダヤ人がドイツに留まる決断をしたかを研究し、「安心することのほうが易しい」とした。「表面上、ほとんどの日常生活は、ヒトラーが権力を握る前と同じであった。ナチのユダヤ人に対する攻撃はすぐに通り過ぎ、後には不気味な静けさを残す夏の嵐のようなものだった」。

国民同一化が目に見えて浸透し、ヒトラーグルースと言われるヒトラー式敬礼が突然現れた。外部の者にとって目立った変化だったので、総領事のメッサースミスは一九三三年八月八日付けで、非常に詳細にこの件を本国に書き送った。上級指揮官に対して特別に要求される以外、これまで見られなかった敬礼だと書いている。この敬礼が奇妙に思われるのは、どんな場合でも要求されることだった。店屋は客に対して、また、学校では生徒が先生に対して、何度もこの敬礼をしていた。劇場でも公演の終わりには、観客は立ち上がり、まずドイツ国歌を、そしてナチ突撃隊の歌を合唱し、例の敬礼をするのだった。ナチ突撃隊の歌は、作曲した突撃隊員の若者の名にちなんだもので、彼が共産主義者に殺害されたため、ナチが英雄扱いしたのだ。ドイツ国民があまりに熱心にこの敬礼をするので、ほとんど滑稽と言ってもよいくらいだった。とりわけ役所の通路がそうだ。最も下っ端の使い走りから高級将校まで、用を足す前にもお互いに「ハイル」と言葉を交わして敬礼し、トイレへと駆け込むのだった。

メッサースミスはこの敬礼を拒み、ただ手を下ろしたまま気をつけの姿勢をしていたが、このままではすまないことは察していた。時には圧力さえ感じた。港町キールである昼食会が終わりになる頃、招待客が全員立ち上がって右腕を上げ、ドイツ国歌と国家社会主義ドイツ労働者党の党歌「旗を高く掲げよ」〔別名ホルスト・ヴェッセルの歌〕を歌った。メッサースミスは、アメリカで国歌の「星条旗よ永遠に」を歌う時のように直立していた。突撃隊を含む他の多くの客は彼を見据え、一体何様だと囁き合っていた。「私はこのことが室内で、しかも教養ある人々の中であったことを幸運だと思った。もし、外の大通りやデモが行われているところだったなら、誰だか問われることもなく即座に連行されたであろうことは疑いがなかった」と書いている。メッサースミスは劇場に行くアメリカ人旅行者に、この歌と敬礼が要求されそうになる前に早めに帰るよう薦めていた。だからこそ、ドッドが時折この敬礼を冗談でするのを面白いと感じたことはなかったのだ。

ベルリンにきて二週間、マーサは、自分が思ったほど過去から解放されていないことに気づいた。

夫のバセットがベルリンにやって来たのだ。彼はマーサとよりを戻すことを望んでおり、それをベルリン計画と呼んでいた。

彼はホテル・アドロンに宿泊して、マーサに数回会った。だが、自分が望んでいた涙の和解には至らなかった。むしろ、彼女から慇懃無礼な感じさえ受けた。「公園を二人でサイクリングしたね。君は優しかったが、私は二人の間に距離があるのを感じていた」とのちに手紙に書いている。

しかも滞在も終わりに近づいた頃、バセットは風邪を引き、事態はさらに悪化した。出発前にマーサが訪問した時は、意気消沈していた。

マーサが部屋に入ってきた時、彼は、ベルリン計画は失敗だと悟った。マーサは兄のビルを連れてきたのだ。

そこには何気ない残酷さがあった。バセットが気がつくことをマーサは計算していた。彼女はうんざりしていた。確かにかつて彼を愛していたが、その関係は誤解と対立の連続だった。かつての愛はもう「燃えかす」となり、それも十分なものではなかった。

バセットは理解した。「私の完敗だ」と彼は書いた。「誰のせいでもない」。

バセットは敗北を認め、マーサに花を贈った。「私の愛する元妻へ」と書いたカードを添えた。

彼はアメリカへ旅立った。ニューヨーク州ラーチモントへと。そこで彼は、裏庭の芝生を刈り、銅色のブナの世話をし、夜になると酒を飲んで宴会を開き、電車に乗って仕事場である銀行に通うのだった。「君が、仕事に没頭する銀行員の妻として幸せだったのかはわからない。子どもを育て、ＰＴＡの仕事などしただろうか」と書いている。

マーサとシグリット・シュルツの関係はすぐに効果を生み始めた。シュルツは、一九三三年七月二三日にマーサのための歓迎会を開いた。マーサの親しい知人を呼んだが、その中にはハースト・ニューズ・サービスの特派員クウェインティン・レイノルズがいた。マーサとレイノルズはすぐに懇意となった。レイノルズは、巻き毛といつも笑いを誘うような目を持った、明るく大柄な男だった。しかし一方で、抜け目のない、懐疑的なインテリという評判もあった。

レイノルズとはその五日後、兄のビルと一緒にエスプラナーデのバーで再会した。シュルツのようにレイノルズは知り合いが多く、ナチの高官にも友人がいた。その中には、エルンスト・フランツ・セドウィック・ハンフシュテングルという、舌を嚙みそうな名前のヒトラーの腹心もいた。アメリカ生まれの母を持ち、ハーヴァードを卒業したこの男は、独裁者ヒトラーの心を和ませるために毎晩ピアノを弾くことで知られていた。モーツァルトやバッハは好みでなく、ワグナー、ヴェルディ、リストがほとんどで、時にシュトラウスやショパンも弾いた。

マーサは彼に会ってみたかった。レイノルズは特派員の開くパーティに通じていたので、ハンフシュテングルが招かれそうなパーティにマーサを伴って行くよう手配した。

第7章　隠れた対立

ドッドは毎朝、エスプラナーデからオフィスまで、ティーアガルテン通りを一五分かけて歩いて通った。この通りが公園の南限だった。通りの南側には、碧々と木々の茂った土地に練鉄のフェンスに囲まれた瀟洒《しょうしゃ》な建物が並んでおり、大使館か領事館になっていた。北側には、樹木と彫像が並び、陽光でできた影を刻んだ小道が連なっていた。ドッドはこの公園を、これまで見た中で最も美しい公園と言い、朝の散歩が彼の一番お気に入りの時間となった。オフィスは大使館政治部にあり、公園から通りを挟んだベントラー通りに位置していた。この通りには、ドイツ正規軍の帝国国防軍の本部となっている、背の低い長方形の建物が集まったベントラー区もあった。

ベルリンに来て一週間ほどして撮影された、オフィスにいるドッドの写真がある。背後には天井にまで伸びたタピストリーが吊り下がり、彼の左一五〇センチくらいのところには、大きくて入り組んだ形の電話機が置いてあった。ドッドの様子はどこかコミカルだった。白い襟を正し、髪を七三にポマードでとかしつけ、カメラに向かって厳しい表情をしていたが、重厚な周りの雰囲気に圧倒されているようにも見える。この写真は、ドッドの指名に反対した国務省の中でも話題となった。次官のフィリップスは、「豪華なタピストリーの前に座っている君の写真が出回っていて評判だ」と書かれたドッドへの手紙をしまいこんだ。

ドッドはことあるごとに、大使館の習慣を破っているように思われた。少なくとも大使館参事官のジョージ・ゴードンにはそう見えた。ドッドは、政府の役人との会議には歩いていくことを主張した。一度、近くのスペイン大使館を訪問する時、ドッドはゴードンも一緒に歩かせた。二人ともモーニングを着てシルクハットをかぶって、である。マーサは、ソーントン・ワイルダーにこの時の様子を、「ゴードンは「卒中の発作」で溝によろめいた」と書き送っている。ドッドが車に乗る時はいつも一家の車のシボレーだったが、軍の高官が好むオペルやベンツとは比べ物にならなかった。スーツも質素で、辛口のジョークを飛ばした。そして、七月二四日月曜日、実にとんでもない罪を犯すことになる。訪問中の国会議員と会わせるために、ドッドとゴードンを領事のメッサースミスが招いた。ホテル・エスプラナーデから通りを挟んだ建物の一、二階を占めているアメリカ領事館のメッサースミスのオフィスがその場所であった。ドッドは、ゴードンより前にメッサースミスのオフィスに到着した。その数分後、電話が鳴った。メッサースミスの会話からドッドが理解したのは、ゴードンが来訪を拒否したということだった。立腹しているというのが理由だった。ゴードンの認識では、自分より下の者のオフィスに来いということは、ドッドが彼とその職位を貶めていることになるのだ。ドッドは日記に、「ゴードンは勤勉な男だが、極端な形式主義者だ」と記した。

ドッドは、外交慣習上行う信任状をヒンデンブルク大統領にすぐには提出できなかった。ヒンデンブルクは体調が悪く東プロシアのノイデックで静養していたためで、夏まで復帰しないと言われていた。これにより、ドッドは正式には大使として承認されておらず、この平穏な期間を、大使館の電話、電報の暗号、外交文書の送達時間などに慣れるために使った。アメリカ人特派員の一団やドイツ人の記者たちにも会った。その中には、ドッドはユダヤ人への不当な扱いを正すためにドイツに来た、というユダヤ系のハンブルク・イスラエル同胞新聞が書いた記事を読んだ者もいた。ドッドは彼らの反応に、自分を「拒絶」しているのを感じた。

ドッドはすぐさま新しいドイツの生活を知ることになる。ベルリンでの第一日目は、ヒトラー内閣が一九三四年一月に発効する新法、遺伝性疾病子孫予防法と呼ばれるものを制定した日となった。これは、種々の肉体的身体的障害を抱える人を断種することを認可するものだった。大使館員とメッサースミスらの領事館員は、送受する手紙をドイツ当局が傍受している確証を持った。そこで、アメリカに送る最も重要な手紙が未開封で届くために、あらゆる手段をとるべく奔走した。総領事は通信員を使って、アメリカ行きの船の船長に直接手紙を手渡しし、寄港地で本国の通信員が受け取るようにした。

ドッドの最初の仕事は、大使館員、つまり一等、二等書記官、事務員、速記者、大使館外で働く雇用者の能力と欠点を把握することだった。一日で、彼らの働きぶりは期待以下だと思った。上級職の者は好きな時間に現れ、狩りかゴルフのために定期的にいなくなるといった有様だった。彼らの大部分がベルリン中央から南西にあるヴァンゼーのゴルフクラブのメンバーだった。多くの者がもともと裕福で、伝統的に外交職につき、自分のお金も大使館のお金も好き勝手に使っていた。ドッドは特に、国際電報に使われる額に驚いた。電文は無意味に長く、そのため高額になっていた。

ドッドは、自分のメモに主要な人物の評価を書いた。ゴードン参事官の妻には「高額の収入」があり、ゴードンは怒りっぽい傾向がある。「感情的。ドイツ人に敵対的。ひどく苛立つことがたびたびある」。一等書記官の一人については、裕福で「靴下の色にうるさい」と走り書きしている。大使館の受付にいるジュリア・スウォープ・レビンは「ドイツ人を敵視しているのでこの職に向かない。ドイツ人の訪問客にとってよくない」と書いている。

ドッドは、大使館の外の政治情勢も把握し始めた。夏の明るい空の下、メッサースミスが書き送っていた様子は、ドッドの窓の外の世界そのものであった。赤地に白い円、その中心に黒い太字で「折れた十字架《ブロークン・クロス》」、ハーケンクロイツが描かれた、どぎつい色合いの旗がどこでも見られた。「鉤十字《スワスティカ》」という言葉は、大使館の中ではまだ使われていなかった。ドッドは、散歩中に出会う男たちが身につけている色の意味がわかってきた。褐色の制服は至るところで見られたが、ナチ突撃隊の服で、黒服は、少数でエリートの親衛隊だった。青色は一般の警察。ゲシュタポとそのトップのルドルフ・ディールスが破竹の勢いを得ていた。ディールスはやせ形で浅黒く、顔に一筋の傷があったが、ハンサムな男だった。傷は、大学生の時、男らしさを競って決闘した時のものだった。しかし、やくざ映画の悪党のように強面だったが、メッサースミスによれば、彼はヒトラー、ゲーリング、ゲッベルスら上官より一貫性と理性のある、役に立つ男だった。

様々な点でベルリンは、ドッドの予想以上に陰影があり、複雑な世界だった。ヒトラー政権には深い亀裂があった。ヒトラーは、一九三三年一月三〇日、保守層の大御所政治家たちが、ヒトラーならコントロールできると踏んで、ヒンデンブルク大統領と取引した結果、首相に指名された。しかしその予想は、ドッドが着任した時には既に幻想となっていた。昔ながらの紳士であるヒンデンブルクは、ヒトラーの勢力に対する最後の重しで、ドッドが出発する数日前、ヒトラーのプロテスタント教会弾圧を公的に非難した。福音派と公言しているヒンデンブルクは、ヒトラーに公式書簡で、教会が持つ内的自由を制限する懸念を表明し、「この状態が続けば、深刻な被害が国家の統一だけでなく、国民と国土にもたらされる」と批判したのだ。ヒンデンブルクは、首相を任命する憲法上の権威を持っているだけでなく、ドイツ正規軍、帝国国防軍の忠誠を要求していた。国家が再び分裂することになれば、ヒンデンブルクは首相を代え、軍国法を発布するだろう、とヒトラーはふんでいた。将来不安定さをもたらす要因になるのは、ヒトラーの友人であり長年の盟友エルンスト・レームが率いる突撃隊（SA）であろうことは見当がついていた。ヒトラーはSAが、目的が達成されても存続している、自制のきかない急進的な集団だと見ていた。レームの意見は違っていた。彼とその突撃隊は、国家社会主義革命を起こした中心であって、今やその見返りとして国家の軍隊、帝国国防軍の実権をも望んでいた。軍はこの動きを嫌っていた。自堕落で、同性愛者であることを認めているレームは軍の尊敬を勝ち得るような軍人らしさに欠けていた。しかし、レームは一〇〇万人以上の軍団を指揮していた。正規軍はこの一〇分の一に過ぎなかったが、遥かに訓練と武装がなされていた。衝突は必至だった。

政府の各所でドッドは、ヒトラーやゲーリング、ゲッベルスと比べると穏健で新しい層を見出した。ドッドの評では、ヒトラーたちは「国際外交というゲームの世界では青二才」だった。その下の層に当たる大臣たちに、むしろドッドは期待していた。ドッドは「彼らは、ドイツの自由主義者たちと協力しようとしてユダヤ人迫害をやめたいと思っている」と書き、「私たちが到着して以来、グループ間の対立が起きている」と加えている。

ドッドのこうした評価の大部分は、ドイツの外務大臣コンスタンティン・フライヘア・フォン・ノイラートに初めて面会したことからくる。ドッドは彼を、少なくとも今は穏健派の一人だと見ていた。

七月一五日土曜日、ドッドはノイラートを訪問しにヴィルヘルム通りの外務省まで行った。この通りは、ティーアガルテンの東端にある通りと平行に走っていた。ドイツの省庁の多くはヴィルヘルム通りにあったので、この通りの名称はドイツ政府を表す名となった。

ノイラートはハンサムな男で、シルバーグレイの髪、濃い眉、きちんと手入れした灰色の髭は、父親役の俳優の容貌といってよい。マーサもやがて彼に会ったが、感情を表に出さない能力に驚かされた。「表情というものがなく、ことわざにあるポーカーフェイスそのものだった」と書いている。ドッドのように、ノイラートも散歩が好きで、ティーアガルテンの散歩で一日を始めていた。

ノイラートは政府の中の良識派を自認していて、ヒトラーとその取り巻きたちをコントロールできると信じていた。彼の同僚によれば、「彼はナチを訓練し、穏健な国家主義政権の真に有能な仲間にしようとしていた」。しかし同時に、ヒトラー政権が自ずとそのように変化するかもしれないとも考えていた。側近の一人は、「彼が内閣に留まり、その任を果たし、外国と交渉をしていけば、ある朝起きるとナチがいなくなっている、といつも信じていた」と書いている。

ドッドは彼を好人物と捉えていた。この判断は、ドイツで起こることにできる限り客観的であろうとする決意の現れでもあった。ドッドは、ヒトラーは同じような力量の役人を他にも持っているだろうと考えていた。友人への手紙で、「ヒトラーもこれらの賢明な人物たちと同調し、緊張状態を和らげていくだろう」と書いている。

訪問の翌日、午後一時半頃、ドッドが博士号を取得した地ライプツィヒでは、若いアメリカ人のフィリップ・ザッカーマンがドイツ人の妻、その父母と共に日曜の散歩をしていた。彼らがユダヤ人であることを考えると、特別な週末にこうしたことをするのは大胆だったかもしれない。この日は突撃隊が行進、訓練、宴会という大騒ぎを行う日の一つで、一四万人の突撃隊が街に溢れていた。その日曜の午後には大きなパレードが街の中心で行われ、ナチの赤と白と黒の旗があらゆる建物に掲げられていた。一時半に突撃隊の一団が隊列からはずれ、交差点で交わるニコライ通りに入っていった。ザッカーマンたちがたま たま散歩していたところだった。

突撃隊が通り過ぎると、縦列の後方にいた一団が、ザッカーマンとその連れをユダヤ人だとして、何の警告もなく彼らを突然取り囲み、殴り倒し、さらに嵐のような殴打を繰り返した。それから彼らは立ち去った。

ザッカーマンと彼の妻は重傷を負って、ライプツィヒで入院した。その後ベルリンに移送され、アメリカ大使館が関わることとなった。「ザッカーマンの傷は酷く、回復の見込みは低いと思われる」と総領事のメッサースミスは、ワシントンに直通便で書き送った。ザッカーマンについては金銭的保障をドイツ政府に要求せざるを得ないが、彼の妻はアメリカ人ではないので、公的にはすべきことはないと論じた。その一方で、「妻は同時に加えられた暴行のため、入院が必要となり、お腹にいた数ヶ月の赤ちゃんは流産せざるを得なかった」と加えた。手術の結果ザッカーマン夫人は二度と妊娠できないだろう、とも書いた。

こうした暴力は収まるだろうと思われた。政府が抑制するよう命じたからだ。突撃隊のほうは聞く耳を持たないようだった。

別便でメッサースミスは、「突撃隊は、ユダヤ人を襲撃するのが格好の気晴らしで、率直な物言いをすれば、獲物がなくなるのを残念がっている」とも書いていた。

彼は、新しいドイツの様々な局面を内部者として理解していたが、一般の旅行者がヒトラー政権の真の姿を把握できないことに苛立ちを覚えていた。多くのアメリカ人旅行者は、本国の新聞で読んだ春の襲撃や逮捕、焚書や収容所といった恐ろしい出来事と、実際にドイツを旅して感じる心地よさの落差に戸惑った。ラジオのコメンテイターのH・V・カルテンボーン――ミルウォーキー生まれで、ハンス・フォン・カルテンボーンとも言う――は、ドッドが到着してまもなく、妻と娘、息子を連れてベルリンに来た。「コメント王」と呼ばれたカルテンボーンは、コロンビア・ブロードキャスティング・サービスのレポートをしているうちに、全米で知られるようになった。その著名ぶりから映画『スミス氏都へ行く』や、SF映画『地球の静止する日』にカメオ出演したほどである。ドイツに発つ前には国務省に行き、メッサースミスの報告を読む許可を得た。その時は誇張だと感じた。ベルリンに四、五日滞在してからメッサースミスに会うと、自分の勘の方が正しくて、メッサースミスの報告は「不正確で誇張だ」と言った。メッサースミスは何か間違った情報源に基づいているのではないかとほのめかした。

メッサースミスは衝撃を受けた。カルテンボーンが誠実な人物であることに疑義はなかったが、彼がドイツ人の血統なので、ベルリンやドイツ中で毎日、毎時間起きていることがとても信じられないのだと思った。

これが、メッサースミスが感じている問題だった。ドイツに居住して注意深い者は、何か根本的な変化が起きつつあって、暗闇が忍びよっていることを捉えていた。旅行者には、そこがわからなかった。メッサースミスは報告で、ドイツ政府が「ドイツを訪れるアメリカ人に、国内で起きていることに好意的な印象を与えるようにする」キャンペーンを行っているからだとしていた。メッサースミスはその証拠として、サミュエル・ボサードの奇妙なケースを挙げた。彼は八月三一日、ヒトラー・ユーゲント（青少年組織）に襲撃された。ボサードは直ちにアメリカ領事館に供述書を提出し、多くのベルリンの特派員の前でその怒りをぶちまけた。しかし、しばらくするとぱったりと話をしなくなった。メッサースミスは、帰国前に彼に電話をして状況を聞こうとしたが、この件について話をしたくない様子がわかった。疑問を感じたメッサースミスが調査したところ、宣伝省が彼をベルリンとポツダム旅行に連れ出し、大接待をしたと知った。その効果があったわけだ、とメッサースミスは思った。ニューヨークに戻ったボサードは、「ドイツでアメリカ人が襲撃されたとしたら、何かの誤解によるものだ。（中略）多くのアメリカ人は、ドイツで変更になっていることがあるのを知らず、不審な行動をすると攻撃を受けるのだ」とニュースで語った。彼は、来年もドイツに行くと宣言した。

メッサースミスは、政府がドイツのロータリークラブの禁止を解除すると決定したことにも裏があると感じた。クラブの継続だけでなく、ユダヤ人のメンバーを認めるというのだ。メッサースミス自身も、ベルリンロータリークラブの会員だった。「ユダヤ人がロータリーで会員資格を維持できるということは、世界中のロータリークラブへのプロパガンダとなった」とメッサースミスは書いた。しかし、その背後では、ユダヤ人の会員の多くは職を失い、限定された職業ができるような能力を身に付けなければならなかった。彼は、一般の旅行者がドイツの現実を知るのは不可能だという報告を送り続けた。「ドイツを訪れるアメリカ人は政府にコントロールされ、楽しい娯楽を見せられ、ドイツの真の姿を理解する機会などない」とも書いた。

メッサースミスはカルテンボーンに、自分の言うことを証明してくれるベルリン在住のアメリカ人特派員に会うよう勧めた。

しかし、カルテンボーンはその助言を無視した。特派員の多くは既に知っている者たちで、偏見を持っていると感じていたし、メッサースミスもその一人だと思っていた。

彼は旅を続けたが、やがて、その意見が劇的に修正される時がやってくる。

第8章　プッツィとの出会い

シグリット・シュルツとクウェインティン・レイノルズのおかげで、マーサはベルリン社交界にうまく入っていった。賢く気さくで美しいマーサは、若い外交官たちの人気者になった。内輪のパーティ、カクテルやビールパーティなどが、公式のパーティの後で人を選んで開かれていた。二〇人以上の特派員たちが、ドイツ人とその妻のベルギー人がやっているイタリアン・レストラン、ディー・タベルネに集っていたが、マーサは常連でもあった。レストランは常連客のために、店の角に大きな丸いテーブルを置いてくれた。シュルツなどもそうだが、夜の一〇時頃から来て翌朝四時頃までいる者もいた。この集まりは広く知られるところとなって、レストランの客の誰もが、彼らの様子を見て何を話しているか聞こうとした。「逮捕の話や、インタビューすべき親類の住所がわかると、記者の一人が席を立ち、外に出て通りを歩き出した」と、クリストファー・イシャウッドは「さらばベルリン」に書いている。外国大使館の一等書記官、二等書記官やナチの役人、ゲシュタポの局長ルドルフ・ディールスも訪れていた。のちにメンバーとなるウィリアム・シャイラーは、マーサを「きれいで快活で強力な論者」として価値ある存在と評した。

この新しい世界では名刺が必須だった。名刺は持ち主の性格、つまり、世界に自分をどう見てほしいかという自己認識を表していた。ナチの指導者の名刺は一番大きく、厳めしい称号が太字のチュートン体で印刷されていた。ドイツ国王の王子であるルイ・フェルディナント公は、アメリカのフォード部品工場で働いたことのある気だてのいい若者だが、名前と肩書きだけの一番小さな名刺だった。他方その父は、王室の盛装に身を包んだ写真が片側に、もう半分は空白となっている大きな名刺だった。名刺の用途は様々だった。正餐やカクテルパーティ、逢い引きの誘いをそこに書き付けた。名字を消すと友情や興味、場合によっては愛の告白を意味した。

マーサは名刺をどんどんもらい、貯めていった。ルイ王子からの名刺もあった。彼は求婚者で友人となる。シグリット・シュルツの名刺も、ミルドレッド・フィッシュ・ハルナックの名刺ももちろんもらった。ハルナックは、マーサと両親がベルリンに着いた時に駅にいた。ユナイテッド・プレスの記者ウェブ・ミラーは、名刺に「大切な用事がなければお食事しませんか」と書いてきた。ホテルと部屋番号も書いてあった。

ついにマーサは、はじめてナチの高官に会った。レイノルズは約束どおり、イギリス人の友人のパーティにマーサを連れていった。「派手に飲むパーティ」だった。マーサたちが到着すると、漆黒の髪の大柄な男が部屋に入ってきた。「衝撃的な方法で」とマーサは回想している。名刺を右左に配り、若くて美しい受け手には丁重だった。一九三センチの身長で、他の人より頭一つ分高く、体重はゆうに一一〇キロはあった。ある女性は、この男を「ひどく不格好で、糸の緩んだ大きな繰り人形のよう」と評した。パーティの喧噪の中でも彼の声は雨の中の雷のように響いた。

この男がハンフシュテングルだ、とレイノルズがマーサに告げた。名刺にあるように、彼は公式にはナチの海外新聞局局長だった。しかし、実態は何の権限もないお飾りの職で、ヒトラーが彼の家を訪問していた頃からの友人であったために与えられた褒美のようなものだった。

紹介されるとすぐに、彼はマーサに「プッツィ」と呼んでくれと言った。子どもの頃からのニックネームで友人、知人、記者たちも皆そう呼んでいた。

マーサが噂に聞いていたのが、この大男だった。発音もスペルもできない名字の男で、多くの記者と外交官が尊敬していたが、嫌う者も多かった。後者の中にはメッサースミスがいた。彼は本能的に嫌いだと言っていた。「不誠実で、その言葉は一言も信じられない」

と書いている。「親友のように装って、密かに悪口を言ったり、直接攻撃したりもするのだ」。

レイノルズは最初、ハンフシュテングルのことを気に入っていた。他のナチの人と違って、「自分のやり方を通し、アメリカ人に対して誠実だ」と評した。ほとんど不可能なインタビューもやりくりしてくれたし、使いの一人として記者たちの前に姿を現したりした。「格式張らず、愛想が良く、魅力的だ」。しかし、レイノルズのハンフシュテングルに対する好感も、やがて醒めていく。「本当に彼のことを知れば、嫌わざるを得ない。後からわかることだ」と記していた。

ハンフシュテングルは流暢な英語を話した。ハーヴァードでは「ヘイスティ・プディング・クラブ」という演劇グループに所属していた。一度グレッチェン・スプーツファイファーというドイツ人の女の子を演じた時は、観客を虜にした。テディ・ローズベルトの長男セオドア・ローズベルト・ジュニアは同級生だったので、ホワイトハウスにも出入りしていた。彼がホワイトハウスの地下でピアノを弾いた時、大変力を込めて弾いたので弦が七本切れてしまったという逸話もある。成人し、ニューヨークで家業である美術商のギャラリーを開き、そこで妻となる女性と出会う。ドイツに居を移してから夫妻はヒトラーと親しくなり、息子エゴンの名付け親を頼んだ。少年はヒトラーを「ドルフおじさん」と呼んだ。父はヒトラーのためにピアノを弾き、独裁者は涙した。

マーサはハンフシュテングルが好きだった。予想していたナチの高官と違って、彼は「その魅力と才能を露骨に」見せた。大柄でエネルギーの塊、手は大きく指は長い。マーサの友人ベラ・フロムはその手を「戦っているよう」と評した。極端になる性格でもあった。マーサは、「ソフトで愛想の良い所作、芸術的ともいえる、低く囁くように美しい声で話しているかと思うと、次の瞬間、部屋を壊すくらいの吠えるような声を出した」。あらゆる社交界を支配した。「誰でも圧倒でき、不屈の精神で、ベルリン最強の男よりも大きな声で話し、また囁くことができた」。

ハンフシュテングルはマーサのことは気に入ったが、父親のほうはあまり好きではなかった。「南部の謙虚な歴史学者で、わずかな資金で大使館を回し、なんとか節約しようとしている」と備忘録に書いた。「ナチの派手さに対抗するため、時として尊大な大金持ちとなることが必要な時でも、大学のキャンパスにいるかのような控え目な態度で躊躇した」。彼のことをやや軽蔑的に、「パパ」ドッドと呼んだ。

「ドッドの取り柄は、私が知り合いになったブロンドの美しい娘マーサだ」。マーサを、魅力的で活発でセックスアピールのある女性だと評した。

彼にはある考えが浮かんでいた。

第9章 「死には変わりない」

ドッドは、なるべく客観的であろうとした。しかし、毎朝散歩している桜色の陽光が照らす自分にとってのドイツとは違うドイツを体験した訪問者に早くも出会っていた。その中に、エドガー・A・マウラーがいた。当時彼はベルリンで最も知られた記者で、論争の中心にいた。シカゴ・デイリー・ニュースのレポートに加えてマウラーは *Germany Puts the Clock Back*〔時計を逆にまわすドイツ〕というベストセラー小説を書いた。この本はナチの高官の不興を買い、マウラーの友人は彼に死の危険があると感じたほどだ。ヒトラー政権は彼を国外に追放したかった。マウラーは滞在を望んで、ドッドのところに取りなしを願いに来たのだった。

マウラーはナチの怒りの矛先だった。ドイツからの報告では、信じていることが揺らぐような事件について伝えるため、うわべの正常さの裏にあるものを示そうとして、新しいルポルタージュの方法を考えた。彼の主要な情報源の一つは、ベルリンの大ラビの息子である医者だった。二週間に一度、喉の痛みを訴えて予約を取った。そして毎回、ナチに関する最新レポートの提供を受けた。これは、マウラーが尾行されていると医者が疑い始めるまで続いた。二人は新たな待ち合わせ場所を作った。毎水曜午前一一時四五分にポツダム広場の公衆便所で会うことにした。お互い隣同士の便器に立った。医者がレポートを落としていき、マウラーが拾っていった。

プッツィ・ハンフシュテングルはマウラーの信用を落とそうとして、彼の記事がひどく攻撃的なのは「隠れ」ユダヤ人だからだという嘘の噂を流した。実際、マーサも同じように考えていた。「彼はユダヤ人ではないかと思う。あの敵愾心は、自分の人種意識が増長したものだと思う」と書いている。

マウラーは、外部の人がドイツで起きている現実を把握できないことに驚いていた。自分の弟でさえ、彼の記事に疑いを持っているのだと気づいた。

マウラーは、ティーアガルテンを見下ろす自分のアパートでの食事にドッドを招いた。隠蔽された現実へ導こうとした。「しかし効果はなく、ドッドなりの考えがあった」とマウラーは書いている。アメリカ人への周期的な攻撃も、大使を動かせなかった。「ドッドは、ドイツの問題に立ち入るつもりはない、と公言した」。

ドッドのほうでも、マウラーを「ほとんどナチと同じくらい激しいやり方だ」と評していた。

マウラーへの脅しは増えていった。ナチの中では、この記者に身体的危害を加える話が上がっていた。ゲシュタポの局長ディールスはマウラーの名前が出ただけでヒトラーが激怒する、とアメリカ大使館に警告しなければならないと考えていた。ディールスは、狂信的な一派がマウラーを殺すか、「さもなければ、巧妙に消される」のではという懸念を抱いた。そこで、この記者と家族を用心として監視するため、ゲシュタポの「責任ある」者を送った。

マウラーの上司、シカゴ・デイリー・ニュースの所有者であるフランク・ノックスはこれらの脅しを知って、マウラーをベルリンから他の地に移す決定をした。東京の新聞局を提示した。マウラーは、遅かれ早かれ追放されると思っていたので、辞令をしぶしぶ受け入れたが、一〇月までドイツにいると主張した。威嚇には屈しないことを示す意味もあったが、実は、九月一日から始まるニュルンベルクでのナチの年次大会を取材したかったからだ。次の大会、「勝利の党大会」はこれまでで最大となるはずであった。

ナチはマウラーを即刻追放したかった。突撃隊は彼のオフィスに集った。突撃隊は友人たちの後をつけ、オフィスのスタッフを威圧した。ワシントンでは、合衆国に駐在するドイツの大使が、「人々の義憤」を考えるとドイツ政府はこれ以上マウラーを攻撃から守ることはできない、と国務省に通告した。

ここに来て、仲間の記者も心配を始めた。H・R・ニッカボッカーと他の記者たちは総領事のメッサースミスに会いにいき、マウラーに国外退去の説得をしてくれと頼んだ。メッサースミスは躊躇した。マウラーをよく知っていたし、ナチの脅しに敢然と立ち向かう勇気を尊敬していた。この仲介をマウラーから裏切りと取られることを恐れた。しかし、やることに合意した。

「最も難しい会談の一つだった」とメッサースミスは書いている。「彼を退去させようとしている友人の仲間に私がなっていることを見てとると、彼は涙を浮かべ、私を非難の眼で見た」。しかし、メッサースミスは説得することが自分の勤めだと思っていた。

マウラーは「絶望した様子」で諦め、メッサースミスのオフィスを後にした。

マウラーは大使のドッドにこの件を相談したが、ドッドも彼は退去すべきだと考えていた。彼の安全のためだけでなく、彼の記事はドイツとの難しい外交関係にさらに緊張を作り出すと思ったからだ。

ドッドは、「言論のために動かないとおっしゃるなら、実力行使をしなければなりません。……面倒を避けたいとは思いませんか」と彼に告げた。

マウラーは譲歩し、九月一日に退去することに同意した。その日は、取材したがっていたニュルンベルク行進の初日だった。

マーサは後日、マウラーは「このことで父を決して許さなかった」と書いている。

もう一人の訪問者は「ドイツ最高の化学者」だったが、ドッドにはそのようには見えなかった。小柄で頭は円形に禿げ、灰色の薄い口髭の男だった。顔色は青白く、老けて見えた。

その人物はフリッツ・ハーバーだった。ドイツ人は皆彼の名を知っており、尊敬していた。ヒトラーが現れる前までだが。最近までカイザー・ヴィルヘルム物理化学研究所の所長をしていた。戦争の英雄であり、ノーベル賞受賞者だった。第一次世界大戦の行き詰まりを打開しようと塩素ガスを発明した。のちにハーバーの公式と呼ばれる致死量を表すC×t=kを考案した。少量でも長期間のガス露出は、短期間で大量のガス露出と同じ効果があるというものだった。また、毒ガスを前線で使用する方法を考案し、一九一五年フランス軍に対してイーペルで初めて自ら試みた。この日は、彼の人生にも大きな影響を与える日となった。四五歳の妻クララは、夫の仕事を非人間的で非道徳的だと批判し、やめるように言った。しかし、彼はおざなりに、「原因が何であれ、死には変わりない」と答えた。イーペルのガス攻撃の九日後、妻は自殺した。彼の毒ガス研究への国際的な抗議にもかかわらず、ハーバーは空気から窒素を抽出する方法を発見し、大量で安価の化学肥料と、そしてもちろん火薬を作ることを可能にしたことで一九一八年のノーベル化学賞を受賞した。

戦前にプロテスタントに改宗し、ハーバーは新ナチ法では非アーリア人と分類されていたが、復員ユダヤ人兵士に与えられた例外措置によって研究所の所長職を許された。多くのユダヤ人研究者は例外条項を満たさず、一九三三年四月二一日、ハーバーは彼らを解雇するよう命じられた。ハーバーはこの決定と闘ったが、ほとんど賛同を得られなかった。友人のマックス・プランクですら、通り一遍の慰めしか口にできなかった。「深い落胆の中で、私は慰めようとして言った。私たちは革命に付きものの破局の時代に住んでいるので、自然の法則に従いこれに頼るしかない。だから、何か違ったふうにできたのではと苦悩することもないのだ」と書いていた。

ハーバーはそうは受け取らなかった。友人や同僚の解雇をまとめるより、辞職を選んだ。一九三三年七月二八日、残された道がない状態で、ハーバーはドッドのオフィスに助けを求めてきた。ローズベルトの連邦農業基金の総裁ヘンリー・モーゲンソー・ジュニア（のちの財務長官）の手紙を携えていた。モーゲンソーはユダヤ人であり、ユダヤ人亡命を提唱していた。

体中が震えるように感じながら聞いたハーバーの話を、「今まで聞いたことがないほど悲しいユダヤ人迫害の話だ」とドッドは日記に記している。ハーバーは六五歳で心も折れ、ヒトラーの第三帝国の前の、ワイマール共和国が保障していた年金も取り消されていた。「科学の分野で業績のある者がアメリカに移住する可能性がないかと頼んできた」とドッドは記す。「今の法律では割当が一杯なので認められない」としか言えなかった。ドッドは移民を割り当てる労働省に「ハーバーのような人々に優遇措置を取ってもらえないか」手紙を書くことを約束した。

握手をした。ハーバーはドッドに、この件を他の人に話すと悪い結果を生むかもしれないので注意するように言った。そして去っていった。この小さな陰鬱な化学者は、かつてドイツの最も重要な科学の宝であった。

「哀れな老人」と思ったが、彼が自分と一歳しか違わないことにハッとした。「こんな処遇をする残酷な政府には災いがあるだろう」と日記に書いた。

ドッドは、ハーバーに言ったことが不正確であったと、かなり遅れて気がついた。翌週の八月五日、ドッドはアメリカ労働統計局長イサドール・ルービンに手紙を送った。「割当は既に一杯だが、多くの優秀な人々が、財産を犠牲にしても、合衆国に移住したいと希望していることを知っていると思う」と。こうした観点から、労働省が「最もふさわしい人々が移住を認められる方法を」見出していないか知りたかったのだ。

ルービンはドッドの手紙を、移民局長官のD・W・マコーマック大佐に回した。八月二三日に「大使はこの件で間違った情報を得ているようだ」と返答があった。実際、少数だがドイツにビザは発行されていた。マコーマックが明らかにしたところだが、間違ったのは国務省と外交課のせいだった。「彼らの入国を制限しようとする圧力は、糾弾されるべきことだ」としていた。ドッドの文書には、なぜ彼が割当が一杯であると思ったか記されていない。

ハーバーにはこの知らせは遅すぎた。彼はイギリスに行き、ケンブリッジ大学で教えた。よい決断だと思われたが、異なる文化の中で浮き上がり、過去に苛まれ、他人行儀な環境に苦しんだ。ドッドのオフィスを去って六ヶ月後、スイスで静養中に心臓発作に襲われた。彼の死は、新生ドイツでは悲しまれることはなかった。一〇年しないうちに、第三帝国はハーバー法の新しい活用法を見つけた。それはハーバーが研究所で作り出した殺虫剤を用い、シアン化合物を合成したもので穀物倉庫を消毒するために使われた。最初ツィクロンAと名付けられ、のちにドイツの化学者によってより殺傷力の強い種類ツィクロンB〔のちにナチの強制収容所で毒ガスとして使用される〕となった。

こうした一連の出来事にもかかわらず、ドッドとしては、政府は穏健になっており、ナチのユダヤ人に対する虐待は収まっていると信じていた。ニューヨークのセンチュリー・クラブで面会し、ドイツに来る船でも一緒だった、アメリカ・ユダヤ人会議のラビ・ワイズにも手紙で同じことを書いた。

ワイズは驚いた。七月二八日のジュネーブからの返信には、「そんな楽観主義を信じられたらどんなによいか。すべてが、ここ二週間、ロンドンやパリで会った数十人の亡命者の言葉が、あなたの言う改善とはほど遠い状態であると告げている。日に日に事態は深刻に、そして、ドイツのユダヤ人にとって抑圧的になっている。私の印象が正しいことについて、あなたがセンチュリー・クラブの小さな集まりで会った人々が確証してくれるでしょう」。

娘への個人的な手紙でワイズは、「ドッドは欺かれている」と書いている。

ドッドは自分の見たものを信じた。ワイズへの返信で、「オフィスに入ってくる情報の多くが、ユダヤ人問題緩和の方向を示している。もちろん、好ましくない出来事もいくつかある。これらは初期の興奮状態が残っているからだ。そんな状態を許すことも弁護するつもりもないが、政府の中枢部はできる限り穏健な政策を取ろうとしている」としていた。

「もちろん、アメリカ政府は国内問題に干渉はできない。できることは、アメリカの意見を示し、このような政策は不幸な結果をもたらすと強調することだ」と加えた。ワイズに、抗議を行うことには反対だと伝えた。「私の判断だが、より親切で人間的な方策でできる最大のことは、非公式に、そして既に事態の危険を察知している人々に個人的に会って伝えることだ」。

ワイズは、ドッドが現在起きている現実を把握していないことを憂慮した。一人娘のジャスティンに言った言葉によると、「ドッドが聞いていない真実を知らせるために」ベルリンに行くと告げた。その時、ワイズはスイスを旅行中であった。チューリッヒからドッドに電話をして、「再びベルリンへの飛行機の手配をするように頼んだ」と書いていた。

ドッドはこれを拒否した。ワイズは、ドイツではあまりに有名で嫌われていたからだ。彼の写真は度々、フェルキッシャー・ベオバハター〔民族の観察者の意。ナチの機関紙〕紙やシュテュルマー〔前衛の意〕紙に出ていた。ワイズの回想録によると、「私の紛れもないパスポートのせいで、ニュルンベルクのような寄港地で「遺憾な事件」を引き起こすこと」をドッドは恐れていたようだ。大使館員が空港で彼と会い、旅行の間中監督下に置く提案をしたが、ドッドの意見は変わらなかった。

一方、スイスでワイズは、ジュネーブでの世界ユダヤ人会議に出席した。そこで、ドイツとの貿易を世界的にボイコットする決議を提出した。決議は可決された。

ワイズは、総領事のメッサースミスがドッドより現実を深刻に受け止めていると知って安心した。メッサースミスはユダヤ人に対する暴力の激化を認めていたが、それが狡猾にかつ広範囲な迫害に変化していると見ていた。国務省への報告で、「個人の安全という点以外にはユダヤ人のあらゆる状況が困難になっており、規制が日々実施に移され、さらに新しい規制が常時発令される」と書いている。

これまでになかった事態についても報告していた。ドイツの新社会保険制度の下で、ユダヤ人の歯医者は患者の診察が許されなくなった。一年前にユダヤ人医師に起きたことの再現だった。新しい「ドイツ・ファッション・オフィス」もショーからユダヤ人デザイナーを締め出した。ユダヤ人や非アーリア系に見える者は警官になれなくなった。ヴァンゼーの海水浴場からも、ユダヤ人は締め出された。

さらに組織化された迫害が進行している、とメッサースミスは書いた。新法はユダヤ人から市民権を奪ったが、さらに、すべての権利を剝奪するような草案が準備されていることをつかんだ。「ユダヤ人たちはこの法案を、自分たちに対する最も深刻な道徳的ダメージだと捉えていた。生活のためのあらゆる手段が奪われた。そして新市民法では、自分たちには公民権がないことを知ったのだ」。

これがまだ法制化されないのは、影の推進者が「海外での不評」を恐れているからだった。草案は九週間審議されたものであり、このことから、希望的観測を示した手紙をやめることにした。メッサースミスは、「これほど長く審議されているということは、最終案は審議中のものよりも急進的なものにはならないだろう」と書いていたのだ。

ドッドは客観的な態度を保った。八月一二日付けのローズベルトへの手紙には、「ドイツのユダヤ人に対する扱いも、ヒトラーが軍事力の復興を企図していることも容認していないが、「基本的に」国民が自国を治める権利を有し、残忍な行為と不正が行われていても他国の国民は干渉できない。自分たちで解決する機会を与えよう」と書いていた。

第10章　ティーアガルテン通り27ａ

マーサと母親はホテル・エスプラナーデから——ドッドに言わせると奢侈《しゃし》から——抜け出して、落ち着いた生活を送れるよう、家族向けの貸し家を探し始めた。しばらくしてから、ビルはベルリン大学の博士課程に入学した。ドイツ語をより早く習得するために、学期中は教授の家族と住むことになった。

ベルリンのアメリカ大使公邸の件は厄介な問題だった。数年前に国務省は、ブランデンブルク門の後ろのパリーザープラッツにある巨大で豪華な建物、ブルッハーパレスを購入して修繕した。ここを大使公邸とすることによって、市中に広がっている大使館、領事館を一ヶ所に集中させ、広場の威厳ある宮殿の中に収まっているイギリスやフランスの近くでアメリカの威信を示そうとした。しかし、ドッドの前任者フレデリック・サケットがまだ入居しないうちに、火事で建物の内部は使い物にならなくなった。それは廃墟と化して、サケットもドッドも別の場所を探さなければならなかった。個人的には、ドッドはたいして不運だとは思っていなかった。宮殿にこれまで費やされてきた無駄なお金を再活用できる。——政府はこの建物に「法外な」お金を払っていたが「誰もが狂乱していた一九二八年、一九二九年だったからだ」——ドッドは、大使館の外に居住する場所があるのを望んだ。「個人的には、宮殿の中ではなく、歩いて三〇分くらいのところに住まいがほしい」。部下の外交官も住めるような大きな建物がいいこともわかっていたが、「人に会うのが職業である私たちは、仕事場の側に住居があると、時として大切なプライバシーをまったく奪われてしまうことになる」。

マーサと母親はベルリン市内の瀟洒な住宅地域を回り、この市には公園や庭園がたくさんあって、住まいのバルコニーも花々が溢れ緑豊かなことを発見した。市の外れに、父親がアメリカに所有しているような小さな農場があった。幸せそうに歌いながら行進している制服を着た若者の分隊と威圧的な隊列を組んだ突撃隊にも会った。様々な体型の者が同じ制服を着込んで、ひどく裁断の悪い褐色のシャツが目を引いた。少数だが、すっきりと仕立てられた制服の親衛隊もいた。黒地に赤のアクセントのある配色で、まるで大きな黒ツグミのようだった。

ドッド一家は不動産物件をいくらでも選ぶことができた。装飾机、椅子、艶光るピアノ、貴重な花瓶、地図、本棚に入った本など、家具付きの素晴らしい屋敷が賃貸に出されていて、しかしその時はなぜなのか疑問に感じていなかった。とりわけ気に入ったのは、ドッドの職場へ行く散歩道であるティーアガルテンの南の地域だった。庭には木陰があって静かな雰囲気で、瀟洒な家の立ち並ぶ道があった。所有者から直接情報を得た大使館の武官を通して、この地域の家を借りられることを知った。所有者はアルフレッド・パノフスキー、裕福な個人銀行の所有者で、この地域に住むユダヤ人、ベルリンのユダヤ人の九パーセントに当たる一万六〇〇〇人のうちの一人だった。ユダヤ人はドイツ中から退去させられていたが、パノフスキーの銀行は、驚くことに特例として営業していた。

パノフスキーは、賃料は抑えると約束した。ドッドは、自分の俸給で暮らすと言ったことを後悔しつつも従っていたが、この屋敷には興味を持ち、七月の終わりに見学にいくことにした。

ティーアガルテン通り27aの家は、四階建ての石造りのマンションで、有名なウォーバーグ家の一員フェルディナント・ウォーバーグのために建てられたものだった。パノフスキーとその母親はドッドに家を案内したが、家全部ではなく、三階までを貸すつもりだった。この銀行家は、母親のために上層の四階部分と、マンションのエレベーターは自分たちのために確保する腹案を持っていた。

パノフスキーは、賃貸業で収入を得る必要のない資産家であったが、ヒトラーが首相に指名されて以来、どんなに著名であってもユダヤ人は決してナチの迫害から安全ではないことに気づいていた。27aの家を新しい大使に貸して、自分と母親の身体的安全を確保しようとしたのだ。突撃隊も、アメリカ大使と共有している家を襲撃して国際的な騒ぎを起こすような危険は冒さないだろうと計算していた。ドッドも、独立した建物の快適な設備を少額の費用で使用できる上、威風堂々とした外観はアメリカの力と威信を伝え、中も広々として政府や外交官を饗するのに申し分ないと思った。ローズベルト大統領へ喜んで手紙を書いた。「ベルリンでも最高の家の一つを一ヶ月一五〇ドルで借りました。所有者がユダヤ人で私たちに貸したがっていたからです」。

パノフスキーとドッドは、一頁にわたる紳士協定を結んだ。しかし、ドッドには若干の不安があった。静けさ、樹木、庭、毎朝の散歩道、どれも気に入ったが、建物自体は豪華すぎると感じており、「私の新しいお屋敷」と嘲笑的に呼んだ。

アメリカン・イーグルの紋章が所有地入り口の鉄の門に取り付けられた。一九三三年八月五日土曜日にドッド一家はホテル・エスプラナーデを出て、新しい家に引っ越した。

ドッドは、パノフスキーが四階の使い方で自分と母親の居住以外に理由があったことを知っていれば、この家を借りることはなかっただろうとのちに認めた。

中庭の樹木と花壇は、膝の高さのレンガを土台にした高い鉄製の柵に囲まれていた。ここを歩いて訪れた人は、垂直な鉄柵のドアのようなゲートを抜けて入り口に着く。車で到着した場合には、まず、中心に半透明の球体がついた凝った鉄製アーチが上部に施されているメインゲートを抜ける。家の正面玄関口はいつも日陰になっており、建物の高さに達する丸みを帯びた塔のようなファサードの下部で黒い長方形の形をしていた。建築上、屋敷で一番特徴的なのは、一階半の高さの位置で建物の前面から堂々と突き出した部分で、車道の上のポーチになっており、絵画を展示するギャラリーともなっていた。

正面玄関とホワイエが一階にあり、その後方は召使い部屋、洗濯場、冷蔵室、食器棚、食料棚、巨大な台所があった。マーサによれば「普通のニューヨークのアパートの二倍あった」。ドッド一家は、両側がクロークとなっている玄関から、入念な細工の施された階段を昇ってメインフロアに入っていった。

ドラマに出てくる家そのものだった。正面玄関の曲線を描いたファサードの後ろは大広間で、円形のダンスルームの床は艶光る木材で、高価な材質のカバーがかかっているピアノがあり、椅子は金箔を施した布張りだった。ピアノの上には背の高い花が活けられた豪華な花瓶、その横にはマーサの写真を置いた。写真のマーサは大変美しく、とてもセクシーだったが、大使のダンスルームには妙な取り合せだった。レセプション用に、深い緑のダマスク織の壁の部屋とピンクのサテンの壁の部屋があった。広い食堂は、赤いタピストリーで覆われていた。

ドッドたちの寝室は三階にあった（パノフスキーと母親は一つ上の屋上階に住んでいた）。主寝室は巨大で、マーサからすると滑稽なほど豪華で凝っていた。床も壁も「すべて」金と彩色したモザイクで作られていた。大きなバスタブが、まるで美術館の展示物のように台の上に置かれていた。マーサは、「何週間もバスルームを見る度に吹き出してしまい、父親がいない時には、ふざけて友人を呼んで見せた」と書いている。

ドッドもこの家は豪華すぎると思ったが、大広間とレセプションは外交上都合がよいと思った。見落とされたと憤慨する大使がいないよう多くの客を招待する必要があったからで、そのことについては気を遣っていた。メインフロアの南にあるサンルームも気に入っていた。それは、庭を見渡すタイル張りのテラスに面したガラスの部屋だった。そこのリクライニングチェアで読書をし、晴れた日には外の籐椅子に座り、本を膝の上に置いて、南の太陽の光を浴びた。

家族のお気に入りの部屋は図書室だった。暖炉のそばで快適な夜が楽しめた。壁は黒く艶のある木と赤のダマスク織でできていて、樹や人の姿が彫られた黒いエナメルのマントルピースが付いた大きな暖炉があった。棚には本がぎっしり並び、ドッドが見たところ、すべて貴重な古書だった。時間によって、壁の高い位置にあるステンドグラスの窓から射し込む光で部屋が彩られた。上面がガラス張りになっているテーブルには、パノフスキーが残していった貴重な古文書や書簡が飾られていた。マーサは、図書室の茶色の革張りの椅子がお気に入りで、やがて彼女のロマンスの場所となった。屋敷の広さ、離れた寝室、厚い壁で静かなこと、夜の遅いベルリンの習慣に反して両親が早く就寝することなど、すべて重要な要素だった。

ドッドたちが引っ越してきた八月の土曜日、パノフスキー一家は家を花で飾った。ドッド一家はすぐさま「ご親切と深慮に感謝します。素晴らしいお宅で本当に幸せです」と礼状を書いた。

外交仲間の間で、ティーアガルテン通り27aは、気兼ねなく話のできる場所として知られるようになった。「ドッドの明晰さ、鋭い観察眼と辛辣な皮肉が好きであそこが気に入った」と社交コラムニストのベラ・フロムは書いている。「しかも、他の外交官の家のように堅苦しい儀式張ったところがないのもいい」。常連には、ルイ・フェルディナント王子もいた。彼は回想録で、ドッドの邸宅を「第二の家」と呼んだ。ドッドの夕食会によく来ていた。「召使いが退出すると、心を開いて話をした」と書いている。しかし度を過ぎることもあって、ドッドは「もう少し注意なさらないと、ルイ王子、いつか縛り首になりますよ。もちろん葬儀には駆けつけますが、そんなことはよろしくないと思います」と諭したほどだった。

家族が屋敷に慣れるにつれ、マーサと父親は友達のようにジョークや辛口の評を言い合った。ソーントン・ワイルダーへの手紙で、「お互い信頼し合っていたし、時には国の極秘情報も聞いた。ナチのことで笑い、愛すべき執事にユダヤ系なのかどうかと尋ねた」と書いている。前任者から仕えていたフリッツという名の執事は「小柄で金髪、へつらうけど有能」だった。食事の時は、ほとんど政治の話をした。「父親は客に『旧南部』の何章かを読んで聞かせる。彼らは、当惑や難しいという表情をして眠りそうになる」。

マーサは母親を「大使夫人」と呼んだ。「夫人」は元気だったが、この生活を楽しむというより不安に感じていた。父親のほうは「信じられないくらい活発で」、「多少ドイツ人贔屓だった」。マーサは、「私たちはユダヤ人があまり好きではなかった」とも書いている。

カール・サンドバーグは、とりとめのない挨拶の手紙を送った。薄い紙二枚にタイプしたもので、句読点の代わりにスペースが用いられていた。「逃避行が始まって放浪時代海を超え　大陸をジグザグに　ベルリンの中心には　無茶な計算と破れた証言書があるドアが開くとドレスと様々な言語とヨーロッパの話が広がる　ユダヤ人　共産主義者　無

神論者　非アーリア人はお出入り禁止だから姿をかえ変身する　奇妙な歌とそして私たちが知っていてみんなが好きな歌詞を歌ってくれる　気楽な通信員　国際スパイ　浪費家　浮浪者　飛行家　英雄になって……」。

ドッド一家は、ティーアガルテン通り沿いのシュタンダルテン通りと言われる道に、有名な恐るべき隣人がいることを知るようになった。突撃隊の幕僚長レームである。彼が毎朝ティーアガルテンで大きな黒い馬に乗っているのを見ることもできた。近辺には、美しい二階建てのマンションがあり、ヒトラーの個人的な執務室だった。それは、やがて重度の精神的・肉体的障害のある者を安楽死させるナチ・プログラムの基地となった。ティーアガルテン四番地という住所から、そのプログラムはT4という暗号で呼ばれた。ゴードン参事官が恐れたことに、ドッド大使は、平服でこの道を護衛をつけずに一人で散歩するのを習慣にしていた。

一九三三年八月一三日、ヒンデンブルクが療養中のためドッドはまだ非公式の大使だったが、住居の問題も解決したので、マーサの新しい友人、記者のクウェインティン・レイノルズを伴って、一家はドイツ国内を小旅行に出掛けた。ドッドのシボレーで一緒に出発し、ライプツィヒで別々になった。ドッドと妻はライプツィヒ大学時代以来となる名所を訪ねることにした。

マーサとビル、レイノルズは、オーストリアを目指して南に行った。そこで、マーサがドイツに対して抱いていたバラ色のイメージを初めて疑うことになる事件が起こった。

Ⅲ 庭園の堕天使

ルドルフ・ディールス

マーサ・ドッド

第11章　奇妙な存在

ドッド一家は美しい田舎道を走り、南に向かった。ドッドが三五年前に見たのと変わりないように見える、小さくてこぎれいな街だった。しかし、公共の建物の正面には、赤と白と黒に中心に鉤十字のあるナチの紋章の旗がどこの街でも飾られていた。一一時、最初の訪問地であるウィッテンベルクのキャッスル・チャーチに着いた。ここは、マルチン・ルターがその扉に「九五か条の論題」を釘で打ち付け、宗教改革を始めた場所だった。学生の頃、ドッドはウィッテンベルクからライプツィヒまで旅行し、教会で礼拝に出席した記憶があった。しかし今は、その扉には鍵が掛けられていた。ナチのパレードが街の通りをやってきた。

ウィッテンベルクには一時間いただけで、ライプツィヒへと向かい、午後一時に到着した。ドイツで最も有名なレストランのアウエルバッハス・ケラーに直行した。ゲーテのお気に入りの場所であり、ここでメフィストフェレスとファウストが出会い、メフィストのワインが火に変わる。食事は素晴らしかったが、値段も格別だった。三マルクだった。ドッドはワインもビールも飲まなかったが、マーサ、ビル、レイノルズは遠慮せずに飲んだ。

　そこで一行は二手に別れた。若者たちはニュルンベルクへ車で向かった。ドッドと妻は、ホテルで数時間休んだ。それから夕食に出掛け、美味しい食事をほどよい値段で食べた。二マルクだった。翌日も旅を続け、ベルリンに戻る列車に乗った。夕方五時に着き、タクシーでティーアガルテン通り27ａの新しい家に帰った。

　また別のアメリカ人が襲撃されたのは、ドッドが帰宅して二四時間ほど経った時だった。ダニエル・メルヴィルという名の三〇歳の外科医だった。マンハッタンに住み、ロングアイランドで病院勤務をしていたが、ドイツの高名な外科医の技術を学びにベルリンに来ていた。メッサースミスの報告書には、メルヴィルは「上流階級のアメリカ人でユダヤ人ではない」とあった。

　襲撃はお決まりのパターンのものだった。八月一五日、火曜日の夜、ドラッグストアへ行こうとウンター・デン・リンデン通りを歩いていると、制服を着たナチ突撃隊が来たので止まって見ていた。突撃隊は、ヒトラーが首相に指名された夜に行われたブランデンブルク門への行進を、映像撮影のために再度行っていた。メルヴィルは行進を見学していたが、その中の一人が隊列を離れたのに気がつかなかった。何の前触れもなく、隊員はメルヴィルの頭を左から強打し、何事もなかったかのように隊列に戻った。目撃者たちは、驚愕している外科医に、行進の時にヒトラー式敬礼をしなかったからだと言った。三月四日以来、アメリカ人に対する暴力事件の一二番目のものだった。

アメリカ領事館がただちに抗議すると、ゲシュタポは襲撃者を逮捕したと言った。翌週の土曜日、八月一九日、政府高官は副総領事のレイモンド・ガイストに、ナチ親衛隊と突撃隊に対して外国人はヒトラー式敬礼をしなくてよいとする命令を出したと知らせてきた。また、来週早々、ベルリン地区の突撃隊トップの若い将校カール・エルンストをドッドのもとに行かせ謝罪するともあった。総領事メッサースミスはエルンストを知っていたが、「若くて精力的で情熱的なタイプだが、突撃隊に共通する残虐さと力を誇示する傾向」がにじみ出ていると書いていた。

約束通りエルンストは現れた。靴音を響かせ、「ハイル・ヒトラー」と大声で敬礼した。ドッドはその敬礼を知っていたが、返さなかった。エルンストの「お詫び」に耳を傾け、このような襲撃は二度と起こさないと彼が言うのを聞いた。エルンストは、用事は済んだという様子だった。しかしドッドは彼に座るように言い、父親と教授という、身に親しんだ立場に戻ったかのように、こんな酷い行為は悪い結果をもたらすだけだとエルンストを厳しく諭した。

エルンストは困惑しつつ、真剣に襲撃を止めようとしたと言った。そして立ち上がり、気をつけの姿勢から「プロシア式」お辞儀をして去った。

「あまり信用できない」とドッドは書いた。

午後、メッサースミスにエルンストが謝罪に来たことを言った。

メッサースミスは言った。「まだ続くでしょう」。

ニュルンベルクへの道でマーサ一行は、突撃隊の褐色の制服を着た男たちに出会った。年も体型も様々で、ナチの旗を持って歌いながら行進していた。狭い田舎道を車がゆっくり入っていくと、歩いている人々は止まって「ハイル・ヒトラー」と敬礼をした。アメリカのドイツ大使は13というプレートを付けていたが、車の若い数字のナンバープレートから、ベルリンから来たナチ高官の家族だと思われたのである。「その興奮は私にも伝わって、ナチのように懸命に敬礼を返していた」とマーサは回想録に書いている。彼女の態度は、兄とレイノルズを困惑させた。マーサは彼らが皮肉るのを無視した。「元気で軽卒な子どもになったようだった。新しい政権は私にはワインのように働いた」。

深夜頃、ニュルンベルクのホテルの前に停まった。ニュルンベルクに以前いたことがあるレイノルズは、夜になるとこの付近は寝静まることを知っていた。ところが、通りは「興奮した幸せそうな人々で一杯だった」と書いている。最初彼は、この賑やかさは街を代表する玩具産業が開いたお祭りだと思った。

ホテルに入り、レイノルズは受付で「パレードでもあるの?」と尋ねた。

受付の男は、愛想よくほがらかに、笑いながら答えた。笑みで口髭が揺れていたのを覚えている。「パレードの一種です。やり方を教えているのです」と彼は答えた。

三人は荷物を部屋に置き、街を眺めながら食事できるところを探そうと外に出た。

群衆はだんだん多くなり、お祭り気分が高まっていた。「皆が興奮し、笑い、話している」のをレイノルズは見た。印象に残ったのは、誰もが親切だったことだ。ベルリンで会う一団に比べて遥かに友好的だった。誰かにぶつかったとしても、優しく笑って許してくれる、と彼は書いている。

遠くのほうから、騒々しい一団の大声が通りへやってくるのが聞こえた。遠くの楽団、ブラスバンドと騒音も耳に入った。何か楽しいことがあるような予感をさせた、とレイノルズは記録している。「三ブロック先の群衆の叫び声が聞こえてきた。笑い声は音楽のように広がっていった」。

騒ぎ声は大きくなってきた。建物の前面にオレンジ色の輝きがちらちら反射してきた。

しばらくすると、行進本体が見えてきた。灯りと旗を持った、褐色の制服を身につけた突撃隊の縦列隊だった。「突撃隊だ。おもちゃ屋たちではない」とレイノルズは記した。

第一陣の後に、二つの大きな隊列がやってきた。その間に小さな囚人がいた。レイノルズは最初、それが男か女か判別できなかった。突撃隊はその人物を「支えながら、引きずって」通りをやってきた。「頭は坊主に刈り込まれ、顔と頭部には白粉《おしろい》が塗られていた」と彼は書いている。「薄めたアブサン酒の色」の顔だったとマーサは説明している。

隊列が近づいてくると、レイノルズとマーサは、それが若い女性であることがわかった。レイノルズには確信が持てなかったが。「スカートをはいていたが、道化の格好をした男かもしれなかった」と彼は書いている。「私の周りの群衆は、この人が引きずられていくのを、歓声を上げて見ていた」。

愛想のいいニュルンベルクの人々は様相を変貌させて、この女性を嘲り侮辱した。彼女の側にいた隊員が突然、彼女を背の高さに引き上げた。すると、首にぶら下がったプラカードが見えた。激しい笑い声が上がった。マーサ、ビル、レイノルズは、つかえながらドイツ語で何が起きているのかを周りの人に聞いた。そして断片的に、少女がユダヤ人の男と関係していたことを知った。マーサがなんとか解読したプラカードには、「私はユダヤ人に体を許しました」と書いてあった。

突撃隊が通り過ぎると、群衆は歩道に押し寄せ、後を追っていった。二階建てバスが人々に取り囲まれていて、降参したというように、バスの運転手は手を上げた。二階にいる乗客は、その女を指差し笑っていた。乗客によく見えるように、突撃隊はまた彼女を掲げた(「おもちゃ」のようだったとレイノルズは書いている)。「それをホテルのロビーに連れていくことを思いついた隊員がいた」とさらに記録している。「それ」の名前はアンナ・ラスだった。

楽団は外で大きな音を出していた。突撃隊はロビーから現れ、また別のホテルへ女性を引きずっていった。バンドが「ホルスト・ヴェッセルの歌」(ナチの党歌)を大音響で演奏すると、通りのあちこちから群衆がやってきて、右手を掲げヒトラー式敬礼をし、大声で歌った。

歌が終わると、行列は進んでいった。「ついて行きたいと思ったが、他の二人は嫌悪感を露わにしていて、止められた」とマーサは書いている。このエピソードにマーサももちろん驚いたが、ドイツとナチの革命がもたらした復興の精神に対する考えが色褪せたわけではなかった。「私は、全体像がわからないのに批判すべきでないと主張して、ナチの行動を正当化しようとしていた」。

三人はホテルのバーに入った。レイノルズは酔っぱらうまで飲むと宣言した。彼は穏やかに、バーテンダーに何が起きたのか尋ねた。彼は小声で話してくれた。ユダヤ人とアーリア人は結婚してはいけないというナチの警告を無視して、あの若い女性はユダヤ人の婚約者と結婚しようとした。ドイツのどこでも危険なことだが、ニュルンベルクほど危険な場所はないのだと説明した。「ニュルンベルク出身のS氏のことを聞いたことがあるでしょう」と言った。

レイノルズは理解した。バーテンダーは、ユリウス・シュトライヒャーのことを言っていた。レイノルズは彼を、「ヒトラーの反ユダヤ人サーカスの座長」と呼んでいた。ヒトラーの伝記作者イアン・カーショーによると、シュトライヒャーは「小柄でずんぐりとして髪を剃り上げた悪漢であり、ユダヤ人は悪魔であるというイメージに取り憑かれていた」。悪意に満ちた反ユダヤ主義の新聞シュテュルマーを創刊した人物だった。

レイノルズは、自分とマーサとビルが目撃したという事実は、その詳細よりも遥かに重要性を持つと認識した。ユダヤ人迫害についてドイツの外国特派員が報告を送っていたが、それは証言に基づいた事後の調査からくるものだった。今起きたことは、特派員が実際に目にした、反ユダヤ主義の残酷な出来事であった。「海外で報道される残酷な事件をナチはずっと否定してきたが、ここにはっきりした証拠がある」とレイノルズは書いた。「他の特派員は、こんな残酷な出来事を見ることもなかった」と日記に残している。

レイノルズの編集長はこれが重要なレポートであることを認めたが、電報で原稿を送った場合、ナチの検閲に掛かることを恐れた。郵便での送信を指示し、新任の大使に迷惑が掛からないようにドッドの子どもたちについては言及しないよう薦めた。

マーサは、この話を書かないでくれとレイノルズに懇願した。「これは特殊なケースで、そんなに重要でもないし、悪い印象を持たせるわ。ドイツで本当に起こっていることを伝えているものでもないし、彼らが行っている建設的な仕事に水を差すわ」と言った。

マーサ、ビル、レイノルズは南へ旅を続け、オーストリアに入った。ドイツに戻る前にそこで一週間を過ごし、ライン川に沿って帰った。レイノルズがオフィスに戻ると、海外新聞局局長エルンスト・ハンフシュテングルから緊急の召集が掛かっていた。

マーサとビルが事件を目撃したことを知らないハンフシュテングルは、激怒していた。「君のストーリーには真実は一言もない」という怒りだった。「私はニュルンベルクにいる者に連絡をとったが、そんなことはまったくなかったと言っている」。

レイノルズはハンフシュテングルに、このレポートからは削除したが、二人の重要な証人と共にこのパレードを見たのであって、その証言は揺るぎないと答えた。レイノルズは二人の名前を出した。

ハンフシュテングルは座って頭を抱えた。それを早く言え、と文句を言った。レイノルズは、ドッド家を訪ねて確認するよう言ったが、ハンフシュテングルはその提案を断った。

直後に開かれた記者会見で宣伝担当大臣のゲッベルスは、ユダヤ人に対する迫害の問題を記者が取り上げる前に、自分からこの件について話した。部屋にいた四〇人ほどの記者に対し、このような事件はまれで、「無責任」な者たちによって引き起こされたのだ、と述べた。

記者の一人、ロンドン・タイムズのベルリン支局長ノーマン・エビュットが口を挟んだ。「しかし、閣下、あなたはアーリア人少女、アンナ・ラスの話を確かに聞いたのですよね。ユダヤ人と結婚したいという理由でニュルンベルクを引き回されたという話を」。

ゲッベルスは微笑した。微笑は彼の顔つきを変えたが、それは楽しそうなものでも愛嬌のあるものでもなかった。この部屋の者たちは、その変化に前にも出会ったことがあった。

顔の半分の筋肉が微笑を作り、その表情が突然変貌するので不気味だった。

「どうしてそんなことが起こるのか説明しましょう」とゲッベルスは言った。「ワイマール共和国の一二年の間、我々国民は牢にいるのも同然でした。そこで我が党が登場し、彼らを解放したのです。一二年間獄にいた者が突然解放されたのです。その歓喜から、理性を超えた野蛮なことをするのも無理はありません。あなた方の国ではどうでしょうか」。

エビュットは、落ち着いた声で、イギリスがそんな事態にどう対処するかの根本的違いを指摘して、「そんなことが起こったら、その人間をもう一度獄に戻すまでです」と答えた。

ゲッベルスの笑顔は消えたが、すぐに笑みは戻った。部屋を見渡し「他に質問は？」と言った。

アメリカ合衆国は公式の抗議はしなかった。にもかかわらず、ドイツ外国部の高官がマーサに謝罪した。そして、この件は特別なケースだが厳しく罰するとして決着した。

マーサはこの見解を受け入れる気になっていた。彼女は、新しいドイツの生活の虜になっていたのだ。ソーントン・ワイルダーへの手紙で打ち明けている。「若者は顔を輝かせて希望に満ち、ホルスト・ヴェッセルの尊い霊に向けて、迷いなく歌っている。健全で美しい若者、この善良で、誠実で、健康で、神秘的に雄々しく、素晴らしく、希望に満ち、愛と死に懸け、深遠で、豊かで、不思議な人たち、現代の鉤十字のドイツの若者よ」。


しばらくしてドッドは、九月一日から始まるニュルンベルクのパーティへの招待状をドイツ外務省から受け取った。この招待に彼は困惑した。

ドッドは、ナチが党の力を入念に顕示する傾向を聞いていたが、このパーティが国家主催の公式のものではなく、外交とは無関係の党の催しであることがわかったからだ。そんな大会に出席するのは、ドイツの駐米大使が共和党か民主党の党大会に行くようなものだった。さらに、ゲッベルスと宣伝省がドッドのパーティへの出席を、ナチの政策と行動を認めることに利用するのではないかと恐れた。

八月二二日火曜日、ドッドは国務省に相談のため電報を打った。「曖昧な回答が返ってきた」とドッドは日記に書いている。国務省は、ドッドがどちらに決断しても支持すると約束した。「他の大使が行ったとしても、私は行かないことに決めた」。次の土曜日、ドイツ外務省に出席しないことを伝えた。「公務の都合という理由で断ったが、本当の理由は、党大会出席へのドイツ政府からの要請は認めないからであった。主流派の活動に私が当惑していたことは確かだった」。

ある考えがドッドに浮かんだ。仲間のイギリス、スペイン、フランスの大使たちにこの招待を断るよう説得できれば、そうした相互の行動を効力ある、だが間接的な形での非難の共同メッセージとすることができるのではないかと考えた。

ドッドはまずスペイン大使に面会した。「非公式だが楽しいもの」とドッドは記述していた。なぜなら、スペイン大使も同様に認証が済んでいなかったからだ。しかし、双方ともこの問題には慎重だった。「行かないことを示唆した」とドッドは書いている。招待を拒否するためのいくつか歴史的先例を、スペイン大使に紹介した。スペイン大使は、この催しは党のものであって国家行事ではないことに合意したが、どうするかは明かさなかった。

ドッドはのちに、彼が断ったことを知った。フランス、イギリスの大使も、様々な事情を述べて断っていた。

国務省は、公式にドッドの申し立てを是認した。しかしその裏で、彼の決断は多くの高官、次官のフィリップス、西欧局のジェイ・ピアポント・モファットを怒らせた。ドッドの決断は言うまでもなく挑発的であり、彼の指名がいかに誤りであったかを示す証拠となっていった。ドッドに反対する力が結束し始めた。

第12章　ブルータス

八月の後半、ヒンデンブルク大統領は、自分の所有地にある療養所からベルリンに戻ってきた。一九三三年八月三〇日、ドッドはモーニングコート、帽子を身につけ、信任状を携えて大統領宮殿に車で向かった。

大統領は背が高く大柄で、グレイの大きな口髭を蓄え、その髭は二本の羽のようにカーブして上がっていた。襟は高くしっかり留められ、軍服には勲章がぎっしり鋲留めされていた。中にはクリスマスツリーの飾りになるような煌めく星形のものもあった。全体的に強さと男らしさを打ち出し、八五歳という年齢には見えなかった。ヒトラーはいなかった。ゲッベルスもゲーリングもいなかったが、おそらく二日後に迫った党大会に備えていると思われた。

ドッドは短い声明を読み上げ、ドイツ国民とその歴史・文化への共感を強調した。政府への言及は避けたが、そのことで、ヒトラー政権に対しては共感していないことが伝わってくれればと思った。一五分後、ドッドと老紳士は「お気に入りの椅子」に座って会話したが、話題は、ドッドのライプツィヒでの大学時代から経済的国家主義の危険の話など多岐に渡った。のちにドッドが書いているが、ヒンデンブルクは「国際関係について強調することで、ナチの極端さへの間接的な批判をしている」とドッドは感じた。ドッドは大使館の主要メンバーを紹介し、建物から歩いて出ると、国防軍の軍人が通りの両側に並んでいるのが見えた。

今回ドッドは、徒歩では帰らなかった。大使館の車がやってきたので、兵士たちは気をつけをした。「全部終わった。これでやっと、ベルリン駐在のアメリカ代表だと正式に認められた」と書いた。

その二日後、大使としての最初の仕事の危機が訪れた。

一九三三年九月一日金曜日、アメリカのラジオ・コメンテイター、H・V・カルテンボーンが総領事のメッサースミスに、再訪できなかったことを詫びつつ、自分と家族がヨーロッパ・ツアーを終えて帰国の準備をしていると電話を掛けてきた。船に乗るための列車の出発は深夜だった。

カルテンボーンはメッサースミスに、彼が言うようなドイツを批判すべき出来事は見当たらなかったと言って、「ドイツのありのままの姿を伝えずに間違ったことをしている」と非難した。

電話の後、カルテンボーンと家族、妻と息子と娘は、最後の買い物をするためにホテル・アドロンを出た。息子のロルフはその時一六歳だった。カルテンボーン夫人は、とりわけウンター・デン・リンデンの宝石店と銀製品の店に行きたがった。そのため、人と車でごった返す、東西に伸びる通りを七ブロック南に行かなければならなかった。この通りには、きれいな建物とブロンズやドレスデン陶器、絹、革製品などを売る小さな店がたくさん並んでいて、ほしいものはなんでもあった。ヴェルトハイムのエンポリウムという有名なデパートでは、八三基のエレベーターが大勢の客を運んでいた。

一家が店から出てきた時、街路に沿って突撃隊が彼らのほうへ行進してくるのを見た。午前九時二〇分だった。

通行人は道をあけ、ヒトラー式の敬礼をした。カルテンボーンは、それに同調する表情をしていたが、その中に加わりたいとは思わなかった。ルドルフ・ヘスが、敬礼はヒトラーに対する義務の一つだが、外国人は強制されないとしたことを知っていた。ヘスは、「プロテスタント教会に入る時には十字を切らないように、敬礼はしなくてよい」と発表したのだ。そうではあったが、カルテンボーンは、店に戻って商品を見ているように家族に指示した。

突撃隊の何人かがカルテンボーン一家のところに来て、なぜ敬礼をせずに店に戻るのかと質問した。カルテンボーンはよどみないドイツ語で、自分たちはアメリカ人で、ホテルに帰る途中だと述べた。

周りの人がカルテンボーンに悪態をついて押し寄せたので、返答途中だったカルテンボーンは三〇メートル先にいた警官を呼んだ。しかし警官は反応しなかった。

カルテンボーンと家族はホテルに戻ろうとした。後ろから若い男が来て、無言でカルテンボーンの息子を引っつかんで顔に一撃を加え、通りに殴り倒した。警官は何も言わなかったし、笑っている者もいた。

怒ったカルテンボーンは、若い襲撃者の腕をつかんで警官のところへ連れていった。群衆は次第に威圧的になっていた。カルテンボーンは、これ以上正義を求めるならばさらに攻撃されると悟った。

ついに、目撃者の一人が中に入って、カルテンボーンらはアメリカ人であることは明らかなので、彼らを自由にするよう群衆を説得した。行進は通り過ぎていった。

ホテル・アドロンの安全な場所に戻って、カルテンボーンはメッサースミスに電話をした。動揺から激しく混乱していた。彼はメッサースミスに、すぐホテルに来るように言った。

メッサースミスにとって困ったことだったが、反対に非常によい機会でもあった。カルテンボーンに、ホテルには行けないと言った。「今発生したことでも、私はあと一時間はデスクにいなければならないと言った」ことを覚えている。しかし、ホテルに副総領事のレイモンド・ガイストを派遣して、カルテンボーン一家をその夜駅まで送っていくようにした。

「皮肉なことだが、これはカルテンボーンが言っていた、あり得ないことの一つだった」とのちに満足げに書いている。「とりわけ、カルテンボーンが、私が間違って報告しているとしたことの一つで、警察は襲撃された人を助けないという例だった。カルテンボーン一家、とりわけ息子にとって悲痛な経験に違いないことはわかっていた」。結局のところ、この事件の発生はよい契機になった。これがなかったら、カルテンボーンは帰国して、ラジオの聴衆に向かって、ドイツがいかに素晴らしく、アメリカの外交官が政府にいかに悪く報告しているか、ベルリン特派員たちがこの国の発展をいかに誤って伝えているか、話しただろうからだ。

メッサースミスはドッドに会い、国務省に連絡してドイツへの渡航の危険警告を指示する時期ではないかと言った。そうした警告はナチの威信を大きく傷つけることを、二人とも十分承知していた。

ドッドは自制するほうを好んだ。大使という立場から、こうした襲撃は緊急案件というより不快な出来事であると解釈し、実際に極力、報道を制限した。日記には、アメリカ人への襲撃について新聞に掲載しないよう、非友好的なことを載せないようにしたと書いた。

個人的にはこうした事件を遺憾に思っていたし、学生時代のライプツィヒでの経験とまったく相容れないことだった。家族との食事の間、この襲撃についてドッドは非難した。娘が自分の怒りに同調してくれたらと思ったが、その言葉は得られなかった。

マーサは新生ドイツを正しいものだとまだ思っていたが、それは、つむじ曲がりの娘という自分の個性から出たものだとのちに認めている。「私は彼らの行き過ぎをかばおうとした。すると父は、私を少し冷たく見て、公私ともに若きナチだとやんわり言うことがあった」と書いている。「そう言われると、時として擁護したくなった。起きていることすべてについて、熱心に弁護することがあった」。

ドイツにもよいことがたくさんあると逆らった。特にこの国の若者の情熱と、失業を減らしたヒトラーの政策を褒めた。「私が見かける、新鮮で力強い若者たちの顔にはどこか高貴なところがあると思ったし、機会があればそう言っていた」。アメリカへの手紙で、ドイツはぞくぞくするような再生の過程にあって、「マスコミのレポートや残虐行為は、心の狭い人によって誇張された例外よ」と書き送った。

カルテンボーン一家への襲撃で始まった金曜日は、ドッドには満足な一日として終わった。

その夜エドガー・マウラーは東京への長旅を始めるべく、ティーアガルテン駅へと向かった。妻と娘も、彼を見送るために駅までついて行った。彼女たちは、家財道具の荷詰めを見届けてから彼の後を追うことになっていた。

ベルリンの外国特派員のほとんどが駅に来ていた。数人の屈強なドイツ人もいたが、彼らは明らかに、マウラーを見張っている当局の者と思われた。

マウラーが乗車したことを確認するために派遣されたナチの役人は、彼のもとにやってきて機嫌をとるように、「いつお戻りですか、マウラーさん」と聞いた。

映画の台詞《せりふ》のようにマウラーは答えた。「同国人二〇〇〇万人と共に帰って来る時です」。

メッサースミスは、監視している当局の者に向かって、マウラーを守るように立っていた。そして、彼らに聞こえるような大声で、マウラーの妻と娘が無事に後に続くことを約束した。マウラーは感謝したが、ドイツに自分が留まるのを支持しなかったメッサースミスを許していなかった。マウラーは列車に乗ろうと階段を上がった時、メッサースミスのほうを振り向いて笑顔で言った。「ブルータス、おまえもか」。

メッサースミスには衝撃的な言葉だった。「惨めで落ちこんだ」と書いている。「ドイツを離れなければならないのは決定事項だった。だが、彼が去るように自分が加担したことを憎んだ」。

ドッドは現れなかった。彼は、マウラーが出国するのを喜んでいた。シカゴの友人への手紙で、マウラーについて、「御存知かもしれないが、ここのところ彼は問題だった」。もちろん彼が才能ある記者であることは認めていた。「しかし、本（悪評とピュリッツァー賞をもたらしたが）の出版後に彼がとった行動は、多くの者が心配している以上にひどく過激になっていった」。

マウラーと家族は無事に東京に到着した。妻のリリアンは、ベルリンを離れるのがとても悲しかったことを記憶している。「ドイツ以上に素敵な友人に出会えたところはなかった。思い返すと、愛している人がおかしくなり、酷いことをするのを見る思いだった」と書いている。

外交儀礼がドッドに黒い霧のように降りてきた。そのために、ドッドが一番好きなこと、『旧南部』執筆から遠ざからざるを得なかった。公式に大使となった今、日常の外交的責任が突然膨れ上がって愕然とした。国務長官ハルへの手紙で、「外交儀礼の規範に従って、早い時期に大使館で人を饗応することが必要だった。実質的な目的はなく、様々な大使館、大臣に大晩餐会に呼ばれる社交的権利を与えるものだ」としている。

それはすぐさま始まった。社交儀礼によって外交官全員のためにレセプションを開かねばならなかった。四〇から五〇人くらいを予想したが、外交官がそれぞれ一人か二人の随員を連れてくるので、全体で二〇〇人以上になった。「今日は、ショーが五時にスタートした」とドッドは日記に書いている。「大使館の部屋は準備が整い、花があちこちに置かれ、大きなパンチボールはお酒で一杯だった」。外務大臣のノイラート、ドイツ帝国銀行総裁のシャハトがやってきた。シャハトは、ドッドがヒトラー政権の中で理性的だと思える数少ない人物の一人だった。彼はドッドの常連客となり、夫人も気に入っていた。彼女は、招待客が突然キャンセルした時の困った事態を解決するために彼を使った。「誰かが直前に断ってきたら、シャハト博士を呼べばいいのよ」とよく言っていた。全体として「なかなかよかったし、特に重要なことだが、七〇〇マルクの出費だった」とドッドは記した。

しかし、次には返礼の招待状が嵐のように殺到した。仕事上のものから社交まで、ドッドのオフィスと自宅に届けられた。行事の重要性によって、儀典課に不都合な席次がパーティを台無しにしないように、席次の交換が行われた。出席必須のパーティが増え、ベテランの外交官からですら、パーティに疲れたという不平が上がった。ドイツ外務省の高官はドッドに、「あなたの外交団は社交行事を制限すべきです。そうでないと私たちも出席しかねます」と言った。イギリスの外交官も、「このペースにはついていけません」と苦言を呈した。

もちろん、単なる骨折り仕事ではなかった。パーティや晩餐会には楽しいこともあった。ゲッベルスはウィットに富んでいた。マーサは一時期、彼を魅力的だと感じていた。「思わず引き込まれる楽しそうな目の輝き、ソフトな声、ウィットに富んだ短い話。彼の残酷さや、狡猾で破壊的な才能を覚えているほうが難しい」。母親のマッティは、晩餐会でゲッベルスの隣に座るのを喜んでいた。ドッドも彼のことを、「ユーモアのセンスがあるドイツでは数少ない一人」と考えていた。一葉の珍しい新聞写真がある。ドッド、ゲッベルス、シグリット・シュルツが、晩餐会で楽しそうにくつろいでいるものだ。ナチのプロパガンダには間違いなく有効であったが、晩餐会の様子はフィルムに収められているよりも複雑なものだった。実際、シュルツはのちの口述インタビューで、ゲッベルスとは話さないようにしていたが、外からは「楽しそう」に見えていたと説明した。彼女は自分のことを三人称を使って説明した。「この写真では、シグリットはゲッベルスに見向きもしていないでしょ。彼は魅力を振りまいているけれども、シグリットが彼には何の役にも立たないことは双方ともわかっていたの」。ドッドがその写真を見てみると、「彼は笑いころげた」。ゲーリングも、ヒトラーと比較すればまだ善良な人物に思われた。シグリット・シュルツは彼を、ナチの中では一番耐えられる人物と評した。少なくとも「同じ部屋にいられるから」で、一方ヒトラーといることは「吐き気を覚えた」。アメリカ大使館の役人の一人、ジョン・C・ホワイトは何年も後で、「ゲーリングのほうに好印象を持った。……もしナチで好感の持てる人がいるとしたら、ゲーリングがそうだ」と述べている。

最初の頃、外交官や他の者たちは、ゲーリングのことを深刻に考える必要はないと思った。新しい制服を作って着るのが楽しみな、たとえ危険だとしても、大きな子どものような存在だった。大きな体格のせいでジョークのネタとなったが、そんなジョークは彼のいないところで言われていた。

ある夜、ドッドと妻はイタリア大使館でのコンサートに行った。そこにはゲーリングもいた。自分でデザインした白い制服を着ていたので、「普通の人より三倍大きく見えた」とマーサは話していた。会場の椅子は金箔貼りの華奢なアンティークで、ゲーリングの体には小さすぎるように思えた。ドッド夫人は、彼が自分の前の席を選んだのを興奮と不安で見ていた。ゲーリングがハート形のお尻を小さな椅子に押し込もうとする姿に釘付けになっていた。そしてコンサートの間中、椅子が壊れてゲーリングの大きなお尻が彼女の膝に乗り掛かってきたら、と気が気でなかった。「母は、椅子の横や端で大きなお尻が揺れているのがあまりに自分の近くだったので気が散ってしまい、演奏された曲を一つも覚えていなかった」とマーサは書いている。

ドッドにとって、他国の大使館が開く外交パーティの最大の不満は、大恐慌の影響を受けた国ですら多額の費用を無駄に使っていることだった。

ハル長官への手紙では、「例えば、昨晩、ベルギーの大臣の五三部屋ある屋敷に、午後八時半に食事に行った（この国は、法律的債務を果たせない国だ）」。制服を着た二人の召使いが車を迎えた。「さらに二人の召使いがルイ一四世風の服装で階段に立っていた。膝下までの半ズボンをはいた召使いのクローク係が三人いた。私が見たホワイトハウスの部屋よりも遥かに立派な調度を備えた食堂に、二九人の客が着席した。銀食器で出される八コースの食事が、四人の制服を着たウェイターによって供された。どの食事にも三種類のワイングラスが用意され、立ち上がった時見渡したのだが、ワインが半分残っているグラスがたくさんあった。パーティは楽しいものだったが、私のテーブルでは重要な会話は何一つなかった（大きなパーティではいつもそうだが）。食事後でも真剣な情報交換などなく、ウィットある会話すらなかった」。マーサも一緒に行ったが、「女性は皆、ダイヤモンドか高価な宝石を身につけていて、これほどの富の誇示は見たことがなかった」と書いている。彼女と両親は一〇時半に帰ったが、それはちょっとした騒ぎを起こした。「眉をひそめるお歴々もいたが、嵐のように私たちは帰宅した」。後で知ったことだったが、一一時前に帰るのは外交慣習にはないことだった。

ドッドは、自分の前任者がもともと資産家で、接待に一年間一万ドル使っていたのを知って驚いた。実に、ドッドの収入の五倍の金額である。時にはチップに、ドッドの家の賃貸料以上を支払っていた。ハルに誓ったことだったが、「しかし、一〇から一二人のゲストのパーティで、四人の給仕が標準的な服装をすること以上のことをして饗応するような昔に戻ることはない」とした。ドッドが指したのは、もちろん彼らをきちんと正装させるが、ベルギーのように半ズボンスタイルにはしないということだった。ドッドは三人の召使いと運転手を使っており、一〇人以上のパーティをする時には一人か二人をさらに雇い入れた。

年間の「大使館報告」にある政府所有の公式目録によると、大使館の食器棚には次ののが備えてあった。

ディナープレート（二七センチ）　四八枚
スーププレート（二四センチ）　二四枚
前菜用プレート（二四センチ）　二四枚
デザートプレート　二四枚
サラダプレート（一三センチ）　二四枚
パン皿（一七センチ）　二四枚
ティーカップ（九センチ）　二四個
ソーサー（一四センチ）　二四枚
スープカップ（九センチ）　二四個
ソーサー（一四センチ）　二四枚
食後用コーヒーカップ（六センチ）　二四個
ソーサー（一二センチ）　二四枚
取り分け皿　二四枚
大皿　各種　四八枚
ゴブレット　三六個
シャーベットグラス（高）　三六脚

シャーベットグラス（低）　三六脚
タンブラー（小）　三六個
タンブラー（高）　三六個
フィンガーボール　三六個
フィンガーボールプレート　三六枚

「銀食器は使わず、ワインを無駄に注ぐこともなく、あちこちにトランプ用テーブルも置きません」とハルに言った。「学者か科学者、あるいは文学者を呼んで何か話をしてもらう。一〇時半から一一時半の間にお開きにする。これはもちろん宣伝して回るわけではないが、現在の収入でやっていけなければこの屋敷には留まりません」。

カール・サンドバーグへの手紙では、「たくさん食べて、五種類のワインを飲み、三時間の間、まともな会話でもなく、ただおしゃべりするのに慣れることができない」と言っていた。自分の財力で豪華なパーティを開くことができる部下の裕福な者たちからすれば、ドッドには失望しているのではないかと恐れた。「彼らは私を理解しない」と書いている。「気の毒なことだ」と。ドッドは、サンドバーグがリンカーンについての本を仕上げることを期待する一方、「私の未完の『旧南部』は、私と一緒に葬られるだろう」と嘆いた。

「では、また。ベルリンより」と手紙を締めくくった。

少なくとも健康状態はよかった。持病のアレルギーと、消化不良と、腸の不調はあったが。ピープル・ガス会社の建物に結構なオフィスを構えている、ドッドのシカゴでの主治医ウィルバー・E・ポストは、事態を予測していたかのように、ドッドに、のちの診察で参照できるよう、この一〇年間の健康診断の記録をレポートにして送ってきた。ドッドには偏頭痛の病歴があった。ポスト医師は、「頭痛、眠気、疲労、だるさ、腸の炎症などがあったら」、これらについては「戸外での運動で緊張や疲れを取ること」で随分改善すると書いている。血圧は正常で、上が一〇〇、下が六〇、中年の男性というより運動選手の値だった。「この素晴らしい結果は、ドッド氏の健康状態が、戸外の運動と肉を控え目にした比較的刺激の少ない食事をしていて良好だったことを示している」。

レポートに付けた手紙にポスト医師は、「これを使うことはないと思いますが、何かの時に役に立つでしょう」と記していた。

金曜日の夜、特別列車がベルリンを出発し、夜景の中をニュルンベルクへと向かった。列車は、ハイチ、シャム〔現タイ〕、ペルシアを含む小国の大使たち一行を乗せていた。また、儀典課役人、速記者、医者、武装した突撃隊の幹部もいた。この列車はドッドとフランス、スペイン、イギリスの大使を乗せる予定だった。ドイツは当初一四の車両を用意していたが、出席の断りを受けて九車両に減らしていた。

ヒトラーは既にニュルンベルクに入っていた。歓迎式典のために、前の晩に到着していたのだ。市長からの贈り物に至るまで、すべての演出が整っていた。贈り物は、アルブレヒト・デューラーの有名な版画作品「騎士と死と悪魔」だった。

第13章　暗い秘密

パーティは父親には重荷だったが、マーサは楽しんでいた。アメリカ大使の娘としてすぐに認知されて、あらゆる階級、年齢、人種の男性から誘われた。銀行家の夫であるバセットとの離婚は途中だったが、残っているのは法的手続きだけだった。自分は自由に振舞えると思ったし、結婚の法的状態について明らかにするのもしないのも自由だった。秘密にしておくのが有効な手段だと思った。見掛け上、彼女は若いアメリカ娘であったし、セックスの経験も喜びも知っていたが、男性が彼女の真実を知った時の反応を特に楽しんだ。「私はその時、既婚者である素振りをせずに、外交官たちをだましていた。暗い秘密のある一八歳の少女のように扱われることをむしろ楽しんでいた」。

新しい男性と出会うチャンスはいくらでもあった。ティーアガルテンの家はいつも、学生、ドイツ人役人、大使館書記官、記者、ドイツ国防軍の役人、親衛隊、突撃隊の来訪者で溢れていた。国防軍の役人は貴族的な鋭気があって、ドイツ君主制の復活を密かに願っていると彼女に語った。マーサは「彼らが特に楽しく、ハンサムで礼儀正しく、そしてつまらない人だとわかった」。

マーサはエルンスト・ウーデットの注意を引いた。第一次世界大戦の撃墜王で、その時以来、飛行家、冒険家、スタントパイロットとしてドイツ中に広く知られていた。ウーデットの仲間であるゲーリングと共に、彼の広大な所有地カリンハルで鷹狩りをした。その土地の名前は、亡くなったスウェーデン人の妻の名にちなんでいた。マーサは、プッツィ・ハンフシュテングルと短い情事を楽しんだし、のちにその息子エゴンとも関係を持った。両親の早い就寝をいいことに、その家を有効に使ってセックスを楽しんだ。作家のトマス・ウルフがベルリンを訪れた時、彼とも情事を楽しんだ。ウルフは、「彼女は僕のペニスの周りを舞う蝶のようだった」とのちに友人に漏らしている。

フランス大使館の三等書記官アルマン・ベラールも、彼女の愛人の一人だった。一九八センチの長身で、「とりわけハンサム」だったとマーサは記憶している。ベラールが初めてマーサにデートを申し込んだ時、ドッド大使に断りを入れたことも、とても面白くて魅力的だと彼女は思った。マーサは自分の結婚について言わなかったので、彼が自分を処女のように扱うことに密かな喜びを感じていた。自分が彼にとって大きな影響力があるのがわかると、ちょっとした仕草や言葉で絶望させることもあった。疎遠にしている間は他の男と会っていたし、彼のほうでもそれを知っていた。「あなたは僕を破滅させる唯一の女性だ」と書いてくることもあった。「でもあなたはそれを知っていて楽しんでいる」。あまり冷たくしないでくれ、と懇願もしてきた。「もう我慢できない。どんなに僕が不幸か知ったら、可哀想に思ってくれるはずだ」。

もう一人の求婚者、若き生物物理学者のマックス・デルブリュックの場合、四〇年経った今でもマーサは、自分の使った手管をはっきりと覚えている。細身で、顎のきれいなライン、しっかりとかしつけた黒髪の彼は、若い時のグレゴリー・ペックのようだった。この男には、一九六九年に受賞するノーベル賞を含む偉業が前途に待っていた。

のちに交わした手紙でマーサとデルブリュックは、ベルリンでの日々を思い出していた。マーサは、自宅のレセプションの一室で一緒に座った無邪気な頃を思い出したが、彼も同じだろうかと想像した。

「ティーアガルテン通りのダイニングの外の、緑のダマスク織の部屋を覚えている」と彼は書いた。しかし、彼の記憶はマーサのものと少し違っていた。「ただ、お行儀よくそこに座っていたわけではなかったね」。

やや苛立たしげに彼は、ロマーニッシェス・カフェでの逢い引きをマーサに思い出させた。「君は随分遅れてやってきて、欠伸《あくび》をした。そして、私といると落ち着くから欠伸をしたのであって、これは私への賛辞だと言った」。

かなりの皮肉を込めて、「この考えには妙に感心して（最初は驚いたが）、それ以来、友人の前では欠伸をするようにしているよ」と付け加えた。

マーサの両親は、彼女に独立した行動を認めていて、家の出入りに制限をつけなかった。付き添ってくれる男性と早朝まで出歩くこともよくあった。しかし家族の手紙からみると、それを咎めることは驚くほどなかった。

しかし、他の者たちはマーサの行動を知っていて、否定的だった。その中にはメッサースミスもいた。彼は、国務省に遺憾の意を込めて報告した。それによって、反ドッド勢力に火を点けることになった。メッサースミスは、マーサと飛行家のウーデットとの情事を知っていたし、他にもナチの高官、ハンフシュテングルを含む人々と恋愛関係にあることも知っていた。西欧局長ジェイ・ピアポント・モファットへの親展としてメッサースミスは、この情事はゴシップの種になっていると書いた。ほとんどは無害だと思っていたが、ハンフシュテングルとの場合は別だった。マーサとハンフシュテングルの関係、そして彼女の慎重さの欠如によって、外交官や情報筋がドッドに話す機密がハンフシュテングルに漏れることを恐れ、彼らが口を閉ざすのではないかとメッサースミスは心配した。「ドッド大使に何度か言おうと思った」と彼はモファットに言った。「しかし、かなり微妙な問題なので、ハンフシュテングルが本当はどんな人間なのか先にはっきりさせることにした」。

マーサの行動へのメッサースミスの見方は、だんだん厳しいものになった。未発表の回想録で、「マーサの振る舞いは、とりわけ父親の地位を考えると色々な面で問題が多かった」と書いていた。

ドッド家の執事フリッツは、彼の批判を簡潔に表現した。「ドッド家は悪評まみれの一家だ」。

恋多きマーサの人生は、ゲシュタポの若き局長ルドルフ・ディールスに紹介された時から暗転していく。ディールスは常に、余裕と自信を持って行動していた。部屋に押し入っていくハンフシュテングルと違って、密やかに入ってきたが、まるで邪悪な霧がしみ入ってくるようだった。彼がやってくると、「入ってきたのが誰だかわからなくても、他の男では引き起こせないような興奮と緊張が走った」とマーサは書いている。

一番注意を引いたのは、顔の傷跡だった。マーサは、「これまで見た中で最も邪悪な傷跡だった」と書いている。浅いV字形をした長い傷跡が右の頬にあり、口の下と顎の周りには他にも、弧を描いた傷があった。とりわけ、左の頰の下には三日月形の深い傷跡があった。これらが一体となって衝撃を与え、「残忍で美しい男性」、傷ついたレイ・ミランド〔映画俳優〕とマーサは表現した。帝国国防軍の若い将校の爽やかな美しさとは正反対だった。マーサはすぐに、彼の「美しい」唇、「黒い豊かな髪」、射るような瞳の虜になった。

彼女だけが彼の魅力を感じたわけではなかった。ディールスは多くの人を惹きつけ、セックスの経験も豊富でかなりのものだと言われていた。同じ大学の学生でゲシュタポの一員となったハンス・ベルント・ギゼヴィウスによれば、ディールスは学生の時、酒好きの女たらしと評判で、「女性との恋愛沙汰は日常的なことだった」と回想録に書いている。男にとっても、彼は魅力的だった。ヒトラーの初期の盟友クルト・リューデッケは、逮捕されてディールスのオフィスに連行された時、ゲシュタポ局長に対して意外にも誠実さを感じた。「私は、この長身で細身の洗練された若い男に、安心感を抱いた。そして彼の扱いに励まされた」と書いている。リューデッケは、「マナーのよさが身にしみた。田舎者に刺されるより、紳士に射殺されたほうがいいと感じながら独房に戻った」。しかし最終的にリューデッケは、ハーフェルにあるブランデンブルク強制収容所に「保護拘禁」という名目で投獄された。

マーサにとってディールスの抗いがたい魅力は、誰もが彼を畏怖していることだった。「闇の王子」とも呼ばれていたが、本人は何と呼ばれても気に掛けていないことを彼女は知った。メフィストフェレス的態度に悪の喜びを感じており、彼が悲劇的な雰囲気で入ってくると、周囲は張りつめた静けさに覆われた。

ディールスは最初、ゲーリングとの強固な関係を保っていた。ヒトラーが首相になった時、ゲーリングは新しいプロシアの内務大臣として、ディールスの忠誠心に報いた。新設のゲシュタポの局長に彼を指名したのだ。当時ディールスはナチに入党していなかった。ゲーリングは、プリンツ・アルブレヒト通り八番地の古い美術学校に諜報部を作った。ベルヴュー通りのアメリカ領事館から二ブロック離れたところだった。ドッドがベルリンに到着した時、ゲシュタポは、人々が想像するような全てを掌握する全知の存在ではなかったものの、十分脅威を与える存在になっていた。歴史家のロバート・ジェレイトリーによれば、そこに勤務する者は「かなり少な」かった。詳細な記録が残されているデュッセルドルフ支部の例によれば、四〇〇万人が住む領域に対し二九一人の職員が管轄に当たっていた。諜報部または「スペシャリスト」は、一般の人が言っているような社会病質者ではなかった、とジェレイトリーは述べる。「ほとんどが、狂気に陥っているわけでもなく、超人でもなく、まったくの普通の人だった」。

ゲシュタポは、その活動と情報源の秘匿で暗いイメージを作り上げていった。例えば、ある日突然、ゲシュタポからの召還状を受け取ることがあった。とりわけ恐ろしいことだった。何の特徴もない文面だが、捨てたり無視したりすることはできなかった。彼らの建物の中の最もぞっとする場に、何ら身に覚えもない罪の告発に答えるため出頭しなければならなかった。そして、その日が終わる頃、「保護拘禁」という名目で収容所送りとなる可能性が、決して想像の世界でなく現実のものとしてあったのだ。こうした計り知れなさが、ゲシュタポを恐怖の対象とした。「人は、認識できる危険は避けることができる」と歴史家フレデリック・ツィプフェルは述べる。「しかし、闇で働く官憲は不気味である。誰も彼らから安全ではない。どこにでもいるとは言わないまでも、突然現れ、捜査し、逮捕する。不安を抱く市民にとって、もはや信頼できる人はいなくなる」。

ディールスの下で、ゲシュタポは複雑な役目を果たした。ヒトラーが首相に指名されて数週間のうちに、ディールスのゲシュタポは、突撃隊が何千もの市民を急ごしらえの収容所に引き立てている間、突撃隊の暴力を抑制する役割を果たした。ディールスは、収容所を閉鎖するよう強制捜査を行った。囚人たちの扱いは恐るべき状態だった。鞭で打たれ血まみれで、足が折れている者、餓死寸前の者など「まるで生命のない粘土」のようで、「死んだような目をして、発熱で燃えるように熱く、力の抜けた人形のようだった」とディールスは書いている。

マーサの父はディールスを気に入っていた。驚くべきことだがゲシュタポ局長は、外国人や他の者たちを収容所から救出してくれる仲介に立ち、さらに、ベルリンの外の警察にも圧力を掛けてアメリカ人を襲った突撃隊員を見つけ、処罰してくれた。

しかしディールスは聖人ではなかった。彼が局長に在任中、何千という男女が逮捕され、多くは拷問にかけられて殺された。例えばディールス監督下で、ドイツの共産主義者エルンスト・タールマンは拘禁され、ゲシュタポに尋問された。彼は鮮明な記述を残している。「彼らは私に下着を脱ぐように命じ、二人の男が私の首をつかんで台座に押し倒した。制服を着たゲシュタポの役人が硬い鞭を手に隠し突然、私の尻を何度も、数を数えながら打った。あまりの痛みに、声を張り上げて何度も叫んだ」。

ディールスの考えでは、暴力と恐怖は政治にとって有効な手段だった。プッツィ・ハンフシュテングル邸で開かれた外国人記者の集まりで、ディールスはレポーターに、「破壊分子の行動を抑圧する責任を追っている検察の見地からすると、親衛隊と突撃隊の価値は恐怖を広めるという事実にある。そしてそれは大層有益である」と語った。

マーサとディールスはティーアガルテンを散歩した。そこはベルリン中央部のなかでも落ち着ける場所と最初に感じたところだった。マーサはとりわけ秋が気に入り、「ティーアガルテンの金色に包まれた死」と呼んだ。二人は、映画やナイトクラブ、そして郊外へのドライブを楽しんだ。二人は恋人と言ってよかった。ただ二人とも結婚していたが。結婚は、マーサは法律的用語のみ、ディールスも名ばかりだった。彼は浮気好きだったからだ。マーサは悪魔と寝た女と呼ばれることを喜んでいた――実際、彼と寝たことは間違いなかった。そして、世のうぶな父親にありがちなことだが、ドッドが知らなかったことも同じくらい間違いない。メッサースミスは疑っていたし、彼の直属の部下のレイモンド・ガイストも疑っていた。ガイストは、ワシントンの領事関係のトップであるウィルバーカーに、「マーサは最も不適切なことをする女性であり、結婚しているナチの秘密警察の局長と夜いつも外出している」と不平を述べていた。実際ガイストは、マーサが人前でディールスのことを親密な間柄を示す呼び方をしているのを聞いており、中には「ねえあなた」というのもあった。

マーサがディールスを知れば知るほど、彼が何かを恐れているのを知るようになる。彼はいつも「銃口を向けられている」のを感じていたからだ。ドライブの時は一番くつろいでいたが、それは盗聴されることも、監視されることもなかったからだ。森の中を散歩して話すのを好んだし、遠くの誰も知らないカフェに行くほうが好きだった。ナチの上層部の誰もがどんなにお互いを疑っているか、ゲーリングとゲッベルスがどんなにお互いを嫌って監視しているか、二人がどうやってディールスを監視しているか、そしてディールス側もどうやってこの二人を監視しているか、などの話をしてくれた。

マーサがナチ改革に対する理想主義的な意見を修正し始めたのは、ディールスの話からだった。「ロマンティックな私の目にも、広く複雑な諜報組織のネットワーク、恐怖、サディズム、嫌悪から、個人的にも公的にも誰も逃れられないことが明らかになり始めた」。

もちろん、ディールスもその中にいることがわかる事件が起こる。

第14章　ボリスの死

マーサの人生にはもう一人、その後半生を決定的なものにした恋人がいた。悲運のロシア人である。

最初に会ったのは一九三三年秋の中頃、シグリット・シュルツが母親と二匹の犬と暮らすアパートで開いたパーティでだった。シュルツはいつも、母親手製のサンドイッチ、煎った豆とソーセージ、ビールとワイン、そしてリキュールをふんだんに提供した。ナチの客も規律を忘れてゴシップや噂話に興じた。マーサがふと部屋を見渡すと、長身の見ばえのする男が記者に囲まれていた。典型的な美男子というわけでないが、非常に人を惹きつけるところがあった。三〇歳くらいで、短い金髪と際立ってきれいな瞳、上品な振る舞いが目についた。話すたびに動く指は長くてしなやかだった。「他の人にはない口もとと上唇だった」と、マーサの友人であるアグネス・ニッカボッカー——記者のH・R・ニックことニッカボッカーの妻は、覚えていた。「引き締まった口元が笑いにほころぶまでの一瞬が何とも表現できない動きだった」。

マーサが彼に目を留めた時、彼も振り向いて彼女を見た。彼の凝視を感じてもマーサは目を逸らし、別の会話に加わった（この時のことを彼女は、未発表の回想録で詳細に記述している）。彼も向き直ったが、この瞬間の記憶は、朝が来て夜になると共にさらに凝縮されていったのだった。二人が交わした視線は忘れられないものになった。

数週間後二人は再会した。ニックと妻はマーサと二、三の友人を、ナイトクラブのシローズへ飲みにいくのに誘った。人気のクラブで黒人のジャズミュージシャンを雇っていた。ナチの人種的純血への盲信とジャズへの軽蔑から、パーティジョークでは頽廃した音楽を「ニガー・ユダヤ・ジャズ」と言ったほどだったので、黒人のジャズはナチへの二重の挑戦になっていた。

ニックはマーサに、あのパーティの時の長身の男性を紹介した。名前はボリス・ヴィノグラードフだと知った。しばらくして、ボリスは彼女のテーブルに微笑みながらやってきた。ドイツ語では慣例の、お嬢さんという呼びかけである「グネーディゲス・フロイライン」と言葉を掛けてきた。彼女をダンスに誘った。

バリトンとテノールの中間くらいの美しい声に衝撃を感じた。「蜜が出るように」と彼女は書いた。「私の心は震え、しばらく声も息も出なかった」。彼は手を差し延べ、混み合ったテーブルからマーサを踊りに誘い出した。

その優雅さも、踊り出した途端にすぐさま消滅した。ダンスフロアを「私の爪先を踏んで人にぶつかり、左手はぎこちなく突き出され、首は他の人を避けて右に左に揺れた」。

彼は「ダンスを知らないのです」と言った。

マーサは思わず吹き出した。

ボリスも笑い出した。彼女は、その微笑みの何とも言えない「上品なオーラ」に囚われた。

しばらくして彼は、「私はソビエト大使館の者です。怖いですか？《ハーベン・ジー・アングスト》」と言った。

彼女はまた笑った。「驚きませんよ。どうして私が怖がらなければならないの？」

「確かに、あなたは私人ですし、あなたといる時は私もそうです」。

そう言って彼女を抱き寄せた。彼は細身で広い肩で、金色が混ざった青緑の瞳は、彼女には素晴らしく思えた。不揃いの歯並びは、その微笑みを独特のものにしていた。彼はよく笑った。

「以前から何度もお見掛けしていました」。前回がシュルツのところだったことを覚えていた。「覚えていますか？《エァイナーン・ジー・ジッヒ》」。

生来のつむじ曲がりから、あまり気安く見えないように感情を抑えて、事実だけ認めるよう「もちろん、覚えています」と彼女は答えた。

しばらくダンスをした後、ニッカボッカーのテーブルに戻った。彼はドイツ語で、「Ich möchte Sie sehr wiederzusehen. Darf ich Sie anrufen ?」と言った。

マーサの限られたドイツ語でもその意味はわかった。もう一度お会いできますか、と彼は聞いたのだ。

彼女はボリスに「ええ、お電話ください」と言った。

マーサは他の男たちと踊った。踊りながらも、テーブルを見て、ボリスがニッカボッカーたちと一緒であることを確認した。ボリスは彼女を見ていた。

「あり得ないと思われるだろうけど」と彼女は書いている。「彼が去った後の周りの空気は、輝きを放っていて振動しているような感覚に襲われた」。

数日後ボリスは訪ねてきた。ドッド邸まで車で来て、執事のフリッツに来訪を告げた。階段を上がってメインフロアに、秋の花を集めたブーケとレコードプレーヤー用のディスクを持っていった。彼女の手にキスはしなかった。ドイツ式の挨拶に辟易していたマーサにはちょうどよかった。短い挨拶を述べて、彼はレコードを取り出した。

「ロシア音楽はご存知ないでしょう、お嬢さん《フロイライン》。ムソルグスキーの「ボリスの死」を聴かれたことはありますか?」

「これからお聴かせするのは私の死ではないですが」と付け加えた。

彼は笑ったが、彼女は笑えなかった。何か恐ろしいことの「前触れの」ように思われたのだ。

彼らは音楽を聴いた。モデスト・ムソルグスキーのオペラ「ボリス・ゴドゥノフ」を著名なロシアオペラのバス、フョードル・シャリアピンが歌っていた。それからマーサは屋敷を案内し、最後に書斎に入った。片隅には父親の黒い大きな机があった。引き出しはいつも鍵が掛かっていた。高いステンドグラスの窓から晩秋の太陽が何色にもなってひだ状に差し込んでいた。マーサはお気に入りのソファーに誘った。

ボリスは喜んだ。「ぼくたちの場所ですね、フロイライン」。

マーサがソファーに腰掛けると、ボリスは椅子を持ってきた。彼女は、プライベートな客を迎える時のお決まりの、ビールとプレッツェル、スライスした人参、キュウリ、温めたチーズスティックをフリッツに用意させた。

食事を運んできたフリッツはとても静かに、まるで盗み聞きでもするかのように部屋に入ってきた。ボリスは正確に、彼がスラブ系であることを見てとり、互いにスラブ式の挨拶を交わした。

ボリスの打ち解けた様子に乗じてフリッツは軽口を叩いた。「本当に、共産主義者が帝国議会を放火したのですか？」

ボリスはにっこり笑ってウィンクした。「もちろんです」。「あなたと私でね。あの夜、ゲーリングの家で、帝国議会への秘密の通路を案内されたのを覚えていますか」。これは広まっている噂のことだった。ナチの爆撃部隊が秘密裏に、ゲーリング邸と帝国議会をつなぐ秘密のトンネルを通っていったというものだった。そのトンネルは実在した。

三人は大笑いした。このふざけた帝国議会放火共謀説はボリスとフリッツの間で交わされる冗談となり、色々形を変えてマーサの父の耳にも届いた。マーサはかなり信じていたのだが、「たとえフリッツが秘密警察の諜報部員だとしても」、マーサの父はこの話を面白がった。

フリッツはウォッカを取りに書斎を退出した。ボリスは自分でなみなみと酒を注ぎ、飲み干した。マーサがソファーにもたれかかると、今度はボリスは隣に座った。彼は二杯目のウォッカを飲んだが、あまり効いていないようだった。

「初めて会った時から」とボリスは始めた。戸惑いながら、「こんなことがあるのでしょうか」と言った。

マーサも彼の言わんとすることがわかった。彼女も同じように、強く痺《しび》れる魅力を彼に感じていた。しかし、こんな始まったばかりのゲームでそれを認める気はなかった。無表情に彼を見返した。

ボリスは真剣に、様々な質問を始めた。シカゴで何をしていたのか、両親はどんな人か、将来何がしたいのか。

初めてのデートの会話というより新聞のインタビューのようだった。マーサはじれったく感じながらも辛抱強く答えた。彼女が知る限り、これがソ連の男のやり方だった。「それまでは本物の共産主義者にも、その意味でのロシア人にも会ったことはなかった」とマーサは書いている。「だから、彼らはこうやって人を知るのだと思った」。

会話に詰まると、二人とも辞書を取り出した。ボリスはいくらか英語を知っていたがそれほど多くなく、ほとんどドイツ語で話した。マーサはロシア語がわからなかったので、ドイツ語と英語を混ぜて話した。

かなりの努力を要したが、マーサはボリスに、自分の両親がどちらもアメリカ南部の地主の家系の出だと伝えた。「どちらの家系も純粋な英国系で、スコットランド系アイルランドか、イングランド系、ウェールズ系なの」。

ボリスは笑って「それは純粋と言うのですか?」と言った。

マーサは、どちらの家系も奴隷を持っていて、「母方は一二人、父方は五、六人」と言ったが「無意識のプライドが声に出ていた」。

ボリスは沈黙した。彼の表情は突如、悲しみへと変わった。「マーサ」。「まさか、あなたの先祖が他の人間の生命を所有していたことを誇りに思っているわけではないですね」。

彼女の手を取って見つめた。マーサはこの時まで、自分の両親の先祖が奴隷を所有していたことは、自分の家族がアメリカの歴史に深く根ざしている興味深い事実だと捉えていた。しかし今初めて、それをあるがままに、反省すべき歴史の悲しい一つの章として受けとめた。

「自慢のつもりではなかったの」とマーサは言った。「あなたにはそう聞こえたかもしれないけれど」と謝ると同時に、そんな自分が嫌になった。自分を「論争好き」だと思っていたからだ。

「私の家はアメリカの長い伝統を引き継いだだけで、私たちが始めたわけではないわ」と言った。

ボリスは、彼女がむきになっているのを面白く感じて手放しで喜んだ。

次の瞬間、「とても厳粛な」とマーサが記憶する態度を彼は示した。

「おめでとう、私の気高く優雅で可愛いマーサ！　私の家系も古いのです。おそらくあなたのより。ネアンデルタール人の直系です。純粋な人類です」。

二人は笑い崩れた。

二人は関係が知られるのを極力避けたが、常に連れ添っていた。合衆国はまだ、ソ連を国として認めていなかった（一九三三年一一月一六日まで認めていない）。アメリカ大使の娘とソ連大使館の一等書記官が公的な場で交際するのは、娘の父親とボリス本人が双方の国から内外の非難の対象になるような、外交上の儀礼を破るものだった。彼女とボリスは外交パーティを早めに抜け出し、ホルヒャー、ペルツァー、ハーベル、ケンピンスキーのような瀟洒なレストランで密かに会って食事をした。少し節約するため、ボリスは、あまり高級でない小さなレストランのシェフと知り合いになって、好みの料理を出してもらうようにもした。ディナーの後、彼とマーサは、シローズやエデン・ホテルの屋上階のクラブ、カバレット・デア・コーミカーのような、皆が政治論争をするキャバレーに行って踊った。

夜になるとマーサとボリスは、イタリアン・レストランのディー・タベルネで記者たちと合流した。そこでボリスはいつも歓迎された。記者たちはボリスが好きだった。亡命中のエドガー・マウラーにとってボリスは、他のソ連大使館員たちと違って新鮮だった。ボリスは党の綱領に奴隷的に従わずに、自分の意見を述べていた。他の大使館員が口を閉ざす検閲をものともしない様子だった、とマウラーは記憶していた。

マーサの他の求婚者たちと同様に、ボリスは彼女を郊外へドライブに誘って、ナチの邪魔が入らないようにした。フォードのオープンカーがお気に入りで、いつも運転していた。アグネス・ニッカボッカーは、彼が「ハンドルを握る前、儀式のように革の素敵な手袋を身につけたことを覚えていた」。彼は、「揺らぐことのない共産主義者」だったが、「人生のいわゆる楽しみも愛した」とマーサは記していた。

寒い夜以外はいつも幌を開けて運転した。マーサとの関係が深くなると、運転しながら彼女に手を回した。常に彼女に触れていなければならなかった。その手を膝の上に置かせ、指を手袋に入れさせた。夜遅くのドライブでは朝まで一緒のことがあった。「紅葉でちらちらと黄金色に輝く暗い緑の森に昇る朝日を迎えることもあった」とマーサは書いている。

彼の英語は限られていたが、「ダーリン」という呼び方を知ってとても気に入り、しばしば使った。ロシア語の愛情表現も使ったが、訳すと言葉の美しさがなくなると言って英語にはしなかった。彼女のことをドイツ語で「私の可愛い子」とか「愛しい子」、または「私のおちびさん」と呼んだ。一つには身長のこともあったが、彼女の個性と成熟度からそう呼んでいたようだ。「ある時ボリスは、私の無邪気な理想主義を理解できないと言った」とマーサは書いている。ボリスからすると、共産主義思想に引き入れるには、あまりに「軽率な」ところがあると思ったようだった。マーサは自身を振り返ってこの頃が、最もナイーブで頑固な若いアメリカ娘で、分別ある人には頭痛の種であったに違いないと考えた。

彼女のほうでも、ボリスも世界を単純に捉えていると思っていた。少なくとも外面的には。「三一歳にしてボリスには、子どものような陽気さと信念と無鉄砲なユーモアと魅力があった」。しかし時として、「二人だけの食事やコンサート、演劇、楽しい催しなどの夢のような世界に」現実が侵入してくることもあった。ボリスには一連の緊張状態が伴っているのをマーサは感じていた。とりわけ、ヒトラーが国家を戦争に備えさせつつも平和を公言していることを世界がいとも容易に受け入れてしまうのを見て、彼は暗澹としていた。ヒトラーの標的はソ連だった。さらに別のストレスとして、彼の国の大使館がマーサとの関係を認めないことがあった。上司は叱責したが、彼は無視した。

マーサは公式にではないが圧力を感じた。父親はボリスを気に入っていると思っていたが、ボリスが同席しているとしばしば黙りこくった。「時には敵対的でさえあった」。これはドッドが、自分とボリスが結婚するのではないかと心配しているからだと考えていた。「友人も家族も、私たちのことで当惑している」とボリスに伝えた。「これからどうなるのかしら。複雑になるわ。今は楽しくても、長い絶望が訪れるわ」。

九月のある日、ボリスとマーサはピクニック用のお弁当を詰めて、車で郊外に出掛けた。人目につかない湿原を見つけて、毛布を敷いた。辺りは新しく刈られた草の匂いがした。ボリスは毛布の上に横になって、空を見て微笑んだ。マーサは、野生のミントを抜いてボリスの顔をくすぐった。

その葉っぱを彼が大事に持っていたことを、マーサはのちに知った。ボリスはロマンティストで、大切なものをとっておく人だった。二人の関係が始まった頃から彼はマーサに夢中だった。そして、予期していた通り、彼は見張られていた。

マーサはこの時、記者たちの大多数が彼を疑っていることを知らなかった。ボリスは大使館の単なる一等書記官ではなかった。ソ連の諜報組織KGBの前身、NKVDのスパイだったのだ。

第15章「ユダヤ人問題」

ドッドが大使としてドイツ政府と接触する主要な人物は、外務大臣ノイラートだった。カルテンボーン事件を契機に、他の類似したアメリカ人への襲撃事件と、襲撃犯への法の裁きをドイツ政府が回避しているケースに対して正式な抗議をするため、一九三三年九月一四日、木曜の朝、ドッドはノイラートと会談した。

会談は、ヴィルヘルム通りにある外務省のノイラートのオフィスで行われた。

経済問題の意見交換から和やかに始まった会談だったが、ドッドが「突撃隊の蛮行」の話題を切り出し、ノイラートに多くの事件について説明を始めると一気に緊張した雰囲気となった。直近のものは八月三一日に発生したサミュエル・ボサード一家の事件だった。ボサードはヒトラー式敬礼をしなかったため、ヒトラー・ユーゲントの隊員に襲撃された。その一週間前、別のアメリカ人ハロルド・ダールキストが、突撃隊の行進に停止しなかったために隊員に殴打された。全体としてこのような襲撃事件は春より減ってはいたが、一、二ヶ月の間に定期的に発生していた。ドッドはノイラートに、これらの襲撃の報道はアメリカでのドイツの評判を深刻に傷つけており、ドッドが努めてアメリカ人記者に敵対的な報道をしないよう規制しても、抗しがたいと知らせた。「お断りしておきますが、いくつかの小さなケースについては大使館が報道を止めさせましたし、記者にもことを大きくしないよう注意してもいます」とノイラートに言った。

さらに、ドッドの車も明らかに突撃隊の一員によって止められ捜索されたことがあるが、この件については「あなたもおわかりだと思うが、必然的にことが大きくなることを避けるため」、報道を規制したことを明らかにした。

ノイラートは彼に礼を言い、ドッドが突撃隊の暴力について、マーサとビルがニュルンベルクで目撃した事件も含めて、報道を規制していることを認識していると言った。大変感謝していると伝えた。

ドッドはカルテンボーン事件を取り上げた。カルテンボーン自身が公けにする気になれば、合衆国の反応は悪化しただろうとノイラートに告げた。「カルテンボーンは寛大にも、この件に関する報告が外部に流れないようにと頼んできたので、私とメッサースミスはアメリカ人記者たちに、この件については触れないように通達しました」とドッドは言った。「しかし、これは結局外部に漏れ、ドイツには計り知れない傷となりました」。

ノイラートは世評を気にしないことで知られていたが、明らかに狼狽していた。これは特記すべきことだと、ドッドはその日に作成した「極秘」メモに残している。ノイラートは、個人的にカルテンボーンに面会したいと言い、その襲撃を野蛮で弁護の余地がないと非難した。

ドッドはじっくり観察した。ドッドには、彼は誠実に見えたが、最近、同意の様子を見せて外務大臣として何も行動しないことが多かったからだ。

ドッドは、襲撃が続いて襲撃した者が裁きを受けないのなら、合衆国は「ドイツの世界的な信用に関わる公式見解」を出さざるを得ないだろうと述べた。

ノイラートの顔色はさらに赤みを増した。

ドッドは不埒な学生に諭すように、「あなたの役人がどうしてこのようなことを認めているのか、これが私たちの関係に深刻な影響を与えるものであることがなぜわからないのか、測りかねます」と言った。

ノイラートは先週この問題について直接、ゲーリングとヒトラーと協議したと弁じた。二人ともあらゆる力を使い、これ以上襲撃が行われないようにすると確認したと言った。彼はその実行を誓った。

ドッドは続けて、さらに緊迫した問題に踏み込んだ。ドッドとノイラートの双方がユダヤ人「問題」と呼んだものである。

ノイラートはドッドに、合衆国国内には「ユダヤ人問題はないのか」と尋ねた。「もちろん御存知のように」、とドッドは始めた。「知的な分野及びビジネスにおいて地位を占有しているユダヤ人に関して昨今、国内で問題も出ています」。加えて、ワシントンの同僚の中には「この点に関して、ドイツ人の抱える困難な状況も理解できるが、今この問題を解決しようとする無慈悲なやり方には賛成できない」と打ち明ける者もいると伝えた。

ドッドは、化学者フリッツ・ハーバーとのいきさつを述べた。

「確かに」、とノイラートは言った。「私もハーバーは知っています。ヨーロッパを代表する化学者の一人だと認識しています」。ノイラートは、ドイツのユダヤ人に対する扱いは誤っており、外務省においてももっと人間的なやり方を促してきたので変化の兆しはあるだろうと言った。ちょうど先週、バーデンバーデンで開催されたレースに出掛けた折、他の政府の役人と一緒の座席に三人の著名なユダヤ人がおり、その隣に腰を下ろした時にも「非友好的な雰囲気はありませんでした」と言った。

ドッドは言った。「ヒトラーやゲッベルスのように突出した指導者たちがニュルンベルクの時のように、ユダヤ人は地球上から抹殺されなければならないと演壇で言っている限りは、あなた方の行いに対する世界からの非難を和らげることはできないでしょう」。

ドッドは立ち上がって、ノイラートのほうを振り向いて尋ねた。「戦争になりますか?」ノイラートはまた顔を赤らめた。「そんなことはありません」。ドアのところでドッドは言った。「もう一度戦争をすれば、ドイツは崩壊すると認識すべきです」。

ドッドは建物を出て、「少し心配になった。あまりに率直に批判しすぎたかもしれない」。

その翌日、シュツットガルトのアメリカ領事が「極秘」発表をベルリンに送ってきた。彼の管轄下のマウザー社が、兵器の生産を急増しているという報告であった。領事は、「他国への大規模な侵略の再開がドイツで計画されていることに疑いの余地はない」と書いていた。

その後すぐに同じ領事から、ドイツ警察が高速道路の検問を開始し、旅行者をすべて止めて人と車、荷物の詳細な捜索に応じるよう命じたと報告があった。

これは顕著な事例で、政府が通行中のすべての列車、トラック、車を警察の特捜部隊が捜索できるよう、国中の交通を正午から一二時四〇分まで停止すると命じたのだ。ドイツの新聞からの引用によると、当局の説明では、共産主義者蜂起のための武器、外国発のプロパガンダ、証拠を警察は探しているとのことだった。皮肉なベルリン市民の間には違った推測が広まっていた。警察が本当に探しているのは、ヒトラー自身がユダヤ人の出自であるという申し立てが掲載されている、スイスとオーストリアの新聞を探し出し没収するためだというものだった。

第16章　秘密の要求

アメリカ人に対する襲撃、自分への抗議、ヒトラーとその部下の予期できぬ行動、他国でなら投獄されるような役人の行動を前にして要請される慎重さ、それらすべてが、ドッドの神経を擦り切れさせるものだった。頭痛と腹痛に襲われた。友人への手紙にドッドは、大使職が「不快で困難な仕事」だと言っている。

これに加えて、大使が対処しなければならない日常業務が山のようにあった。

九月の中頃、ティーアガルテンの家の四階からかなりの騒音が聞こえてきた。ここにはパノフスキーと母親しか住んでいないはずだった。ドッドに断りなく大工の一団がやってきて、毎日七時からハンマーや鋸《のこぎり》、その他の大きな音を立てて、二週間ばかり何かをしていた。九月一八日になって、パノフスキーはドッドに簡単なメモを書いた。「来月初めに、妻と子どもたちが地方からベルリンに戻ってくることをお知らせします。閣下とドッド夫人の快適な生活を乱すことはないと確信しております。あなた方が快適に過ごされるのが、私の最大の望みでもあります」。

パノフスキーは妻と子ども、そして何人かの使用人を引っ越させた。

ドッドは驚いた。パノフスキーに手紙を書いた。線で消したり一行ごとに書き直したりと何度も推敲して、これは単に家主と借家人の問題ではないと認識してもらおうとした。パノフスキーは、ドッドの存在が家族の安全を保障しているとみて、ベルリンに家族を呼び寄せたのだ。ドッドの最初の手紙は、自分の家族を別のところに引っ越しさせることを示唆し、七月にこんな計画を明かさなかったことを責めるものだった。もし知らせてくれていたら、「こんな困った事態にならなかっただろう」と書いた。

ドッドの手紙の最終版は、いくぶん柔らかくなった。「ご家族が一緒になられると聞いて嬉しく思います」とドイツ語で書いた。「私たちの心配は、あなたのお子さんが思い通りに自分の家を使えないことです。私たちはシカゴに家を買ったので、戸外の良さを経験できました。私たちがそうした自由とお子さんの活動を制限しているかと思うと遺憾です。もしあなたの計画を七月に知っていたら、このような困難を招く場所を選ばなかったでしょう」。

ドッドは、粗末に扱われる大方の入居者のように、最初は忍耐強く、子どもと召使いたちの騒音が止むように願った。

そうはいかなかった。行ったり来たりの音や小さい子どもの存在で問題が生じた。外交官や第三帝国の高官たちを饗応している時は、とりわけ問題だった。既に高官たちは、ドッドの倹約ぶり――質素な装い、仕事場までの徒歩通勤、古いシボレーなどを見下していた。そこへ、予期せぬユダヤ人の家族が入ってきたのだ。「とりわけ私の仕事上、頻繁に接待をしなければならないのに、あまりに騒音と騒動が多すぎる」と、回想録にドッドは書いている。「これでは不誠実だと言う人もいるだろう」。ドッドは弁護士に相談した。

家主との問題と山積みの大使職の問題から、『旧南部』執筆の時間はなくなっていた。夜や週末の短い時間を使う以外なかった。アメリカならすぐ入手できるような本や文書も、なかなか手に入らなかった。

しかし最大の重荷は、現在直面している不合理な世界だった。これまでの学問的経験を超越していた。世界は歴史の必然と多少なりとも合理的な人々の判断によって形づくられていくものだと、歴史家として理解していた。自分の周りの人々は市民的一貫性を持って行動すると思っていた。しかし、ヒトラー政権は市民的でもなく一貫性もなく、国家はますます説明のつかないものになっていった。

ヒトラーと党役員が使う言葉も、奇妙に逆転した意味になっていた。「狂信的」という言葉は肯定的な意味になった。突如としてこの言葉は、ドレスデン在住のユダヤ人言語学者ヴィクトール・クレンペラーが「勇気と熱心な献身がうまく混ざったもの」と定義する意味に変貌した。ナチが支配している新聞では果てしなく、「狂信的誓い」や「狂信的宣言」、「狂信的信条」が書かれ、よいこととされていた。ゲーリングは「狂信的動物愛好者」と書かれた。ドイツ語で「ファナティッシャー・ティアフロイント」である。

クレンペラーは、古い言葉が新しい陰惨な意味を含んで使われるのを確認した。「ユーバーメンシュ（Übermensch）」は「超人」で「ウンターメンシュ（Untermensch）」は「非人間」で、ユダヤ人を意味するようになった。まったく新しい言葉も現れた。「シュトラーフエクスペディッツィオン（懲罰的遠征）」は、突撃隊が行うユダヤ人や共産主義者の近隣への襲撃を意味した。

クレンペラーは、洪水のように発令される命令、警告、威嚇――「死刑をちらつかせる脅し」や最近の全国的捜索の裏に説明不能なパラノイア的過剰を感じ、「言語のヒステリー」だとした。クレンペラーはこの背後に、人々に規則を守らせるために「アメリカ映画やスリラーから真似をして」、日常的サスペンスを入念に作り出そうとする意図を感じた。また、政権内の不安定さの証左であるとも捉えた。一九三三年七月の後半、クレンペラーはあるニュース映画を見た。そこでは、ヒトラーが拳を振り上げ顔を歪めて、甲高い声で叫んでいた。「一月三〇日に彼らは（クレンペラーはユダヤ人を意味していると思った）私を見て笑った。その笑いは、彼らの顔から消し去られるであろう！」ヒトラーは無限の権力を訴えようとしていたが、野蛮で抑制できない怒りに駆られているように見えた。クレンペラーはそこに逆説を感じた。彼の言う第三帝国が千年続いて彼の敵が全滅するであろうという自信の裏にあるものに気がつき、愕然とした。「もしその継続と敵の全滅を本当に確信していたら」こんな盲目的な怒りに駆られて演説するだろうか、とクレンペラーは疑問に思った。

彼は「希望が明滅するのを感じて」その日、映画館を後にした。

ドッドの窓の外の世界は、確実に影が深まっていった。一九三三年一〇月八日の日曜日、アメリカ人に対する新たな襲撃があった。ローランド・ヴェルツという名前の、雑貨チェーン店のウールワース代表に対するもので、彼と妻がデュッセルドルフのメインストリートを歩いていた時のことだった。これまでの犠牲者と同じように、突撃隊の行進の時に敬礼しなかったという罪を犯した。怒った突撃隊員は、ヴェルツの顔を二度激しく殴って、進んでいった。ヴェルツが警察にその隊員を逮捕してもらおうとすると、警官はそれを断った。側に立っていた警部に彼は不平を申し出た。しかしその警部も拒絶した。その代わりに、いつどうやって敬礼すべきかを警部は彼に説明した。

ドッドは、襲撃者を即刻逮捕するよう要求する二つの抗議の覚書きを外務省に送った。返答はなかった。ドッドは国務省に、「ドイツではアメリカ人の安全が守られないので、この国への渡航は避けるべきだと世界に発信する」ことを依頼する考えに一瞬傾いたが、結局思い留まった。

ユダヤ人の迫害は、強制的同一化《グライヒシャルトゥング》が進むにつれ、密かにそして広範囲に継続した。九月に政府は、ゲッベルス支配下に帝国文化院を設置して、音楽家、俳優、画家、作家、レポーター、映画製作者をイデオロギー的、とりわけ人種的統一のために組み入れた。一〇月初旬、政府は編集法を制定し、新聞社と出版社におけるユダヤ人雇用を禁止、一九三四年一月から施行されるとした。どんな些細なことも例外にはならなかった。郵政省は、電話などで単語のスペルを確認する時、Dを「DavidのD」と言えなくなった。Davidはユダヤ人の名前だからだ。代わりに「DoraのD」と言わなければならなくなった。サミュエル（Samuel）はジーグフリート（Siegfried）になった。他にもたくさんある。「ユダヤ人に対するドイツの現在の政策以上に、社会史上、冷酷で無慈悲で酷いことがあった試しはない」。総領事のメッサースミスは国務次官のフィリップス宛てに、一九三三年九月二九日付けの長い手紙を書いた。「外国に対しても、ドイツ国内に対しても何を言ったとしても、政府の目的が、ドイツの生活からユダヤ人を閉め出すことにあるのは明らかだった」。かつてメッサースミスは、ドイツの経済的逼迫がヒトラーを政権から立ち退かせるだろうと考えていた。しかし今や、ヒトラー、ゲーリング、ゲッベルスの勢力は揺るぎなかった。彼らは実際、「外の世界のことなどまったく気に掛けていなかった」と書いている。「ドイツ国内では何でもできるということだけは、明瞭だった。国内での権力を認識し、それに飲み込まれた」。

メッサースミスは、「外部からの強力な介入」が一つの解決法となるだろうと提案した。しかし、それは速やかになされなければならないとも警告した。「外からの介入が今なされたら、ドイツの半数の人は救済のためと思うだろう。しかし遅きに失すると、かえってドイツを結束させることになるだろう」。メッサースミスは確信した。ドイツは今、世界に対して現実的で深刻な脅威を及ぼしている。今後、我々の平和を乱す恐るべき場になる。

ドッドは、失望と深い憂慮を感じ始めたようだ。「ここには将来の希望がない」と、友人のエドワード・M・ハウス大佐に手紙を書いた。「ここだけの話だが、ドイツでの職に就くかもしれないとこの前の春に言った時の自分の決断に、かなり疑問を持ち始めている。『旧南部』は一巻目がほとんど仕上がっていた。あと三巻が続くだろう。私はこのテーマに二〇年間費やしてきた。これが未完になる危険を犯すのは嫌だ」。そしてこう締めくくった。「私は今六四歳だが、一日一〇時間から一五時間くらい働いている。でもどうにもならない。しかし今私が辞めたら、事態はさらに複雑になる」。シカゴにハル・ハウスという福祉施設を建てた社会改革運動家で友人のジェーン・アダムズにも手紙を書いた。「私は自分の歴史の本を台無しにしている。六月に下した選択が正しかったか、自信が持てない」。

一九三三年一〇月四日、三ヶ月の滞在ののち、ドッドは長官のハルに「親展」と書いた手紙を送った。ベルリンの秋の湿気と冬の気候、三月以来休暇がないことを述べてドッドは、農場で暮らし、シカゴでしばらく教鞭を取れるよう、来年の早い時期に長期休暇を取る許可を申し出た。二月の終わりにベルリンを出て、三ヶ月後に戻ってくるつもりだった。

この願いについては秘密にするよう頼んだ。「もし疑問に思うなら、他の人には言わないでもらいたい」。

ハルは、今ワシントンではメッサースミスが言うほど、ドイツを深刻で増大する脅威とは捉えていないことを示唆して、ドッドの休暇願いを認めた。次官のフィリップスと西欧局のモファットの日誌から、ドイツに対する当時の国務省の最大の懸念事項は、アメリカに対する巨額の負債だったことがわかる。

第17章　堕天使《ルシファー》の疾走

秋が近づくと、マーサにとって、求婚者たちのあしらいは少し楽なものになった。理由は悩ましいものだった。ディールスが姿を消したのだ。

一〇月初めのある夜、ディールスがプリンツ・アルブレヒト通り八番地のオフィスで遅くまで仕事をしていると、真夜中一二時頃、妻のヒルダから電話があった。その声はとても疲労困憊していた。のちの回想録 *Lucifer Ante Portas*〔悪魔は戸口に〕に書かれているが、黒い制服を着て武装した男たちの「大群」がアパートに押し入って、彼女を寝室に閉じ込め、日記、手紙、ディールスが家に所持していたファイルを乱暴に探し始めた、と妻は彼に伝えた。ディールスは急いでアパートに戻った。残されたものから、捜索はヒルベルト・パッケブッシュ隊長の命令による親衛隊の襲撃だと推察できた。パッケブッシュはまだ三一歳だが、「その顔には既に残酷さと冷淡さが刻まれていた」とディールスは書いている。彼はのちの収容所司令官のまさに原型となる者だとディールスは記述していた。

パッケブッシュの横暴な襲撃はディールスを驚愕させたが、その背後にあるものを彼は理解した。政権は衝突と陰謀が逆巻いていた。ディールスは最初、ゲーリングの側にいた。ゲーリングはベルリンと、ドイツの州の中では最大のプロシア周辺の警察権力を握っていた。一方、ハインリヒ・ヒムラーは親衛隊を管轄していて、ドイツ中の秘密警察への支配力を急速につけていた。ゲーリングとヒムラーは互いを嫌っており、勢力争いをしていた。

ディールスは即座に行動した。ティーアガルテン地区担当のベルリン警察の友人に電話をして、マシンガンと手榴弾を備えた制服組の武装部隊を準備させるとポツダム通りのナチ親衛隊の拠点へ向かわせ、建物を包囲した。門の守備に当たっていた親衛隊員は何が起こったかわからず、ディールスと警官分隊をパッケブッシュのオフィスに案内した。

奇襲がすべてだ。ディールスが入ると、パッケブッシュはワイシャツ姿でデスクに向かっていた。ベルトとホルスターに入ったピストルと共に、黒い制服の上着が壁に掛けてあった。「学者が夜仕事をしているように、机の上の書類に向かって座っていた」とディールスは書いている。ディールスは激怒した。「彼が作業をしていたのは、私の書類だった。すぐにわかったが、不愉快なメモを書き加えていた」。ディールスと妻のアパートの装飾にも悪意を感じていることがわかった。パッケブッシュのメモに走り書きで、「シュトレーゼマン風の装飾」とあった。ワイマール時代のヒトラーの敵、故グスタフ・シュトレーゼマンのことだった。

「逮捕する」とディールスは言った。

パッケブッシュは不意に彼を見上げた。ちょうどディールスの個人的な手紙を読んでいる時で、その横に彼が立っていた。「パッケブッシュには取り繕う時間がなかった」。「まるで私の幽霊を見ているかのように、私を見つめた」。

ディールスの配下の者がパッケブッシュを取り押さえた。警官の一人が、壁に掛けられたベルトから親衛隊長のピストルを抜き取ったが、誰もあえてパッケブッシュの体を調べることはしなかった。警官たちは、ディールスのアパートの侵入に関係したとする他の人々を逮捕するために建物を捜索した。容疑者はすべてゲシュタポの本部へ移送された。パッケブッシュはディールスのオフィスに連行された。

朝早い時間だった。ディールスとパッケブッシュは顔を合わせて座ったが、二人とも怒りに青ざめていた。ディールスのアルザス犬（当時ドイツの牧羊犬の正式名称だった）が側に警戒して控えていた。

ディールスは、パッケブッシュを投獄すると宣言した。

パッケブッシュは、ディールスを反逆罪だと断じた。

パッケブッシュの侮辱に怒ったディールスは、激情に駆られて椅子から飛び上がった。

パッケブッシュは卑猥な言葉を吐いてズボンの後ろポケットにあった懐中ピストルを取り出し、ディールスめがけて引き金を引いた。

ディールスの説明によると、彼の犬がこれに反応してパッケブッシュに飛び掛かった。二人の制服を着た警官がパッケブッシュを取り押さえ、ピストルをもぎとった。ディールスは、彼を地下のゲシュタポの拘置所に入れるよう命じた。

すぐさまゲーリングとヒムラーが介入してきて、妥協案を出した。ゲーリングはディールスをゲシュタポの局長職から解き、ベルリンの副警察監督官に任命した。ディールスはこの職が何の権力もなく、降格されたと理解した。少なくとも、親衛隊長官が自分にさらなる復讐を企てた時、ヒムラーから身を守るのに必要な権力を持たないものだった。しかしディールスはこの職を受け入れた。その月末のある朝まで、動きはなかった。その日彼が仕事に行こうとすると、二人の忠実な部下が彼に合図を送った。親衛隊の配下の者が、逮捕状を持ってオフィスで待ち構えていると告げるものだった。

ディールスは逃げた。彼の回想録によると、アメリカ人女性の友人を連れていくように妻が薦めたとしている。「国境を越える時に助けになるだろうから」。彼女は「ティーアガルテン通りのアパート」に住んでいて、「危険なことが好きだ」と書いている。「彼女の危険と冒険に対する情熱を知っていた」。

その計画に、マーサのことが即座に浮かぶだろうが、回想録や他の書物で彼女がこの旅に言及しているものはない。

ディールスとその連れは、ポツダムまで車で向かい、南の国境まで行ってガレージに車を乗り捨てた。偽のパスポートを所持していた。国境を越えてチェコスロヴァキアに入り、温泉町のカールスバートへと向かってホテルに投宿した。ディールスは身の安全のため、非常に重要な書類を持ち出していた。

「ボヘミアの隠れ家から」と、ゲシュタポの記録係ハンス・ギゼヴィウスは記述している。「彼は不都合な事実を公けにすると脅し、口止めのための大きな見返りを要求した」。

ディールスがいなくなって、膨張ぎみだったマーサの友人たちのサークルは、少なからずほっとした。共産主義者に同情的な者や、過去のワイマールの自由が失われたことを嘆いていた者たちはとりわけそう感じた。彼女の社交生活は花開き続けた。

新しくできた友人の中で一番印象的だったのは、ミルドレッド・フィッシュ・ハルナックだった。彼女に初めて会ったのは、マーサがベルリンに到着した時、駅のプラットホームでだった。ミルドレッドは流暢なドイツ語を話し、誰から見ても美人だった。長身で細身、長いブロンドの髪を大きく巻いてまとめていて、きれいな青い瞳をしていた。化粧は

していなかった。のちに彼女の秘密が明らかにされるが、ソビエトの諜報ファイルには、

「ノルディック系で大変有用な、完璧なドイツ系の女性」と記載されていた。

彼女が目立っていたのは容姿だけではなかった。その振る舞いにもあった、とマーサは思った。「ゆっくり話し、意見を言う」と書いている。「静かに、言葉や考え、会話の意義を思い巡らしながら聞いている。……彼女の話は思慮深く、時として人々を推し量るかのように曖昧なところがあった」。

人の動機や態度を分析する術は、彼女と夫アーヴィド・ハルナックが過ごしたそれまでの数年間について考えると、とりわけ重要なことだった。二人は一九二六年、ウィスコンシン大学で出会った。彼らはその年の八月に結婚するとドイツに引っ越し、ベルリンに落ち着いた。その過程で彼らは、人々を集める才能を発揮していった。住まうところごとにサロンを開き、食事の間に、会話、レクチャー、シェイクスピアの読書会などを催した。これらはすべてシカゴにいた時、属していた金曜会のやり方に倣ったものだった。金曜会は、社会保障分野の「精神的支柱」として著名になる、教授であり進歩的歴史学者のジョン・R・コモンズが始めた。

一九三〇年から三一年の冬にアーヴィドは、ベルリンに社会主義ロシアの計画経済を勉強するグループがあるのを知った。ナチが権力を振るうにつれ、彼の関心は次第に問題を

はらむものになっていった。そして、ドイツの経済学者やエンジニアを十数人連れてソ連をまわるツアーを計画した。乗船中に彼はソ連諜報局から、ナチに対抗するスパイにならないかと誘われた。彼は合意した。

ヒトラーが権力を手中にした時アーヴィドは、計画経済の勉強会を解散しなければならないと思った。政治的情勢は致命的なものになっていた。彼とミルドレッドは田舎に隠遁し、そこでミルドレッドは執筆し、アーヴィドはドイツの航空会社ルフトハンザの弁護士の職を得た。最初の発作的な反コミュニスト弾圧が収まると、ハルナック一家はベルリンのアパートに戻った。彼の来歴からは意外なことだが、経財省に職を得た。そして瞬く間に出世して、アメリカのミルドレッドの友人の何人かからは、彼女とアーヴィドは「ナチになった」と言われるほどだった。

最初の頃マーサは、アーヴィドの隠された人生を知らなかった。二人の家への訪問を好んでいた。彼らの家は明るく、心地よく、落ち着いた色合いの「薄い青や緑といった」パステル調だった。ミルドレッドは大きな花瓶にラベンダー色のコスモスを活け、薄い黄色の壁の前に置いた。マーサとミルドレッドは、二人とも書くことに興味があり、お互いを似ていると感じた。一九三三年の秋の終わり頃、二人は英語新聞のベルリン・トピックスに、本に関するコラムを執筆するようになった。一九三三年九月二五日付けのソーントン・ワイルダーへの手紙で、マーサは新聞のコラムを「お粗末な」ものとしながらも、「ここで英語圏の人たちの小さな集まりを作って、本や作家が好きな人たちが集うことのできる」触媒となることを期待していると書いた。ハルナック夫妻の旅行中、ミルドレッドはマーサに、景色に関する詩的表現や愛情ある温かい言葉が綴られた葉書を送った。ある葉書には、「マーサ、私があなたのことを愛していて、いつも思っていることをご存知でしょう」と書いてあった。彼女はマーサに、彼女の作品を読んで批評してくれたことを感謝していた。「あなたには才能がある」と書いた。

マーサはインクでため息のように「私の愛する、大切な……命」と認《したた》めた。途中の中断は彼女によるものである。

マーサにとってこの葉書は、見えないところから落ちてくる花びらのようだった。「この葉書と、微妙で恐ろしいほど感受性豊かな表現の短い手紙を宝物にした。これらは、何か学び取るべきものでも、影響を受けるものでもなかった。その気持ちはただ、優しく明るい心から来るもので、言葉にせずにはおけないものだった」。

ミルドレッドは、大使館の常連客になっていた。一一月まで、ドッドの『旧南部』の口述筆記で謝礼をもらうことになったのだ。マーサはその代わりに、ミルドレッドとアーヴィドが主催する新しいサロン、ベルリンにおいての金曜会の常連になった。主催者として彼らは、信用できる友人の輪を広げていった。作家、編集者、画家、インテリなどが、週末の夕食や土曜のアフタヌーンティーに、月に何度か集まった。マーサはエルンスト・フォン・ザロモンに会ったが、彼はワイマールの外務大臣ヴァルター・ラーテナウの一九二二年の暗殺に一役買ったことで悪名高かった。お金はほとんど掛けられていなかったが、彼女はミルドレッドの心地よい雰囲気を愛していた。ランプ、キャンドル、花、大皿に盛りつけられた薄いパン、チーズ、レバーソーセージ、スライスしたトマトなどがあった。正餐のパーティではなかったが十分だった。マーサはワイルダーにホストのことを、「ネコヤナギやアルペンローズの花束の後ろにキャンドルを置くセンス、あるいはナンセンスの持ち主だった」と書いている。

会話は明るく、スマートで大胆だった。少なくともザロモンの妻の考えでは、大胆すぎる時もあった。彼女の考えは、自分がユダヤ人であるという事実から来るものと言ってもよい。自分は誰でどんな考えを持っているかも知らず、彼女の前でヒムラーやヒトラーを「まったくの馬鹿者」と客たちが呼ぶのには驚いた。その一方である客が黄色の封筒〔親展と書かれた秘密書類と思われるもの〕を他の客に渡して、甥に禁じられたキャンディを渡す叔父のようなウィンクをしてみせた。「ソファーに座ったけれど」と彼女は言った。「ほとんど息もできなかった」。

マーサはグループの反ナチ的傾向にもかかわらず、スリルがあると大喜びだった。マーサは過去の戦争以来ドイツが飲み込まれたカオスから抜け出す最善の政策だと、ナチの革命をはっきり擁護した。サロンに出入りすることで、自分が作家でインテリである意識を強く持った。さらに、ディー・タベルネでの記者たちの定期会合に加わって、多くの時間をベルリンのカフェで過ごすようになった。そういったカフェは、ポツダム広場のジョスティや、クーアフュルステンダム通りのロマーニッシェスなどと同等とは言えなかったが、ロマーニッシェスには一〇〇〇名分の椅子があって、エリッヒ・マリア・レマルク、ヨーゼフ・ロート、ビリー・ワイルダーらの避難所となって色々な逸話が生まれた。今では、彼らはベルリンから追放されている。マーサは、シローズのようなナイトクラブやエデン・ホテルの屋上で食事をした。ドッド大使はこの件に関して黙っていたが、彼の倹約ぶりからすると、マーサが予期せぬほど、かつ驚くべきほど、家計においてお金の掛かる存在になっていることを知った。

マーサは、ベルリンの文化的風景の中に、ハルナックの友情の力によってではなく、自ら一角を占めたいと思っていた。そして、ザロモンを真面目な大使館の集まりに連れてきた。何か騒ぎを期待したのだ。予想は当たった。彼の登場がもたらした多くの人々の反応を見て、彼女は喜んだ。ソーントン・ワイルダーへの手紙にこう報告した。「驚きが走った。（シーと制する声、オーと言いながらもこうした場にふわしい囁き声で）エルンスト・フォン・ザロモンだ。ラーテナウ暗殺の共犯者」。

彼女は注目を集めたがり、それはうまくいった。ザロモンは、アメリカ大使館に集った客を――おそらくこの時のパーティの客人と考えていいが――「首都の金髪の青年、完璧なマナーを身につけた賢い若者……マーサ・ドッドの気の利いた言葉に楽しそうに笑っている」人々、と描写した。

マーサは次第に大胆になった。自分自身でパーティを開く時が来た、と思った。

一方、ディールスは国外にいて、カールスバートの高級ホテルで不自由なく暮らしていたが、ベルリンの様子を探り、戻っても安全かどうか打診を始めていた。完全に安全かどうかを。

第18章　友人からの警告

マーサは、自分の社交上の魅力に自信を持ちつつあった。ミルドレッド・フィッシュ・ハルナックのお茶会や夜の集まりを真似て、自分でも午後会を催し始めた。自分の誕生日会も計画した。しかしどちらの会も、彼女が望んだものとは違った形になった。ゲストを選ぶのに、ミルドレッドのだけでなく自分のリストも使った。渡独中のアメリカ人編集者に会うという名目で詩人、作家、編集者を何人か招待した。マーサは、「単なる社交辞令でなく、楽しい会話、刺激的な意見の交換、少なくとも高い水準の会話を期待した」。しかしゲストたちは、予期せぬ連れとやってきたのだった。

彼女を中心に楽しく活発な会話の輪ができる代わりに、小さなグループがあちこちにできた。書斎に座った詩人を何人かが取り巻いていた。他の人々は主賓の周りに集まって、マーサの言葉によると「アメリカで何が起きているか熱烈に知りたがっていた」。彼女が招いたユダヤ人たちはとりわけ不安そうだった。会話は弾まなかったが、食事とアルコールの消費は進んだ。「他のゲストたちは立って、ひどく飲み、食事を平らげていた」と書いている。「おそらく、多くは貧しくて栄養不足で、そうでなければ緊張を無理に隠そうとしていた」。

全体として「つまらなく、緊張した午後となった」。彼女が招待したのではない客たちは恐怖でしかなく、彼らはやたらと付きまとった。マーサは、「フラストレーションと惨めさ……そして緊張、失望。むやみに勇ましかったり、悲劇的だったり、憎むべき臆病者など。こんな人々は二度と家に招かないと誓った」。

その代わりにマーサは、ハルナックの定期的な夕食会やお茶会を手伝うことにした。彼らは忠実な人を集め、友に影響を与え、その関係を親密なものにする能力を持っていた。それがいつの日か、彼らを死に導くことになるなどという考えは、当時のマーサには荒唐無稽なこと以外の何物でもなかった。

一〇月八日のマーサの誕生日会のゲストリストには、王女や王子、記者の友人、そして突撃隊、親衛隊の将校、「若くて愚直とも言えるほどいんぎんな人々」が含まれていた。ボリス・ヴィノグラードフが出席したかどうかは定かでないが、この頃、彼は常連だった。しかし、当時合衆国はソ連を国家として認めていなかったので、招待しなかったこともあり得た。

　二人のナチの著名な将校がパーティに来た。一人はプッツィ・ハンフシュテングル、もう一人はハンス・トムゼン、外務省とヒトラー官邸の間の連絡役《リエゾン》を務める若い男である。彼は、他の熱狂的なナチ党員と違って過度に感情を表さなかったので、次第に、外交官たちやドッド家の常連客たちから好まれるようになった。マーサの父親は彼と、外交辞令的なことより、むしろ遠慮なく話をしていた。トムゼンが自分の考えを、ナチの高官や、望むらくはヒトラーに伝えるであろうと確信していたからである。時折マーサも、トムゼンはヒトラーに対して個人的な疑念を抱いているのではないかと思っていた。彼女とドッドは、彼をトミーと呼んでいた。

　ハンフシュテングルはいつも通り遅れてやってきた。周囲から注目されたがっていたが、その大きな体とほとばしり出るエネルギーから、たとえどんなに大勢の人がいても、いつも自ずと注意を引いていた。マーサは家の蓄音機のところへ行って、ホルスト・ヴェッセルのナチ党歌のレコードを掛けた。ニュルンベルクで突撃隊の行進の時に聴いた党歌だった。ハンフシュテングルはシューベルトの「未完成交響曲」の美点について音楽通の客と話し込んでいた。

　ハンフシュテングルは音楽を楽しんでいるようだった。

ハンス・トムゼンはその反対だった。突然立ち上がると蓄音機のところに行って、スイッチを切った。

マーサは無邪気に、どうしてこの曲が嫌いなのか尋ねた。

トムゼンは硬い表情で彼女をにらんだ。「この曲は、こうした場で軽々しく掛けられるものではありません」とマーサを叱った。「私たちの神聖な党歌を、社交パーティで演奏してもらいたくありません」。

マーサは驚いた。この屋敷もパーティも自分のものだ。なおかつアメリカの管轄だ。好きなようにやることができる。

ハンフシュテングルはトムゼンを、マーサの言葉によれば「軽蔑するかのように面白がって」眺めてから、肩をすくめてピアノの前に座り、いつものように派手にピアノのキーを打ち鳴らした。

後でハンフシュテングルは、マーサを脇に呼んだ。「ここには」と始めた。「私たちのような人間もいるが、盲点がありユーモアを解さない人もいる。そういった人の神経に触らないようにすることが大切だ」。

しかしながらマーサにとって、トムゼンの行動は驚くほど後を引いた。たった一つの不快な出来事が結婚をダメにするように、わずかだが、新生ドイツに対する彼女の情熱は蝕まれていった。

「意見を自由に交換することに慣れていたので」とマーサは書いている。「今晩の雰囲気は驚きだった。節度ある人間関係が侵されたような気持ちになった」。

ドッドのほうもまた、初めてその生真面目な性質が評価されることになる。一九三三年一〇月一二日のコロンブス・デイの機会に、アメリカ商工会議所主催のベルリン昼食会で行ったスピーチ以上にこのことを示すものはない。ドッドのスピーチは、ドイツだけでなく、国務省、そしてヨーロッパの問題にアメリカの介入を望まない人々の間にも大きな騒ぎを引き起こした。これにはドッドは困惑した。

自分の任務の重要な部分は、節度ある方向に行くよう外交的な力を行使することだと信じていた。シカゴの法律家レオ・ヴォルムザーに手紙で、「最悪の敵とならないように、ここで説得と接待を続けること」と説明している。スピーチへの招待は最高の機会と思われた。

構想では、ナチ政権に対する批判を伝えるため、歴史について話すつもりだった。聴衆の中には古代近代史に通じている人がいて、スピーチの背後にあるメッセージを理解してくれるだろうと考えた。アメリカでは、こうした暗示的なスピーチは勇気のいるものでは決してなかった。しかし、ナチの高まる抑圧下ではかなりの冒険だった。この意図について、ジェーン・アダムズに手紙で説明した。「あまりにも多くの不正、少数派への圧政を見てきたし、またこの国の最良の人々の多くが不平を口にするのも聞いた。私の地位が許す限りの冒険をし、歴史の比喩を使って、戦争へと導くような教養のない指導者にできる限り反対するよう、深刻に警告したのだ」。

ドッドは「経済的国家主義」という無害なタイトルのスピーチを始めた。シーザーの盛衰とフランス、イギリス、合衆国の歴史のエピソードから、ドイツの名を出さずに「専制的な少数派による政治」の危険を説いた。伝統的に大使が行う演説ではなかった。ドッドは、ローズベルトの最初の指示を実行しただけだと考えていた。のちにドッドは、次のような弁明をしている。「大統領は私に、アメリカの理想と哲学の代表となり、代弁者となってほしいとはっきりと言った」。

ドッドは、ホテル・アドロンのバンケットルームで大聴衆を前にスピーチを行った。その中には多くの政府高官、ドイツ帝国銀行総裁のヒャルマル・シャハト、ゲッベルスの宣伝省から来た二人の職員もいた。自分が非常に微妙な問題に立ち入ろうとしていることを知っていた。多くの外国人記者もいたので、彼のスピーチがドイツ、アメリカ、イギリスで広く報道されるであろうことも承知していた。

原稿を読み始めると、ホールに静かな興奮が走るのを感じた。「大きな不安の時代には」と始めた。「人は過去から積み上げてきた社会的知恵を放棄し、道なき道へと突き進んでしまいます。その結果反動的になり、時には惨事になります」。ポピュリズムの先導者ティベリウス・グラックスとジュリアス・シーザーの例をとって、暗示的な旅を始めるために遠い過去へと入っていった。「教養の足らない政治家が今日、最初のグラックスの理想的目標から大きく逸脱し、非常に一方的なやり方で、困難な状態にある仲間のために救済策を見出したと言っています。しかし彼らは、淫らなクレオパトラの奸計の餌食となっているのです」。彼らには忘れていることがあります、とドッドは続けた。「歴史という尺度で見るならば、シーザーは、ほんのわずかの間しか成功していないということを」。

イギリスやフランスの歴史でも同じようなことがあった。ルイ一四世の強力な財務総監ジャン・バチスト・コルベールの例が挙げられる。明らかにヒトラーとヒンデンブルクの関係を指しつつ、ドッドは聴衆に、「コルベールがいかに独裁的な権力を与えられていったか」を話した。「彼は新興富裕層の何百という家族から財産を取り上げ、王に渡した。反抗する者には何千という死を宣告した。頑迷に反抗する貴族の土地所有者は鎮圧され、議会も開催が許されなかった」。独裁政治はフランスで一七八九年まで続いた。フランス革命が始まった年である。独裁政治は「騒動と雷鳴」と共に崩壊した。「下から崩壊する政府もあれば、上から瓦解する政府もある。大きな失敗は、悲しい社会的反応、つまり不幸な経緯から生きることをあきらめた何百万という希望をなくした人々を生むのである。どうして政治家は過去に学び、そのような大破局を避けようとしないのか」。

ドッドはさらにいくつかの例を用いて暗示し、結論部分に来た。「結論として」とドッドは述べた。「次のことを言っても罪にはならないでしょう。つまり、特権を求める者による社会の管理を前提とするシステムが、崩壊で終わらなかった例がないということを」。「過去の失敗」から学ばないことには「再び戦争と混乱」への道に墜ちていくだろう。

その後の拍手は、ドッドの日記によると「ものすごいものだった」。この瞬間についてのローズベルトへの報告では、シャハトでさえ「他のドイツ人と同じように熱狂的に拍手をしていた。私はこれほど喝采されたことはなかった」と書いている。国務長官のハルに「すべてが終わった後、出席していたドイツ人が皆やってきて、一種の賛意を表していった。つまり、こうした考えだ。「あなたは、私たちの誰もが言う権利を剥奪されていたことについて言ってくださった」」。ドイツ銀行のある幹部からは、賛意を伝える電話が掛かってきた。「沈黙しているが実は憂慮しているドイツ人たち、とりわけビジネスマン、ドイツの大学人は、まったくあなたに同意しており、あなたがここにいて、私たちが言うことのできないことを言ってくれたことに本当に感謝します」。

聴衆がドッドのスピーチの本当の意図を理解したことは明らかだった。のちに、フォスヒトラーと紙の社会コラムニストでドッド一家の友人でもあったベラ・フロムは彼に、「ヒトラーとヒトラー主義に対する批判をとてもうまく隠していたところが面白かった」と言った。

ドッドはいたずらっぽく笑って、「ベルリンのポストに指名された時は、ヒトラーに対して何の幻想も持っていなかった」と答えた。「少なくともヒトラーの周囲には、常識的な人物を見つけられるだろうと思っていた。しかし、取り巻きのギャングたちが犯罪者と卑怯者の一団だと知って、ぞっとしたんだ」。

フロムは駐独フランス大使アンドレ・フランソワ・ポンセに、このスピーチを聞き逃したことで小言を言った。彼の返答は、外交に特有の根本的なジレンマを内包したものだった。「事態はとても難しい」。そして笑って言った。「外交官ならば自分の感情を隠さなくてはならない。本国の自分の上の人を喜ばさなくてはならないが、ここから追い出されてもいけない。私はドッド閣下がお世辞や名誉では覆すことができないと知って大変嬉しい」。

ドッドは聴衆からの反応に勇気づけられた。ローズベルトに「私の見る限り、リベラルなドイツ人は私に賛成しています。ドイツの半分の人は、心からリベラルなのです」と書いた。

他の方面からの反応は、それほど肯定的ではないことはすぐにわかった。ゲッベルスはスピーチの出版を止めたが、大手新聞社三社はその概要を掲載した。翌日の金曜日、ドッドは外務大臣ノイラートのオフィスに以前からの約束通りに行ったが、ノイラートには会えないと言われた。これは明らかな外交慣例違反だった。その午後、ワシントンへの電報で国務長官のハルに、「ノイラートの行為は、私たち政府への深刻な侮辱である」と告げた。ドッドは結局、夜八時にノイラートに面会した。ノイラートは一日中忙しかったのだと言ったが、自分の部下の外交官と昼食を共にする時間はあるほどに、重大な義務から解放されていたことを知っていた。ドッドは日記に、ヒトラー自身が「昨日のスピーチへの譴責として」面会の遅延を強要させたのかもしれないと考えたことを記した。

驚いたことに、アメリカからもスピーチに対する批判が高まっているのを察知して、ドッドは弁明することにした。ローズベルトに一語一句同じスピーチの原稿を送った。大統領にとって「迷惑な解釈が本国に伝わるのを恐れたからである」。同日、同じものを次官のフィリップスにも送った。「これまでのことをご存知のあなたが、国務長官のハルに説明してくださることを願って、つまり国務省の中の、ハルであれ誰であれ、私がドイツでのわが国の大義を傷つけたと思っていた場合に」。

フィリップスがドッドの擁護をしてくれると思っていたのだ。しかしそれは誤っていた。

フィリップスと、モファット西欧局長を含む他の国務省の役人は、大使に不満を募らせていた。ヒュー・ウィルソンの「国務省の名門クラブ《プリティ・グッド・クラブ》」に属する高官グループはドッドのスピーチを、彼がポストに不適格である証左と捉えていた。モファットの日記では、ドッドのパフォーマンスを「先生が生徒にする授業」に例えている。省内事情に精通しているフィリップスは、ドッドの悩みに喜びを覚えていた。ドッドから送られてくる何通もの手紙を無視していたが、その中に今後、公式スピーチを引き受けるべきか助言を求めているものもあった。ついにフィリップスは、謝罪と共に返事を書いて説明した。「ほとんどの大使が経験してきたこととまったく異なる世界で生きているあなたに、私が何か助けになるか疑問です」と。

　直接的な反撃を避け、かつ自分の考えを述べるスピーチを作成する「高尚な技」を褒めつつ、フィリップスは非難も述べた。「承認を受けた国への賓客である大使が、赴任国への批判に当たる表現を公けにはしないように注意すべきだと思います。なぜならば、それによって、大使の使命にとって重要な、善良なる意図を持つ相手国の高官たちの信頼を失いかねないからです」。

　ドッドは、この点にはまだ気がついていないようだった。「プリティ・グッド・クラブ」のメンバーは、反ドッドのキャンペーンを始めた。その究極の目的は、彼をこの世界から排除することである。一〇月、ドッドの長年の親友であるハウス大佐が、彼に静かな警告を送った。最初に来たのはよい知らせだった。ハウスはローズベルトに会った。「ベルリンであなたのしている仕事に大統領は大変満足していると聞いて、喜ばしかった」。次に国務省を訪れた。「他言はしないでほしい情報だが、彼らは大統領のような情熱を持ってあなたのことを話してはいなかった」と書いている。「何か具体的なことが聞きたかったが、わかったのは、彼らはあなたのことを理解していないということだ。これを知らせておくので、将来に備えておいてほしい」。

一〇月一四日土曜日、コロンブス・デイのスピーチから二日後、ドッドが陸海軍の随行員を招いて夕食会を開いていた時、驚くべきニュースが飛び込んできた。ヒトラーが国際連盟と、一九三二年二月以来断続的にジュネーブで行われていた重要な軍縮会議から脱退する決定を表明したのだ。

ラジオをつけると首相のしゃがれ声が聞こえてきた。しかし、ヒトラーのいつもの芝居がかった調子はなかった。ヒトラーは慎重に、ドイツは善意の平和を愛する国であり、軍備の平等を求めるごく謙虚な望みに他の国家が反対をしていると主張していた。「思想家の演説ではなかった」とドッドは日記に書いた。「ドイツは世界大戦に対して責任などなく、邪悪な敵の犠牲者であると、感情的に訴えるものだった」。

驚くべき動きだった。たった一撃で、ヒトラーは国際連盟を弱体化し、ヴェルサイユ条約を無効にし、明白にドイツの再軍備を宣言したのである。ヒトラーは帝国議会を解散し、一一月一二日に新たに選挙を行うと発表した。彼の外交政策に対して国民の信を問う国民投票だった。密かにヒトラーは国防大臣のヴェルナー・フォン・ブロンベルクに対し、ヴェルサイユ条約の施行を望む国際連盟のメンバー国によって、ドイツへの軍事行動が行われるのに備えるよう命令した。ブロンベルクも、ドイツの小規模な軍隊では、フランス、ポーランド、チェコスロヴァキアの共同行動に対して勝利は望めないことを承知していた。「今回この同盟は容易にドイツを凌駕してしまうだろう。そして、生まれたばかりの第三帝国は終焉を迎えるだろう」と、ウィリアム・シャイラーは自身の古典的作品『第三帝国の興亡』〔二〇〇八～〇九年　東京創元社〕に書いている。しかしヒトラーは、「国内での敵を判断するより、もっとうまく不気味なくらい外国の敵の気質を把握していた」。ドッドは、ドイツ政府がより合理的な国になるようにとの願いを強くしたが、ヒトラーによる二つの決定は中庸政策からの不穏な逸脱を示していた。ヒトラーと直接会う必要があると感じた。

その夜は、眠ろうとしても眠ることができなかった。

一九三三年一〇月一七日火曜日の昼、ローズベルトの「秘蔵のリベラリスト」は正装をして、ヒトラーと初めて会談するため出掛けていった。

第19章　仲介者

プッツィ・ハンフシュテングルは、マーサの様々な恋愛事情を知っていた。一九三三年秋、彼女に新しい相手を考え始めた。そして、ヒトラーが彼女と恋に落ちれば、もっと道理のわかる指導者になるのではないかと思い至ったハンフシュテングルは、仲介者の役を買って出た。ヒトラーの側近の一人として、ヒトラーの女性関係がごく限られていて、それも悲恋か、心ない行為の噂にまみれているのを知っていた。女好きだったが、女性を愛情の対象というより人生の飾りのように考えていたようだった。様々な女性と関係を持った。自分より随分若い相手だったこともあり、一六歳の少女マリア・ライターもそうだった。エヴァ・ブラウンはヒトラーより二三歳年下で、一九二九年以来、時々会う関係になっていた。彼が一番心惹かれたのは、自分の若い姪ゲリ・ラウバルだった。彼女はヒトラーのアパートで、射殺体で発見された。側にはヒトラーの拳銃があった。最もありうる解釈は、ヒトラーの異常な嫉妬心と抑圧的な愛情から逃れたくて彼女が自殺したというものだった。歴史家のイアン・カーショーは、「おぞましい所有欲」と呼んだ。ハンフシュテングルは、ヒトラーが自分の妻ヘレナに気があるのではないかと疑ったが、彼が嫉妬するようなことは何もないと妻は否定した。「私を信じて」とヘレナは言った。「ヒトラーは中性で、男ではないの」。

ハンフシュテングルはマーサに電話を掛けた。

「ヒトラーには女性が必要だ」と言った。「アメリカ女性が必要だ。ヨーロッパの運命を変えるかもしれない美しい女性が」。

そして本題に入った。「君がその女性だ」。

Ⅳ 骨の疼く寒さ

ティーアガルテン、1934年1月

第20章　総統のキス

ドッドは、ヒトラーのオフィスに向かって広い階段を上がっていった。両側には武器を携えた親衛隊が、ドッドの言葉によるとシーザー・スタイルで腕を上げた。彼は会釈をして、ヒトラーの部屋の控えの間に入っていった。しばらくすると、黒い背の高い扉がオフィスの内側へ開いた。外務大臣のノイラートが出てきてドッドを迎え、ヒトラーのほうに案内した。執務室は巨大な部屋だった。ドッドが見たところ、縦横一七メートルほどもあって、壁にも天井にも豪華な装飾が施されていた。ヒトラーは「こぎれいな身なりをして直立し」、普通の背広を着ていた。新聞写真で見るよりよく見えた。

ヒトラーを一見しても、強く印象づけられなかった。まったくと言ってもよい。ヒトラーがまだ世に出たばかりの頃、初めて彼に会った人は、彼を影の薄い人物として無視してしまっても不思議ではなかったという。平民の家の出で、戦争でも、仕事でも、芸術でも、どんな分野でも成功しなかったが、最後の芸術の分野では、自分には才能があると信じていた。怠惰と言われていた。朝は遅く起きてあまり仕事もせず、自分にとって居心地のよい小者たちに取り囲まれていた。ボディガード、お付きの者、運転手といったその取り巻きを、ハンフシュテングルは軽蔑的に「お抱え一座」と呼んでいた。ヒトラーは映画好きで、とりわけ『キング・コング』がお気に入りだった。リヒャルト・ワグナーの音楽も好んだ。服のセンスは酷かった。口髭と目を除いて、顔のつくりは、はっきりせず印象も薄かった。粘土のままでまだ窯に入れていないといった感じだった。ヒトラーの第一印象をハンフシュテングルは、「休みの日の郊外の理髪師」のようだと書いている。

しかしこの男は、自分を何か別の強烈な存在に変えてしまう能力を持っていた。公けの席や個人的な会で、何かの話題が彼を怒らせた時だ。ヒトラーには誠実さを感じさせるオーラを醸し出す才覚もあり、そのため彼の真の目的や信念を周囲からはわからなくさせていた。ドッドは、この彼の特性をまだはっきりとは捉えていなかった。

ドッドは、アメリカ人に対して頻発する襲撃の話題を取り上げた。ヒトラーは心から遺憾に思っている様子だった。その襲撃の加害者には「最大の処罰」を与えることを約束した。外国人にはヒトラー式敬礼を強要しないという前回の決定を広く周知させることも約束した。それから、ドイツのアメリカに対する負債について無難にまとめた後、ドッドは最も懸念している問題、「先週の土曜の、電撃的判断による大きな影響のある問題」である、国際連盟脱退に関するヒトラーの決断について話を持っていった。

なぜ連盟からドイツを脱退させるのか尋ねたところ、ヒトラーは目に見えて怒りを露わにした。彼はヴェルサイユ条約と、ドイツに対してフランスが軍備上の優位を保とうとする意図を攻撃した。彼の罵りは、ドイツが近隣国に対して自衛できないほど不公平な軍備状況にさせられている「侮辱」に対してであった。

ヒトラーの怒りの突発にドッドは驚いた。彼は、外交官としてというより、興奮した学生を相手にした時のように平静を装った。「フランスのやり方には、確かに不公平なところがあります。しかし、戦争の敗北には不公平が付きものです」と述べた。そして、アメリカの南北戦争後の結果と、北部の南部に対する「恐るべき」扱いについて例を出した。

ヒトラーはドッドをじっと見た。短い沈黙の後、会話が再開した。少しの間、ドッドが言うところの「微妙な機微」を共有できた。しかし、再びドッドは、「敵をドイツ領土に侵入させる危険のあるポーランド、オーストリア、フランスの国境での事件」によって、戦争を始める可能性があるのか聞いた。

「そんなことはない」とヒトラーは断言した。

ドッドはさらに探りを入れた。例えば事件が、ドイツにとって極めて重要な産業地帯であるルール地方で起きたとしたら、とドッドは尋ねた。フランスは一九二三年から一九二五年までルール地方を占拠し、ドイツに経済的・政治的混迷を引き起こしていた。万一そのような侵入が再び起きたならば、解決するためにドイツは自国の軍隊を派遣するのか、国際的会議を呼びかけるのか、と重ねて聞いた。

「私の意図するところは会議だが」とヒトラーは言った。「ドイツ国民を抑えることは難しいかもしれない」。

「自制して国際会議を呼びかければ、ドイツの対外的信用も高まるでしょう」とドッドは言った。

会談はその後、終了した。四五分間の会談だった。それは困難でまた奇妙なものだったが、ドッドはヒトラーが心から平和を望んでいることを確信して、首相官邸を後にした。一方で、また外交慣習を破ってしまったかもしれないとも思った。「少し率直すぎたかもしれない」とのちにローズベルトに書いた。「しかし、正直に言う必要があった」。

その日の六時に、会談の概要を二頁にまとめ、国務長官のハルに送った。その最後は、「会談の全体的効果は、私が想定していた以上に、世界平和の維持という観点で好ましいものだった」と締めくくった。

ドッドは、今回の会談の感触を総領事のメッサースミスに伝えた。メッサースミスは次官のフィリップスに、一八頁にのぼる長文の手紙を送ったところだった。その内容はドッドの大使としての信用性に疑念を述べたものだった。ドッドのヒトラーに対する評価に彼は反論していた。「首相が保障したというのは、確かに安心はしますが予期せぬもので、私は全体として話がうますぎると思います」とメッサースミスは書いた。「ヒトラーが何か言う時は、自分自身でその時本当だと思い込んでいるところがあることに、気をつけなければなりません。基本的には誠実ですが、同時に狂信的でもあります」。

メッサースミスは、ヒトラーの公言に関して懐疑的になるよう求めていた。「今のところ平和を求めているのは本当なのでしょうが、自分のための平和であって、時機が到来した時には自分たちの目的が実行できるよう、保有する軍事力を常に増大させています」。ヒトラーの政府を理性的な存在と見ることはできないという彼の信念を、メッサースミスは反復した。「異常なことがたくさん起こっており、精神科病院の守衛にとって、入院患者が一時間後、あるいは一日後に何をするか言えないのと同じように、日々、何が起こるかはわからないのです」。

メッサースミスは注意を促した。ヒトラーは平和を望んでいるというドッドの確信を用心するようにと、フィリップスに警告した。「今、我々がすべきことは……首相が出す格好の声明から起こりうる、いかなる楽観主義に対しても防御しなければならないということです」。

プッツィ・ハンフシュテングルがマーサとヒトラーのために設定した逢い引きの朝、マーサは「ヨーロッパの歴史を変えるために指名された」ことを考えながら、入念に身支度した。それが第一の指示のように思われた。最初彼女は、ヒトラーは道化に過ぎないと見下していたが、今では、強大な権力を持ち、妖しい魅力の、しかも才気溢れる人物に違いないと思うようになり、そんな男に会えるのが楽しみだった。「一番控え目だが魅力的なドレス」を選んだ。目立たず、肌が過度に露出しないものだった。というのも、ナチの理想の女性像は、ほとんど化粧をせずに男に仕え、たくさん子どもを生む女性だったからだ。ドイツの男性は、「女性は見られるもので、話をする相手ではなく、素晴らしい男が連れて歩く附属物と考えている」と彼女は書いている。ベールを被っていくことにした。

ハンフシュテングルは大きな車でマーサを迎え、七ブロック離れたヴィルヘルム・プラッツにあるカイザーホフへ向かった。ティーアガルテンの南東角の辺りだった。広々としたロビーに、アーチ型の車寄せ《ポルチコ》のあるホテルで、ヒトラーが首相になる以前にはここを邸宅としていた。今は取り巻きに囲まれて、昼食やお茶を飲みによく訪れていた。

ハンフシュテングルは、彼とマーサが、ポーランド人のテノール歌手で、三一歳のヤン・キープラのパーティに招待されるという手はずにしていた。ハンフシュテングルはよく知られていて間違われることもないため、レストランのスタッフから特別な扱いを受けていた。席に着いて、マーサは二人の男性と話しながら待っていた。食堂の入り口が騒がしくなると、まもなく椅子を引くガタガタという音の後に「ハイル・ヒトラー」という叫び声が聞こえてきた。

ヒトラーとその一行は、確かにお抱え運転手も一緒だったが、彼女たちの隣のテーブルに座った。最初にキエプラがヒトラーの側に案内された。二人は音楽について話していた。ヒトラーはキエプラが、ドイツの法律によれば母方の家系によって、ユダヤ人であることを知らないようだった。しばらくしてからハンフシュテングルが近寄って、ヒトラーの耳元に囁いた。席に戻ってきた彼はマーサに、ヒトラーが今度は彼女からの挨拶を受けることを知らせた。

彼女がヒトラーのテーブルに行って立ち止まると、ヒトラーは立ち上がって挨拶した。彼女の手を取ってキスをすると、何かドイツ語で話しかけた。マーサは彼をじっくり見た。「彫りの浅い、柔らかな印象の顔だった。目の下が袋状に膨らみ、ふっくらした唇で、骨張っていない顔立ち」だった。こんな近くから見ると、口髭も写真で見た時ほど滑稽ではなく、実際ほとんど気がつかなかったとマーサは書いている。注意を引かれたのは目である。ヒトラーの視線には人を射るような強烈なものがあると聞いていたが、今、まさに理解した。「ヒトラーの目は、ぎょっとして忘れられないものだ。色は薄い青、強烈で視線を逸らさず、まるで催眠術師のようだった」。

しかし物腰は柔らかだった。「とても優しい」。鉄の独裁者というより、おずおずとした一〇代の若者のようだった。「慎み深く、友好的で、くだけていて、静かな魅力、話し方にもまなざしにも優しさと言っていいものがあった」と彼女は記している。ヒトラーはテノール歌手のほうを向いた。本当に興味を持ったのは音楽の会話だったらしい。

「つまらない自己中心的な人というより、謙虚な中流階級の人で、奇妙な優しさがにじみ、母性本能をくすぐるところがある」。「この男がヨーロッパで最も権力を持っている男の一人とは信じ難い」とも彼女は書いた。

マーサとヒトラーはもう一度握手をし、その手に二度目のキスをした。彼女は自分のテーブルへ、ハンフシュテングルのところへ戻った。

二人はしばらくいて、お茶を飲み、キエプラとヒトラーの会話を盗み聞きしていた。時折、ヒトラーは彼女のほうを「興味深そうに当惑した眼差し」で見ているようだった。

その晩の夕食の時、マーサは両親にその日の出会いと、「総統」がいかに魅力的で穏やかだったかを話した。ドッドは面白そうに聞いていて、「ヒトラーは個人的には魅力のない人ではない」というところに共感した。

ドッドはマーサをからかって、ヒトラーの唇が手のどこに触れたか印しておくべきだと言った。さらに、手を「洗わなければならないなら」、注意してキスされた箇所の周りだけにしたらどうかと言った。

マーサは、「少しムッとして腹が立った」と書いている。

マーサとヒトラーはこうした出会いを二度としなかったし、そうなることをマーサも望んでいなかった。しかし、のちに明かされたことだが、ヒトラーの心に、マーサのことは少なくとももう一度だけ浮かんだようだった。彼女としては、一度会って好奇心を満足させれば十分だった。彼女の取り巻きには、もっと強烈に興味を持たせる他の男たちがいたからだ。

その一人が、最も普通でないデートへの誘いという形で、彼女の人生に再び登場した。一〇月の終わり、ルドルフ・ディールスがベルリンに戻ってきた。奇妙なことに、チェコスロヴァキアに避難する前よりも大きな力を持って。ゲシュタポ局長として元の地位に復帰したのだ。ヒムラーは、ディールス邸への襲撃を詫びただけでなく、彼を後に親衛隊大佐に任命することを約束した。

ディールスはヒムラーに、丁重に礼を述べた。「私を親衛隊中佐《オーバーシュトルムバンフューラー》に昇格してくださったことは、短い感謝の言葉ではとても表現できません」。

当面、少なくとも身の安全が確保され、ディールスはマーサを帝国議会放火裁判の公判に呼んだ。ライプツィヒの最高裁で一ヶ月ほどの審理中だったが、事件のあったベルリンで再び召集されたのである。裁判は短いものと予想され、理想的には五人の被告に死刑が求刑されて終わる予定だった。しかし、ヒトラーが思っていたようには展開しなかった。

特別な「証人」が呼ばれることになっていた。

第21章　ジョージとの諍い

ドイツでは巨大な弾み車が回り出し、ドッドが学生の時に知っていた古きよきドイツとは正反対の、暗黒の地へと否応なく変貌していった。秋が深まり、紅葉がティーアガルテンを覆う頃、ドッドは春にシカゴに戻っておいてよかったと思った。「外交術」や跪いて嘘をついたりすることなど向いていないと実感したからである。ドイツに現在の道の危険を気づかせ、ヒトラーの政府をもっと人間的で理性的なものに変える、そうした成果がほしかった。しかし自分にはそうした力がないことも理解し始めていた。一番奇妙に感じたのは、ナチの人種的純血へのこだわりだった。新しい刑法の草案がドイツ法を補強するものとして出回り始めた。ライプツィヒのアメリカ副領事ヘンリー・レベリックは、草案が恐ろしい書類であるとして、その分析を送ってきた。「ドイツ法史上初めて、ユダヤ人や有色人種との混血によって起こされるドイツ民族解体を避けるための明確な条例を含んでいる」。この条例が法律となれば――そうなることに疑いはないと彼は考えていた――

「キリスト教徒の男女が、ユダヤ人あるいは有色人種の男女と結婚することは罪となるだろう」。またその条例は、家族の保護を最優先にし、ドイツ人とユダヤ人あるいは有色人種との子孫ができそうな場合、あるいは法廷で認めた場合を除いて、中絶は禁止となると彼は述べている。副領事レベリックは、「新聞のコメントからすると、草案のこの部分はまず間違いなく法律となるだろう」と書いていた。

もう一つの新しく提案された法案は、とりわけドッドの注意を引きつけた。一九三三年一〇月二六日付けのドッドの国務省へのメモによると、それは「治癒できない者を殺すことを認める法律」である。治癒の見込みのない患者は安楽死を求めることができるが、本人がそうした意思表示ができない場合は、家族が代わって求めることができる。この提案は、「遺伝性の知的障害やそれに類する障害を持つ人を断種することを統制するための法案であると共に、ドイツ人の身体的標準を維持する目的に沿ったもの」とドッドは書いている。「ナチの哲学によると、第三帝国に身体的に適するのはドイツ人だけで、彼らのみが大家族を持つことができる」。

ドッドの抗議にもかかわらず、アメリカ人への襲撃は続いていたし、過去の事件に関する処罰も遅々として進んでいなかった。一一月八日、ドッドは、H・V・カルテンボーンの息子への襲撃の捜査の結果は、逮捕には至らなかったというドイツ外務省からの知らせを受け取った。父親のカルテンボーンが「犯人の名前も隊列も覚えていなかったのと、調査上有力な手がかりが見つからなかった」というのが理由であった。

おそらく徒労感が募ってドッドは、国際的案件から大使館内の案件に焦点を移した。彼の倹約的でジェファソン的な性格から、スタッフの欠点や大使館業務の派手な支出に注意を引かれるようになっていた。

ドッドは電報のコスト、通信の長さや重複を抑える運動を強化した。そのすべては裕福な大使館員のせいだと思った。「裕福なスタッフたちは、午後にはカクテルパーティ、夜はカードパーティをして、次の日は朝一〇時に起きてくる」と長官のハルに手紙を書いた。「そのため効果的な調査や仕事ができない……また、自分の報告書や電報のコストに無頓着である」。電報は半分に、と書いた。「長い間の習慣が、電報を短くしようとする私の努力の妨げとなっており、私が長い文章を消すと怒りを覚えるようだ。つまりは私が自分で書かねばならない」。

彼がいまだ理解できていなかったのは、富や服装、大使館員の仕事ぶりを注意するということは、次官のフィリップスや西欧局長のモファットとその同僚、アメリカ外交の文化そのものを作り上げている人々、つまり「プリティ・グッド・クラブ」を批判することになるということだった。ドッドはそうしたものを悩ましいと思っていた。費用に対するドッドの不平を、彼らは不快でうんざりするものであり、大使という彼の役職を考えると困惑もしていた。大使が注意を向けるほど重要なことではないのではないか、と。

フィリップスはとりわけ立腹し、国務省の通信部門に、ベルリンと他の大使館との電報の数を比べさせた。ここの局長D・A・サーモンは、メキシコより三つ少なく、パナマの小さな公館より四つ多いだけだと報告した。サーモンは、「ドイツの深刻な政治状況を考えると、ベルリンのアメリカ大使館からの電報はドッドが管理しているために極めて少なかった」と書いている。

フィリップスはドッドに、三行のカバーレターをつけた報告書を送った。貴族的なやり方がにじみ出ていた。ドッドが使った言葉をそのまま使って「ベルリン大使館の電報における浪費」と書き、「あなたが興味を持たれると思い、一部を同封します」と添えた。

ドッドは、「私の仕事と、私の友人のメキシコのダニエル氏の仕事を比較したサーモン氏の報告が、何か私に影響を与えると思わないでください。ダニエル氏とは一八歳の時からの友人ですが、彼が簡潔なレポートの書き方を知らないのはよくわかっています」と返答した。

ドッドは不経済の産物、「興味深い遺物」としてフィリップスに書いているが、大使館職員の数の多さ、とりわけユダヤ人が多いことについて述べた。ここには「六人から八人の「選民」の人々が重要なポストに就いています」と書いている。何人かは最良の仕事をしていることはわかっているが、彼らの存在がヒトラー政権と大使館の関係を損ない、大使館の毎日の仕事を遅らせているのではないかと懸念していた。「現時点での異動は考えていません。しかし、人数は多すぎます。その中の一人は」――受付のジュリア・スウォープ・レビンがドッドの頭にあったが――「大変熱心で、毎日仲間うちからも同じような評価を聞きます」。また、大使館の簿記の例を出し、「大変優秀で」「まさしく「選民」の一人ですが、こちらの銀行との付き合いに不都合があります」。

こうした観点から、ドッドは奇妙にも、ジョージ・メッサースミスについても懸念していた。「彼のオフィスは大変重要ですし、彼も有能です」とハルに書いた。「しかし、ドイツの役人は私どものスタッフに、「彼もヘブライ人ですね」と言いました。私は人種主義者ではありませんが、たくさんのユダヤ人の数は仕事に影響し、私への負荷となっています」。

少なくともこの時ドッドは、メッサースミスが実際にはユダヤ人ではないことを認識していないようだった。明らかに、プッツィ・ハンフシュテングルが流した噂を信じ込んでいた。その噂が出る前、大使館の行事でハンフシュテングルが嫌がる女性客に言い寄っていたことを、メッサースミスは公けに非難したことがあった。

ドッドの想像はメッサースミスを激怒させた。誰がユダヤ人で誰がそうでないか、ナチの役人の判断を聞くことが、いかに厄介なことであるか理解していたからである。一〇月二七日金曜日、メッサースミスはドッドを自宅での夕食に呼んだ。そこでナチの中でも過激な人々を紹介して、ナチの本当の性格をわかってもらおうとした。真面目で知的に見えるナチの一人が、ナチの間での常識として、ローズベルト大統領とその妻の相談役はすべてユダヤ人であると発言した。翌日、メッサースミスは次官のフィリップスに、「私たちが公式のポストにユダヤ人を置いているか、または本国で重要な人々にユダヤ人の友人がいるために、私たちの政策がユダヤ人によって決定され、とりわけローズベルト大統領と夫人が、ユダヤ人の友人や相談役の影響で反ドイツ運動を行っていると信じているようだ」と報告した。メッサースミスは非常に腹立たしいと書いた。「ドイツに反ユダヤ運動があるために、合衆国の思慮と配慮のある人がユダヤ人と関係しなくなるだろうとは考えないほうがよい、と彼らに言いました。さらに、党の何人かの指導者の傲慢さは大きな欠点となっているし、自分たちの考えを世界にも押し付けようとする感覚が最大の弱点だ、とも言いました」。

そうした考え方が、ドイツで蔓延している「異常なメンタリティ」の例だとした。「おそらく信じがたいことですが、ドイツ政府の相当な人もそんな考え方をしているのです」とフィリップスに書いた。「彼らのしていることは明らかだったので、あえて私は、彼らがいかに間違っているか、そしてそんな尊大さがいかに自分たちを不利にしているか、はっきりと言いました」。

フィリップス自身のユダヤ人嫌いを考えると、メッサースミスの観察について彼が本当に何を思ったか、想像するのは興味がそそられるが、史的記録には何も残っていない。知られていることは、反ユダヤ主義を表明するアメリカ人の間では、フランクリン・ローズベルト政権を「ローゼンバーグ政権」〔ユダヤ系女性アンナ・ローゼンバーグを重用した〕と揶揄していたことである。

ドッドがメッサースミスをユダヤ人であると容易に信じたのは、軽い反ユダヤ主義とはあまり関係がなく、総領事に対して抱き始めた深い疑問のせいだった。次第にドッドは、メッサースミスが自分にとって味方なのか疑い始めていた。

アメリカ市民とその利益が害された時、ものを言う彼の能力や勇気を疑問視したことは一度もなかったし、「自分にはない情報源を持っている」ことも認めていた。しかし、二日置いて出された次官のフィリップスへの二通の手紙でドッドは、メッサースミスがベルリンの仕事に長く就き過ぎていると示唆した。「この激動する困難な時代に、彼はこの職に三年か四年も就いていることも付け加えなければなりません」と一通の手紙に書き、「そのため敏感になり、野心も生まれ、何かしらの不平不満を抱いているのだと思います。きつい言い方かもしれませんが、私はそう思っています」。

ドッドはこの推測のささいな根拠を示した。一つ明確にしたメッサースミスの欠点は、深刻な問題、日常的なものも含めてすべてのことに、非常に長い報告を送る傾向があることだった。ドッドはフィリップスに、メッサースミスの外交文書は「内容を損ねることなく」半分にできるとし、またその話題の選択にも配慮が必要だと書いた。「ヒトラーですら、理由もなく飛行機に帽子を忘れることもできない」とは。

彼の報告書は、ドッドにとって格好の材料で、切り離して考えることのできない不満の元でもあった。一一月の中頃には、メッサースミスへの不安は不信へと変わった。メッサースミスが自分のポストを望んでいることを知り、長い文書はその野心の現れだと思った。「思い当たることが」とドッドはフィリップスに書いた。「彼はもう昇進の時期と考えているようで、彼の仕事ぶりから察することができます。しかし、確信はありませんが、彼の仕事が最も役に立つ時期は過ぎていると思います。私よりご存知と思いますが、状況や、時として失望から、最も有能な政府の役人でもどこかに移すことが賢いやり方だと思います」。ドッドはフィリップスに、領事局の主任ウィルバー・カーにこの件を話して「そのようなことができないことかどうか検討」するよう督促した。そして、「申し上げるまでもないと思いますが、本件は極秘扱いでお願いします」と締めくくった。

ドッドがフィリップスもこの確信を共有していると思い込んでいることから判断すると、フィリップスとメッサースミスが公式の文書のやりとりの他に、定期的に書簡をやりとりしていることをドッドは知らなかった。一一月の終わりにフィリップスがドッドに返事をした際には、軽い愛想のよさを含んだ、いつもの皮肉を加えた。それは、ドッドに調子を合わせて共鳴してはいるが、撥ねつけてもいた。「あなたの総領事に対する手紙は大変興味深いものですが、あなたがおっしゃるように半分に集約できますね。精進してください。この改革をもっと進めるようあなたに期待しています」。

一〇月二九日日曜日、ドッドはホテル・エスプラナーデに向かってティーアガルテン通りを歩いていた。すると有名な褐色の制服を着た突撃隊が、彼のほうへ向かって大行進をしてきた。通行人は立ち止まって、「ハイル・ヒトラー」と叫んでいた。ドッドは向きを変えて、公園の中へ入っていった。

第22章　証人は軍隊ブーツを履いていた

凍てつくような寒さの季節になった。日一日と、北の空の黄昏がめっきり早くなっていった。風と雨と霧があった。その年の一一月にテンペルホーフ空港の気象所では、三〇日間で一四日の霧を観測した。ティーアガルテン通り27ａにある書斎は素晴らしく居心地がよく、本とダマスク織で覆われた壁は、大きな暖炉の炎の明かりで琥珀色になっていた。一一月四日。雨と風の憂鬱な週の終わり、マーサは帝国議会へと向かった。大放火事件のベルリンでの裁判のために、そこには急ごしらえの法廷が作られていた。彼女はルドルフ・ディールスが手配した傍聴券を持っていた。

カービン銃と剣を持った警察が動く音は建物中に鳴り響いた。ある見物人によると、建物に入ろうとする群衆はすべて止められ、検査された。八二人の外国人記者が、部屋の後ろの記者席を占めた。裁判長ヴィルヘルム・ビュルガーに先導されて入廷してきた五人の裁判官は、赤いガウンを身に着けていた。聴衆には黒い制服の親衛隊、褐色の突撃隊、市民、政府役人、外交官たちがいた。マーサは、自分の傍聴券が単にメインフロアというだけでなく、法廷のすぐ正面の、様々な高官たちと同列の席であることを知った。「入っていくと、あまりに正面に近かったので心臓が飛び出るほど驚いた」と回顧した。

その日の裁判は九時一五分に始まる予定だった。主要な証人であるヘルマン・ゲーリングは遅れてやってきた。九月に証言が始まって以来、初めての公判となるので、緊張が走っていた。裁判は簡単なものだと思われていた。ナチが世界に対して、共産主義が悪であることを示すと同時に、ナチが自ら放火したと一般に信じられていることに反論するというものだ。裁判長が起訴するに足ると考える明白な証拠があるにもかかわらず、双方から大量の証拠が提出され、本当の取り調べのように進んだ。マリヌス・ファン・デア・ルッベは自分一人で犯行に及んだと主張していたが、国側は、五人の被告が放火に関与したことを証明しようとした。検察は、建物への損害は広範囲で、一人で放火したにしては非常に多くの場所に放火の形跡があることを証明するため、多くの専門家を呼んでいた。火災事件とその顚末を報告したフィリップ・トビアスによる連載記事は、興奮するような新事実が明かされる公判の記録となることを期待されていたが、「退屈で欠伸の出るもの」だった。次の瞬間までは。

ゲーリングの番になった。彼は激しやすく、遠慮のない物言いで知られており、仰々しい服装でも注意を引いたため、裁判を活気づかせるはずだった。人々が彼を待ち受けて入り口を振り返るたびに、フランネルとモヘアの生地が擦れる音が起きた。

三〇分してもゲーリングは現れなかった。ディールスの姿もなかった。

時間潰しに、マーサは被告たちを眺めた。ヒトラー台頭以前には帝国議会の共産党議員だったエルンスト・トルクラーは青ざめて疲れていた。ブルガリア人の共産主義者ゲオルギ・ディミトロフ、サイモン・ポポフ、ヴァシリ・テネフは「張りつめていながらタフで無関心」といった様子だった。主被告人のファン・デア・ルッベは、「私が見た人間の中で最もみじめな姿だった。大きくて膨れた顔と体で、見るに耐えないほど不快で退廃した姿だった」。

一時間経った。苛立ちと期待が入り混じって、室内の緊張は高まった。

部屋の後方が騒がしくなった。ブーツの靴音と命令口調の声。ゲーリングとディールスが、制服を着た男たちの先頭に立って入ってきた。ゲーリングは四〇歳、一一〇キロかそれ以上、茶色のハンティングジャケットと乗馬ズボンを身に着け、膝まであるブーツを履き、自信に溢れた様子で前方へやってきた。その胴回りは隠しようがなく、あるアメリカ人外交官は「象のお尻」に似ているとさえ言っていた。ディールスは洗練されたダークスーツを着て、細身の影のようだった。

「誰もが感電したように飛び上がった」とスイス人記者は書いている。「ドイツ人はすべて、判事も含めて、腕を上げてヒトラー式敬礼をした」。

ディールスとゲーリングは、マーサのすぐ近く、部屋の正面に立った。二人は小声で何か話していた。

裁判長はゲーリングに証言を促した。ゲーリングは前に進み出た。尊大で傲慢に見えたが、マーサにはどことなく、不安な様子を隠しているように思えた。

ゲーリングは、準備してきた三時間にも及ぶ大演説を始めた。荒っぽい声で、時々叫び声に近い大声になりながら、共産主義について、被告について、そしてドイツに対する放火行為について怒りの言葉を述べた。「ブラボー」という歓声や大喝采が部屋中に響いた。

ハンス・ギゼヴィウスはゲシュタポの記録に、「ゲーリングは片腕を突き上げながら、もう片方の手では香水のついたハンカチを取り出し、眉に滴る汗を拭いていた」と記し、その瞬間を捉えようと、法廷にいる三人の重要人物の表情を書き留めた。「ディミトロフのあからさまな軽蔑、ゲーリングの怒りに歪んだ表情、裁判長ビュルガーの恐れで青白い顔」。

端正で黒い服を身にまとったディールスの表情は読めなかった。ディールスは、放火当夜のファン・デア・ルッベの尋問に協力し、被告は「狂人」であり、単独で放火したと結論した。しかし、ヒトラーとゲーリングは共産党が背後にあると即座に判断し、放火はさらに大きな暴動の始まりに過ぎないと断じていた。その最初の夜にディールスは、共産党の役人と代議士は全員射殺すべきだ、と叫んだヒトラーの顔が、怒りで紫色になるのを見ていた。法令は破棄され、大量逮捕と突撃隊の暴力行為が巻き起こった。

ディールスは裁判官席に肘をついて立っていた。時折、ゲーリングの様子がよく見えるように位置を変えていた。マーサは、ディールスがゲーリングの行動計画を立て、その演説も作成したのだと確信した。ディールスが、「この日に来ることを強く願っていて、何か自分の腕前を見せたがっているようだった」ことを思い出した。

ディールスは、ファン・デア・ルッベ以外の裁判の開廷には反対していて、他の被告たちの無罪を予測していた。ゲーリングは聞く耳を持たなかったが、何が問題かはわかっていた。彼は「失敗したら堪え難い結果を生むかもしれない」と思っていた。

ディミトロフが立ち上がった。皮肉と冷静な論理を織り交ぜ、ゲーリングの悪名高い癇癪を起こさせようとしているのは明らかだった。火事の後の警察の初動捜査と最初の法廷の証拠調査がゲーリングによる警察への指示で影響を受けていて、それが真の放火犯の発見を妨げたのだと非難した。

「もし警察が例外的な指示で影響を受けるとしたら」とゲーリングは言う。「それは、そうであるべき方向に影響する場合だけである」。

「それはあなたのお考えですが」とディミトロフは反論した。「私の意見は違います」。

ゲーリングは即座に「しかし、重要なのは私の意見のほうだ」と応じた。

ディミトロフは、ソ連の政治は共産主義で、ゲーリングはそれを「犯罪的心理」と呼んでいるが、その共産主義国のソ連は「ドイツとは外交的、政治的、経済的関係を結んでいる」ことを指摘した。「そのソ連の指示によって何万というドイツの労働者が仕事を得ています。これを大臣はご存知ですか」。

「もちろん」とゲーリングは答えた。しかしその論点は的を外れている、と言った。「私が懸念しているのはドイツ共産党であり、帝国議会に火を放つためにやってきた外国の曲がった共産主義者だ」。

二人の激論は続いた。裁判長が時折ディミトロフに、「共産主義の宣伝をする」のを注意するために中断させることがあった。

ゲーリングは、自分より下の者から反論されることに慣れておらず、しばしば露骨に怒りを表した。

ディミトロフはそれを見てとって、「私の質問が怖いのですか、閣下」と言った。

この言葉にゲーリングは我を忘れて叫んだ。「捕えられて、慄《おのの》くのはおまえのほうだ。裁判所の外で待ってろ。この嘘つき野郎」。

判事はディミトロフに退廷を命じた。聴衆は拍手喝采した。新聞の見出しを飾ったのは、ゲーリングの締めの脅しの一言だった。この時、二つのことが明らかになった。一つは、ディミトロフは無罪かもしれないというゲーリングの疑念、もう一つは、ゲーリングとヒトラー政権の非理性的で破壊的な本質が垣間見られたことだった。

この日の出来事は、ナチの革命に対するマーサの共感をまたもや減じることになった。ゲーリングは横柄で脅迫的だったが、ディミトロフは冷静でカリスマ性があった。マーサは感動した。ディミトロフは、「プレッシャーを掛けられた人が見せた中で、彼は最大の力と勇気を発揮した。賢明で魅力的な、浅黒い肌の人だった。彼には活気があり、まさに燃えていた」とマーサは記した。

裁判は以前そうであったような活気のない状態に戻ったが、ダメージも大きかった。スイスの記者は、法廷にいた多くの外国人記者と同様に、ゲーリングの怒りが公判を変えたと感じた。「その時言われたように、被告が有罪になるか無罪になるかにかかわらず、彼の運命はもう決まっていたのだ」。

第23章　ボリスは二度死ぬ

冬が近づいてマーサは、恋愛の情熱を主としてボリスに注ぎ始めた。フォードのオープンカーでベルリン中の田園地帯をふらりと回り、何百キロもドライブした。ある時マーサは、道端にイエスの礼拝堂がある古い建物に目を留め、よく見てみたいと言った。中に入ると、変わった磔刑図があった。イエスの顔は苦痛で歪み、その傷口からは血がほとばしり出ていた。しばらくしてボリスを振り返ってみた。マーサは今まで自分が宗教的だとは思っていなかったが、その絵にひどく心を打たれていた。ボリスは腕を水平に伸ばして立っていた。足首を交差させ、胸まで首を垂れていた。

「ボリス、やめて」と彼女は言った。「何をしているの?」

「君のためになら死ねるよ、喜んで」。

マーサはボリスの磔刑図の真似に、冗談はやめてと言って、彼から離れた。

ボリスは謝った。「怒らせるつもりじゃなかったよ」と言い、「どうしてキリスト教徒は、拷問される人の姿を敬うのか理解できない」。

そういうことではなくて、とマーサは言った。「自分たちの信仰のために彼が犠牲になったことを敬っているの」。

「本当？」とボリス。「あなたも信じているのですか？　イエスのように、信仰のためにたくさん人が死んでもよいと思っているのですか？」

マーサはディミトロフの例を出して、帝国議会の裁判でゲーリングを相手に立ち向かった勇気を称えた。

ボリスは天使のように微笑んだ。「そうですね、お嬢さん。でも、彼は共産主義者ですよ」。

第24章　投票を済ませること

一一月一二日日曜日の朝、霧雨と霧に覆われた寒い日、ドッド一家は、不気味なほど街が静かなことを感じた。この日は、ヒトラーが国際連盟を脱退し、他国と均衡のとれる軍備の備えをする決定についてはかる国民投票の日に定めていた。ドッドはどこでも、投票に行ったことだけでなく、賛成票を投じたことを示すバッジを人々がしているのを見かけた。お昼には通りを歩く誰もがそういったしるしをつけていたが、それは、投票のために早起きして、市民としての努めを果たしたことを誇示したかったからであり、万一のトラブルを避けてのことだった。

選挙日はかなり検討されて決められた。一一月一二日は、第一次世界大戦が終結し停戦に署名された一五周年記念日の次の日だった。ヒトラーは、賛成票を投じるよう国中を回り、「一一月一一日はドイツ国民が公式に名誉を失った日である。一五年後、一一月一二日がやってきて、やっとドイツ国民は名誉を回復するのだ」と聴衆に説いた。ヒンデンブルク大統領も賛成票のために活動をした。「明日はあなた方国民の団結と政府への連帯を示す時です」と一一月一一日のスピーチで言った。「私と帝国首相を支え、平等の権利と名誉ある平和の原則を支持しよう」。

投票は二段階になっていた。一つは、あらたに組織される帝国議会の代表を選ぶためだったが、ナチの候補者しか出ていなかった。選挙後の議会はヒトラーの決断を拍手で受け入れることが確実だった。もう一つは外交問題であって、最大の支持を確かなものにするよう仕組まれていた。すべてのドイツ人が賛成票を投じるのに正当な理由があった。平和を望んでいる人、ヴェルサイユ条約がドイツを不当に扱っていると思う人、ドイツが他の国と同じように扱われるべきだと信じている人、ただ単にヒトラーとその政権への支持を表したいと思っている人。誰にとっても理由があった。

ヒトラーは完全な是認を望んでいた。ナチの組織は、ドイツ中の人々を投票に赴かせるために驚くべき手段を使った。病院のベッドに寝たきりの患者が、投票所へ担架で運ばれた。ドレスデンのユダヤ人文献学者ヴィクトール・クレンペラーは、賛成票を勝ち取るための「おそるべき宣伝活動」を日記に書いていた。「あらゆる商売の車、郵便局の車、郵便配達の自転車に、また、あらゆる家や店の窓に、そして大きな垂れ幕が通りを横切って広げられており、どこもかしこもにヒトラーの言葉があり、平和のために「賛成」と書かれていた。偽善の最たるものだった」。

ナチの党員と突撃隊は、誰が投票し誰がしていないかを監視していた。ぐずぐずしていると、直ちに投票すべきという突撃隊の一団の訪問を受けた。それでもわからない愚鈍な人のために、ナチの機関紙フェルキッシャー・ベオバハターの日曜版には次のように書かれていた。「はっきりとさせるために、繰り返します。今日、私たちに連帯していない人、投票していない人、賛成と投票していない人は、宿敵とは言わないまでも、少なくとも破滅の産物であって、二度と協力できることはありません」。

決めの文句として、「そんな人は存在しないほうが、その人のためにも、我々のためにもよいのです」と書かれた。

四五一〇万の人が投票する資格があるとされた中で九六・五パーセントが投票した。もちろん九五・一パーセントがヒトラーの外交政策に賛成した。そしてさらに興味深いことには、二一〇万のドイツ人が、これは登録した人の五パーセントに当たるが、反対に投票するという危険な選択をした。

ヒトラーはのちに、ドイツ国民が「平和を真に愛し、同時に我々の名誉と永遠の平等な権利についての歴史上類のない承認をした」ことに感謝する宣言を出した。

ドッドには、投票結果が示される前から結果は明らかだった。彼はローズベルトに、

「ここでは選挙は茶番です」と書いた。

ダッハウの収容所での選挙以上に明らかなものはない。ここでは、二三四二人中二一五四人、九六パーセントがヒトラー政権に賛成した。投票しなかったか、あるいは反対した八八人の運命に、歴史は沈黙した。

一一月一三日月曜日、ローズベルトは少しだけ時間をとってドッドに手紙を書いた。これまでのドッドの手紙の内容を褒め、ヒトラーとの会談について彼が懸念していたことに暗に言及して、「ある種の人に対して率直であったことに満足している。それはよいことだ」と書いた。

彼は、コラムニストのウォルター・リップマンの省察について考えていた。ドイツと日本という世界の人口のわずか八パーセントが、「帝国主義的な態度で」世界の他の地域における平和と軍備の縮小を乱しているというものだ。

「私は時々思うのだが」と大統領は書き、「世界の課題は良くなるというより悪くなっている。しかし、私の国では、極右と極左が非難し合い、「だまし」合い、怒鳴り合っているにもかかわらず、人々を仕事に戻らせ成果をあげることができている」。

そして、「よい仕事を続けていこう」と締めくくった。

ワシントンでは国務長官のハルが、次官のフィリップスを含む他の上級役人と共に月の半分を、ソビエトの外交代表団マキシム・リトヴィノフとの差し迫った訪問の立案に割いていた。彼は、合衆国がソビエトを承認するようローズベルトと協議する予定だった。承認はアメリカの孤立主義の立場と相容れなかったが、ローズベルトは戦略的に重要な利益を考えていた。ロシアをアメリカの投資先に開き、アジアにおける日本の野心を阻止するというものである。「ローズベルト・リトヴィノフ会談」は双方にとって困難でフラストレーションがたまるものだったが、一九三三年一一月一六日、ローズベルトがソ連を正式に承認する表明をすることで決着した。

七日後、ドッドはモーニングコートとシルクハットを身につけ、ソビエト大使館へ初めての公式訪問に行った。共同通信のカメラマンが、ソビエト側の相手と立っているところの写真を求めた。ソ連側は承知したがドッドは断った。「アメリカの反動的な新聞が私の訪問を誇張し、ソ連を承認したローズベルトに対する批判を繰り返すことを恐れたのだ」。

第25章　ボリスの秘密

マーサとボリスは、自分たちの関係を世間に公表しやすくなったと感じていたが、ボリスの上司とマーサの両親の反対を考えると、双方とも慎重さを必要とされていることも承知していた。マーサはなるべく深入りしないようにと思っていたが、二人の関係は、かなり真剣なものになっていった。マーサは、フランス大使館のアルマン・ベラールとの関係も続け、ディールスともおそらく会っており、新たな相手からのデートにも応じていたので、ボリスは嫉妬で熱くなっていた。彼は、嵐のような手紙と花と音楽を贈り、何度も電話をした。マーサは「彼を静かに愛したい」と未公開の書物に書いていた。「他の人と同じように彼に気軽に接しようとした。一週間、彼に対して無関心を装った。ところが次の週は、愚かなほど彼のことが気になった。彼のことを忘れ、その後また夢中になった。堪え難い矛盾した状態、どちらにとっても苦しく、もやもやとわだかまりを抱えた」。

マーサはいまだに、ナチの革命に好意的な見方をしようとしていたが、ボリスは周囲に起こっていることにまったく幻想を抱いていなかった。マーサの気に障ったのは、ボリスがいつもナチの指導者の行動や合衆国大使館を訪れる人々の隠れた目的を探っていることだった。

「悪いところばかり見ている」とマーサは怒って言った。「ドイツにも肯定的な面を見るべきだわ。ここに来る人にも、いつも隠れた目的があると疑うべきではないわ」。

時としてボリス自身も、何か隠れた目的があるのでやましいのではないかと疑った。「アルマンに嫉妬しているのね」とマーサは言った。「それとも、私を連れていってくれる他の人?」。

あくる日、ボリスからの包みを受け取った。中には、陶器の三匹の猿とカードが入っていた。「見ザル、聞かザル、言わザル」と書いてあり、結語は「愛しています」だった。マーサは吹き出した。お返しに小さな木製の修道女を送った。猿の命令に従うので安心してください、と書いたカードを添えた。

そんな中で疑問が浮かんできた。二人の関係はどこに行くのか。「彼がいる将来も、いない将来も考えられない」とマーサは書いている。「自分の家族も国も捨てたくないし、どちらかと別れる可能性も考えられない」。

緊張した状態は誤解と悲しみを生んだ。ボリスは苦しんだ。

「マーサ！」と苦悩の手紙を書いた。「今の状態をどう表現してよいのかわからない。何か気に障ったり、嫌なことをしたなら許してほしい。そんなことをするつもりはなかったのだから。あなたのことは理解しているつもりだが、完璧ではないから、どうすべきかもわからない。どうしたらいい？」

「さようなら、マーサ。私なしで幸せになってください。私を悪く考えないでください」。いつも、よりを戻した。別れの度に惹かれ合う気持ちは強くなり、誤解と怒りはさらに二人を強く結びつけるものになった。一一月の終わり頃のある日曜日、二人の関係に実質的な変化が訪れた。彼女はあらゆる細かいことまで思い出すことができた。

寒々とした日、空はくすんだ灰色で、空気は冷たかったが、ボリスがフォードに幌をつけようと思うほど、寒くはなかった。二人のお気に入りの居心地の良いレストランに座っていた。そのレストランは、ヴァンゼー地区の湖に杭を立てて作ったボートハウスにあった。香りのよい松林が沿岸に沿ってあった。

レストランにはほとんど人がいなかったが魅力的だった。木のテーブルがダンスホールを囲んでいた。ジュークボックスから音楽が流れない時は、杭に当たる波の音がはっきり聞こえた。

マーサは、オニオンスープとサラダとビールを注文した。ボリスはウォッカとシシカバブと、サワークリームとオニオン添えのニシンを頼んだ。そしてウォッカをまた頼んだ。ボリスは食べることが好きだったが、マーサが見るところ、一キロも太ったことがなかった。

ランチをとった後には踊った。ボリスは随分上手になったが、ダンスや歩いたりを混ぜて誤魔化すところがあった。二人の体が接近して、思わず動きが止まった。マーサは突然、体がかっと熱くなるのを感じた。

ボリスは急に体を離し、彼女の腕をとって外に連れ出し、水辺に突き出たウッドデッキにやってきた。マーサは彼を見た。彼の痛みを感じた。眉が下がり、唇はきゅっと結ばれていた。動揺しているようだった。白鳥の一団を眺めながら、手すりのところに立っていた。

ボリスは彼女のほうを向いた。真面目な表情だった。「マーサ」と言った。「愛している」。シグリット・シュルツのアパートで初めて彼女を見て以来、ずっと感じていたことを告白した。彼女を胸に抱き、その肘を手でしっかり抑えた。軽い浮かれた気分は吹き飛んだ。

ボリスは後ろに下がり、彼女を見つめた。「じらさないでください、お願いです」。「あなたには求婚者がたくさんいる《ドゥー・ハスト・フィーレ・ベヴェルバー》。すぐに決めるべきではありませんが、私のことを気軽な存在と考えないでください。耐えられません」。

マーサは目を逸らした。「愛しているわ、ボリス。わかっているでしょう。あなたを愛さないようにしたけれど、できなかったことを」。

ボリスは水面を眺めた。「ええ、わかっています」と苦しそうに言った。「私もそうしようとしてできなかった」。

もうこれ以上抑えられないという様子だった。笑い顔を作ったが、顔は引きつっていた。

「あなたの国と私の国は、今では友好関係にあります。私たちの関係にも及んで、何でも可能になるのではないでしょうか」。

「ええ、でも……」とマーサは言った。

別の障害があった。ボリスには秘密があったのだ。マーサは知っていたが、それを言えないでいた。彼のほうを向いて、努めて落ち着いた声で言った。

「それに」と彼女は言った。「あなたは結婚しているわ」。

ボリスは再び後ずさった。その顔色は寒さで紅潮していたが、一層赤くなった。手すりのほうへ行って肘を付いた。長身の体軀はほっそりして優雅なアーチを描いていた。どちらも口を開かなかった。

「悪かった」と彼は言った。「あなたに言うべきだった。知っていると思っていた。許してください」。

マーサは、最初は知らなかったと話した。アルマンと両親が、ドイツ外務省が出版している外交人名録に載っているボリスの箇所を見せてくれた。ボリスの隣には妻の記載があった。妻は「不帯同」とあった。

「彼女は「不帯同」なのではありません」とボリスは言った。「私たちは別居しています。かなり前からうまく行きませんでした。外交リストの次の欄には、何も書くところがありませんでした」。彼には娘もいて、とても可愛がっていると言った。娘のことに関してだけは、妻と連絡をとっていると言った。

目に涙が浮かぶのが見えた。以前にもマーサの前で泣いたことがあった。彼女は心を動かされたが、同時に当惑した。男が泣く。マーサにとっては新しいことだった。アメリカでは、男が泣くのに出会ったことがなかった。今までのところ。これまで、父が泣いているのを一度だけ見た。よき友人であったウッドロー・ウィルソンが死んだ時だった。それもかれこれ数年前のことだ。二人は、レストランの自分たちの席に戻った。ボリスはウォッカをもう一杯頼んだ。落ち着いたようだ。二人はテーブルの下で手を握り合った。今度はマーサが告白する番だった。

「私も結婚しているの」と言った。

ボリスの動揺した反応に、彼女は驚いた。声は低く暗くなった。「マーサ、だめだ！」。

手はしっかり握っていたが、その表情は当惑と苦痛に変わった。「どうして言ってくれなかったんだ」。

彼女の結婚については最初から、家族以外には秘密にしていたと説明した。夫は銀行家でニューヨークにいる。かつてとても愛していたが、今は別居しており、法的手続きだけが残っていた。

ボリスは突っ伏した。ため息まじりに何かロシア語で言った。マーサはボリスの髪をかきあげた。

彼は突然立ち上がって、外に出た。マーサは座っていた。しばらくしてボリスは戻ってきた。

「なんということだ」と言って笑った。彼女の頭にキスをした。「こんなことになろうとは。結婚している女性。銀行家。外国大使の娘。これ以上悪くはならないね。何とかしよう。共産主義者は不可能なことをするのに慣れているから。でもあなたの助けが必要だ」。

レストランを出た時には、既に日暮れになっていた。町までのドライブをしても、幌は下げたままだった。この日はとても重要な日になった。マーサはごく些細なことまで思い出す。奇妙な強い風がマーサの後ろに巻いた髪をほどいたこと、ボリスが右腕を彼女の肩にまわし、その手で胸をまさぐったこと、それはいつものくせだった。道沿いの深い森は日が落ちるにつれ暗くなり、芳醇な秋の香りを発していた。彼女の髪は後ろに流れ、波打つ金色の糸になった。

どちらも直接言わなかったが、何か動かしがたいことが起きたのを理解していた。マーサはこの男を深く愛していた。関係した他の男とはもう、同じには接することはできなかった。こうしたことが起こることを望んではいなかったが、起こってしまった。世間の人が一番不適切だと思う男との間に。

第26章　プレス・パーティ

毎年一一月、ベルリン外国通信協会はホテル・アドロンで夕食付ダンスパーティを開いていた。ベルリンの最も著名な、役人、外交官、名士を招待する豪華な催しである。この夜のイベントはリトル・プレス・ボールと呼ばれていた。ドイツ国内の報道関係者が開く年次パーティより小規模だったが、自由な雰囲気があった。ドイツ国内新聞主催の年次パーティは今やほとんど、ヨーゼフ・ゲッベルスと国民啓蒙・宣伝省の完全なる支配を受けていたからである。外国記者にとってリトル・プレス・ボールは、実質的に大きな価値があった。シグリット・シュルツも、「人から話を聞き出す時は仕事中に申し込むよりも、相手またはその妻を招待して、ダンスした後のほうがずっと簡単だ」と書いている。一九三三年のリトル・プレス・ボールは、一一月二四日金曜日の夜に開かれた。アメリカ人が収穫感謝祭を祝う六日前だった。

八時少し前、ホテル・アドロンは最初の大型車の一団を迎えた。多くは、メロン半分ほどの大きさのヘッドライトをつけていた。ナチの上層部、大使、芸術家、映画監督、女優、作家、当然ながら大小様々な国の外国人記者たち。湿気を含んで凍てつくような気候の中、皆大きなコートや毛皮に身を包んでいた。その中に、ドイツ国務省のベルンハルト・フォン・ビューロー、外務大臣のノイラート、フランス大使フランソワ・ポンセ、イギリス大使のエリック・フィップス卿、そしてもちろん、どこにいても目立つプッツィ・ハンフシュテングルがいた。そこに「フォス伯母さん」担当のコラムニストであるベラ・フロムがやってきた。彼女にとってパーティは、陰鬱な悲劇にやがて縁取られるものになったのだった。悲劇は序々に拡大していくものだったが、一般の予想を超えてベルリンでは当たり前になっていた。ドッド一家の四人は古いシボレーで到着した。ヒトラーの副首相フランツ・フォン・パーペンが、目を引く豪華で大きな車でやってきた。ドッドと同じく妻と娘と息子を連れていた。ルイ・アドロンはタキシードの正装で、ベルボーイがコートや毛皮、シルクハットを片付けている間、賓客たちを迎えていた。ドッドも知るようになったが、ベルリンという過剰好きの環境においては、外交官の公式活動が誇張され、象徴的な重みを持つものとなったし、単なるテーブル・トークもちょっとした伝説になるのだった。

ゲストたちはホテルに入るとまずカクテルとオードブルのある居間に、それから、何千という温室栽培の菊で飾られたウィンター・ガーデンに通された。シュルツの評によると、部屋はいつも「痛ましいほど」に混み合っていたが、伝統的に、舞踏会はいつもホテル・アドロンで開かれていた。招待客は正装だが「階級や公的地位」を表さないような服装で来ることになっていた、とフロムの日記には書かれている。しかし何人かは国家社会主義ドイツ労働者党への忠心から、突撃隊のくすんだ褐色の服を着ていた。自動車突撃隊の隊長エドワード・フォン・コーバーグ公爵は、ムッソリーニから下賜された剣をつけて歩いてきた。

ゲストたちはベルリンの主催者が割り付けたテーブルへと案内されたが、向かいの客にも手が届くほどに客を詰め込んだので苦痛となるような狭さだった。そこまで詰め込むと、社会的にも政治的にも奇妙な組み合わせとなる可能性——例えば、実業家の妻の正面に愛人が座るというようなこと——がないように、それぞれのテーブルのホストは、複数の儀典課の役人にチェックさせた。ある種の対立関係は避け得なかった。最も重要なドイツの役人はメインテーブルに座り、今年はアメリカの記者たちがホストだったので、シュルツとベルリン共同通信の支局長ルイス・ロッホナーがその近くに座ることになった。このテーブルのアメリカ側の主賓格はドッド大使だった。かくして副首相のパーペンはシュルツの向かい側の席についた。パーペンとシュルツはお互い嫌い合っている間柄だったが。

ドッド夫人も目立った席に座っていた。国務省のビューローとプッツィ・ハンフシュテングルがいた。マーサとビルも他の客たちと同じように席についた。カメラマンがテーブルをまわって写真を撮った。「フラッシュライト」の光が煙草の煙の輪を照らした。

パーペンはハンサムな男だった。のちにテレビで俳優のレオ・G・キャロルが演じたトパー〔一九五〇年代のアメリカの人気テレビドラマの主人公で、トパーは銀行の副頭取役〕に似ていた。しかし、日和見主義で人の信用を裏切るという嫌な噂があり、多くの者が彼のことを傲慢だと思っていた。ベラ・フロムは彼のことを「ワイマール共和国の墓掘人」と呼んだ。これは、ヒトラーを首相に指名するのに果たした彼の役割を表していた。パーペンはヒンデンブルク大統領のお気に入りで、大統領から、可愛いフランツの意味で「フランツェン」と愛着をもって呼ばれていた。ヒンデンブルクの側近として、パーペンとその仲間はヒトラーをコントロールできると思っていた。「私はヒンデンブルクから信頼されている」と自慢していた。「二ヶ月もすればヒトラーを追い出し、吠え面をかかせられるだろう」。おそらくこれは、二〇世紀最大の誤算であったろう。歴史家のジョン・ウィーラー・ベネットは、「自分たちの腕を釘打たれて束縛されるまで、誰が捕まえる者で、誰が捕まえられた者かがわからなかったのだろう」と述べている。

ドッドもパーペンのことを嫌悪感を持って見ていた。しかしそれは、より具体的な事例に基づく不信からだった。合衆国が前の戦争に介入する前、パーペンはワシントンのドイツ大使館付きの武官だった。その当時、鉄道をダイナマイトで爆破するなど様々な破壊行動を画策した。逮捕されて国外追放となった。

全員が着席すると、テーブルでは様々な話題に火がついた。ドッドとパーペン夫人はアメリカの大学のシステムについて話していた。夫人は優れたシステムだと賞賛した。パーペンがワシントンに勤務している時、息子がジョージタウン大学に通っていたのだ。パーペンのいつもの尊大な態度は、周囲に客が座っていようと変わらなかった。シュルツとパーペンの間にはリネンとクリスタルと陶器が置かれていたが、そこには緊張した沈黙が走っていた。「全員が席についた時、その噂に適うような上品で丁重な態度をパーペンはとっていた」とシュルツは書いたが、「ディナーのコースの最初の四つが出されている間、この紳士は私をずっと無視していた」。「これは容易なことではない。私は彼のほんの一メートル前に座っていたのだ」。

シュルツはパーペンを会話に引き入れようとできるだけのことをしたが、無視されるだけだった。「完璧なホステスとして、論争になるような話題は避けることにした」が、パーペンが無視すればするほど、その気もなくなってきた。彼女の決意は「パーペンの意識的な態度を前に、薄れていった」と書いている。

コースの四つ目が終わると堪えきれずに、シュルツはパーペンを見てできる限り「最も無邪気に聞こえる調子で」、「閣下、ヒンデンブルク大統領の回想録であなたにご説明いただきたいことがあるのですけど」と問い掛けた。

パーペンは彼女を見た。彼の眉は羽のように先端が上がっていて、その眼差しを猛禽類のような冷たいものにしていた。

シュルツは努めて天真爛漫に会話を続けた。「ヒンデンブルク大統領は、この前の戦争の一九一七年、ウィルソン大統領の和平への提案についてドイツの最高司令部が聞いておらず、もし聞いていたら危険な潜水艦作戦はしなかっただろうと不満を漏らしたとあります。そんなことがあり得るのでしょうか?」

彼女の声は小さかったにもかかわらず、これを聞いたテーブルの人は静かになり聞き耳をたてた。ドッドはパーペンを見た。国務長官のビューローも目に「邪悪な喜び」とシュルツが表現する表情を浮かべて、会話のほうへ体を向けた。

パーペンは、「ウィルソン大統領から和平への提案などありませんでした」とぶっきらぼうに答えた。

ウィルソンとこの時代のエキスパートであるドッド大使を前にして愚かな質問であることは、シュルツも知っていた。

シュルツが覚えているのは静かにだがはっきりと、ノース・カロライナ特有の舌音気味の発音で答えるドッドの声だった。「南部紳士が誓って言いますが」とパーペンに言った。「ありました」。その正確な日付も述べた。

シュルツは喜んだ。「パーペンの長い馬のような歯は一層長くなった」と書いている。

「アメリカ大使の穏やかな口調に対抗する術もなかった」。

パーペンは「怒鳴って」答えた。「アメリカとドイツがどうして戦争をすることになったのか理解できない」、と「傲慢な口調でこれみよがしに」自分の周囲を見回した。

この瞬間、ドッドはシュルツの「生涯消えることのない賞賛と感謝」を勝ち取ったのだった。

その間、別のテーブルでは、ベラ・フロムが周りの会話とは無関係な心配をしていた。彼女が舞踏会に出席するのは第一に楽しいから、そしてベルリンの外交仲間のコラムを書くのに役立つからであるが、今年は深い不安を抑えながらやって来たのだった。楽しんではいたが、時折親友のヴェラ・フォン・フーンのことが気に掛かった。彼女も著名なコラムニストで、「ポーレット」という愛称で知られていた。これはフランス語で若い雌鳥という意味で、彼女の名字のフーンはドイツ語で鶏という意味だったからである。

二日前、フロムとポーレットは、ベルリン西部に広がる四四・五平方キロの森林保護区グリューネヴァルトを通ってドライブに出掛けた。ティーアガルテンのように、ここは外交官たちやナチの監視を逃れたい人々にとっての安息の場になっていた。森の中をドライブしている時は、本当に安心できる数少ない瞬間だった。「モーターの音が大きくなればなるほど、私は平穏を感じた」と彼女は日記に書いている。

しかし、最近のドライブは楽しめるものではなかった。二人の会話は、先月可決された法律――ドイツの新聞ではユダヤ人に編集も記事を書くことも禁じ、国内の報道機関は記者が「アーリア人」であることを証明する戸籍か教会記録を提出することを要求するというもの――が中心となった。今でも仕事を持てる者がいたが、それは、過去の戦争で戦った者、戦争で息子を失った者、ユダヤ系新聞で働いている者だった。この例外に当てはまる者は限られていた。登録されていないジャーナリストが書いたり編集した場合は、一年間の禁固刑となった。発効は一九三四年一月一日だった。

ポーレットはひどく心配していた。フロムはそれをみて困惑した。彼女自身も条件について知っていた。ユダヤ人だったから、新しい年には仕事を失うことを覚悟していた。でもなぜポーレットが？「どうしてあなたが心配するの？」とフロムが聞いた。

「理由があるの。自分の書類のために色々なところに当たったの。それでとうとう、私の祖母がユダヤ人だとわかったの」。

それを知ったことで、彼女の人生は突如、変更不可能なものへと変わった。一月が来たら突然、過去にユダヤ人の親類がいたことを知って愕然とした何千人という新しい社会層の中に入ることになる。今まで自分が完全なドイツ人だと思っていたにもかかわらず、自動的に非アーリア人であることになり、ヒトラー政権下で作られたアーリア人優位の世界の周縁で惨めに生きていく人生が始まるのだ。

「誰もこのことを知らなかったの」。ポーレットはフロムに言った。「私の生活はなくなるのだわ」。

その発見だけでも十分酷いものだったが、ちょうどそれはポーレットの夫の命日でもあった。フロムが驚いたことには、リトル・プレス・ボールにポーレットは行かないことにしていた。それほど悲しいことだった。

ポーレットをその夜一人にしておくことは嫌だったが、彼女はフロムの犬と遊ぶのが好きなので、翌日ポーレットのところに呼びにいって家に連れてこようと思い、フロムは舞踏会に行った。

その夜じゅう、フロムは周囲の興味深い出来事に気を取られることはあったが、ポーレットの捉えがたい憂鬱な様子がずっと心を占めていた。

ドッドにとってパーペンの言葉は、ベルリンに来て以来、最も愚かな発言の一つに思われた。確かに多くの妄言を聞いた。政府の高官にとって非現実的な考え方がドイツを魅了しているように思われた。その年の初めゲーリングは、先の戦争〔第一次世界大戦〕が始まった頃、フィラデルフィアのインディペンデンス・ホールの前で三〇〇人のドイツ系アメリカ人が殺害されたと、真面目な顔をして主張した。メッサースミスは外交報告の中で、賢明で多くの旅行経験のあるドイツ人でさえ「座って尋常でない、ありえない話をする」と書いている。

そして今、副首相が、どうして合衆国がドイツに対して戦争をしたのか理解できないと言うのである。

ドッドはパーペンを見た。その口調は前と同様、落ち着いていた。「ドイツの外交官の完璧な愚かさのためですよ」と言った。

パーペンは驚いたようだった。シグリット・シュルツによると、パーペンの妻は奇妙に満足している様子だった。新たな沈黙がテーブルを覆った。誰も予想していなかったもので、緊張した空白の時間となった。突然、何か違った話題でこの沈黙を埋めようと皆が話を始めた。

これが、ここで、この時、起こらなければ、些細なことだったかもしれない。辛辣な冗談としてすぐに忘れられたかもしれない。ナチ政権の圧政と「強制的同一化《グライヒシャルトゥング》」の下では非常に象徴的で重要なものとなった。舞踏会の後、いつもの慣習で、主要なゲストはシュルツのアパートへ向かった。シュルツの母がサンドイッチを用意してくれていたが、ドッドの即妙な返答の一件は、大いに酒の肴として語られた。ドッドは外交儀礼が許す限り早い時間にパーティを辞して、ミルク一杯と煮込んだ桃、そしてよき読書で夜を迎えるために家に向かっていた。

わき起こる不安を抱えながらも、フロムはパーティを楽しんだ。ナチの人々が酒を飲んで、厳しいコメントでばっさり切られている囁きを聞くのは楽しかった。剣を携えてきた公爵のコーバーグがフロムの前を尊大に通り過ぎた。彼女は「残忍で冷酷」と言われている警察の役人クルト・ダリューゲと話をしていた。公爵は自分の存在の大きさを示そうとしたが、フロムの見るところ、「彼の猫背で小人のような姿のため」かえって滑稽に見えた。ダリューゲはフロムに「コーバーグの奴の歩き方ときたら、まるで竹馬に乗っているようだ」と言い、「あいつのおばあさんが、ユダヤ人銀行家とつるんで大公を騙したことがバレやしないだろうか」と恐る恐る付け加えた。

翌朝一〇時にフロムはポーレットに電話したが、年老いたメイドから「ご主人様は、起こさないでくださいというメモをキッチンに置かれています」と言われた。ポーレットはこんなに遅くまで眠っていることはなかった。「ピンと来た」とフロムは書いている。

ポーレットは、ヒトラー政権の勃興と共に自殺しようとした最初のユダヤ人でも、あるいは非アーリア人と分類された人でもなかっただろう。自殺の噂はどこにもあり、ベルリンのユダヤ人協会の調査によると、一九二四年から二六年の間でベルリンのユダヤ人の自殺率は、一万人に対し五〇・四人から上昇して、一九三二年から三四年には七〇・二人になった。

フロムはガレージに急ぎ、ポーレットの家へ車でできる限り速く向かった。

ドア口で彼女の使用人は、ポーレットはまだ寝ていると言った。フロムは寝室へ突進していった。カーテンを開けた。ポーレットはベッドに横になり、苦しそうな息だった。ベッドの脇のナイトテーブルには、鎮静剤ベロナールが二瓶空になっていた。

フロムは自分宛てのメモを見つけた。「仕事を辞めなければいけないと思うと、もうこれ以上生きていけません。ベラ、あなたは私の親友でいてくれました。私のファイルを持っていって使ってください。私へのこれまでの友情に感謝します。あなたは勇敢です。私よりずっと。あなたには子どももいるのですから、これからも生きていかなくてはなりません。あなたは私ができる以上に、どんな困難にも耐えられることを信じています」。

家の中は騒然とした。医者が到着したが既に手遅れだった。

次の日、外務省の役人が来て、フロムにお悔やみと偽りの伝言を伝えた。「ベラさん、私どももたいへん驚きました。あなたの悲しみをお察ししますが、フォン・フーンさんは肺炎で亡くなられました」。

「そんな！　誰があなたに言ったのですか。あの人は自分で」、とフロムは叫んだ。

「ベラさん、どうかわかってください。彼女は肺炎だったのです。これ以上の詮索はおやめください」。


ほとんどの招待客は、パーティは気分転換によいと楽しんでいた。「我々はとても楽しんだ」とルイス・ロッホナーは、アメリカで学校に通っている娘への手紙に書いている。「パーティは愉快だった」。アメリカ大使のドッドは別の見方をしていた。「夕食会は退屈なものだった。こういう場でなかったら、もっと実のある話をする人たちだったが」。

想定外のこともあった。ドッドとパーペンの気まずい一件があったが、その後二人は心温まる関係を築いた。「あの日以来」、シグリット・シュルツが観察したところだが、「パーペンは努力して、大使のドッドと友好関係を築こうとした」。パーペンのシュルツに対する態度も改善した。シュルツによるとパーペンは、「私に対して日曜向けのマナーを示しておいたほうがいい」と決めたらしかった。ある種のドイツ人特有のやり方だ、とシュルツは思った。「自分たちの尊大さを許さない者たちに出会うと、安全なところから降りてきて行いを正すようだ」と書いている。「そういった相手に出会えば彼らは尊重の態度を示すことを思うと、もっと多くの人が、毎日の些細なことについても国家的なことと同じように、ヒトラーの使いのようなパーペンとその手下に結束の意を示していたら、ナチの隆盛の勢いも止まっただろう」。

ポーレットの死にまつわる噂は広まった。葬式の後、フロムは母娘のような絆を感じていた「マミー」・フォン・カルナップと家に帰った。彼女は前ドイツ皇帝の侍従の妻で、フロムのコラムの大事な情報源だった。かつてのドイツに忠誠心を持っていたが、カルナップ家はヒトラーと彼の国の強さを取り戻す運動には共感を持っていた。マミーは何か感じたようだった。数ヶ月後、「ベラさん、新しい法律がこんな結果を生んで私たちは皆驚いています」と言った。

フロムはドキリとした。「でも、マミー」と彼女は言った。「おわかりにならないの？これは始まりに過ぎないの。この事態を作る手助けをしたあなた方すべてに報いがあるわ」。

マミーはその言葉を無視した。「ノイラート夫人があなたに、早く洗礼を受けるように言っているわ」と言った。「外国部の第二のポーレットを避けるために」。

フロムはひどく驚いた。新しいドイツの現実を理解せず、単に、洗礼を受ければアーリア人としての地位を復活できると思っている人がいることに。

「なんて愚かな人たち！」と日記に記した。

第27章「おお、樅《もみ》の木」

もうすぐクリスマスだった。冬の太陽は、出たとしてもだが、南の空の半分をまわるだけで、お昼頃から日暮れの影を投げかけた。寒波が平野を吹き抜けた。「ベルリンは寒さに震える骸骨だ」と、一九三〇年代にベルリンに滞在した経験をクリストファー・イシャウッドは書いている。「骨が疼《うず》く経験をした。頭上を通る鉄道の桁、バルコニー、鉄柵、市電、街灯、トイレの霜を見ると、骨まで心底痛んだ。鉄の振動や収縮、石やレンガまで寒さできしんでいる。石膏はかじかんでいる」。

憂鬱さは、濡れた通りに灯りが射すと徐々にやわらぐ。街灯、店先、ヘッドライト、いくつもの暖かく照らされた市街電車の中、クリスマスに備える街の灯り。ロウソクがどの窓にも飾られ、電球をつけられた大木が広場や公園、交差点を飾る。それらはこの季節の興奮を伝えてくれる。突撃隊でさえもその興奮を抑えることはできず、実際のところその特権を享受していた。彼らはクリスマスツリーの販売を占有し、冬の慈善活動という名目で鉄道の駅で販売していた。突撃隊による、貧者や失業者への慈善ということだった。皮肉なベルリン市民はそれらが、突撃隊の伝説的な、放漫さと放蕩と空になったシャンパンの数で知られるパーティや宴会の資金源となっていると考えていた。突撃隊は一軒一軒、赤い募金箱を持ってまわってきた。募金した人は証拠に、小さなバッジをもらい服に付けた。必ずバッジは付けるようにした。なぜなら、勇敢にもあるいは愚かにも募金しない人には、妙な圧力が掛かったからだ。

領事の報告によると、あるアメリカ人が「恨みを抱いている人から」誤った告発を受けて、政府に反論した。この事件は、その後数十年、ナチ時代を描いた映画で反復されるモチーフとなった。

一九三三年一二月一二日火曜日、朝四時半頃、アーウィン・ウォルスタインという名のアメリカ人が、ビジネスを始めようと、高シレジア地方のオッペレン行きの列車をブレスラウのプラットホームで待っていた。その日遅く帰ってくるつもりで、朝早く出発した。ブレスラウにあるアパートを父親と共有していた。父親はドイツ人だった。

スーツを着た二人の男が近づいて彼の名を呼んだ。二人はゲシュタポだと名乗り、駅にある警察署まで来るように言った。

「オーバー、ジャケット、靴、ズボン、ワイシャツ、ネクタイを取るように言われた」と、ウォルスタインは宣誓供述書に書いている。調査官はウォルスタインの身体と持ち物を調べた。半時間ほど掛かった。パスポートを見て国籍の尋問がされた。アメリカ人だと答え、逮捕について領事館に知らせるよう要求した。

調査官はウォルスタインを車で中央警察署に連れていった。そこで独房に入れられた。「粗末な朝食」が出た。さらに九時間独房に監禁された。次に彼の父親が逮捕され、家宅捜索された。個人的な手紙やビジネスレター、その他の書類が押収された。その中には、期限が切れて無効となったアメリカのパスポートが二つあった。

その日の午後五時五〇分、ゲシュタポの係官がウォルスタインを二階に連れていき、告発の内容を読み上げた。家主、二階の女性、アパートの掃除をする使用人の三人からの告発であった。家主のブライヒャー夫人からの告発は、彼が二ヶ月前に「ドイツ人はみんな犬だ」と言ったというものだった。使用人のリチャード・キューネからの告発は、彼が「もう一度世界大戦が起こったらドイツと戦う」と言ったというものだった。三人目のシュトラウス嬢からの告発は、彼女の夫に「共産主義的な本」を貸したというものだった。その本は後でわかったことだが、アップトン・シンクレアの『石油！』〔二〇〇八年　平凡社。主人公が共産主義に傾倒する〕だった。

ウォルスタインはその夜を監獄で過ごした。明くる朝、告発者との対面が許された。彼は彼らを嘘つきだと責めた。匿名というベールに守られていないので、告発者たちは動揺した。「証人たちも混乱し、記憶が定かでなくなった」とウォルスタインは宣誓供述書で述べている。

しばらくしてブレスラウの領事館が、この逮捕についてベルリンの領事館に報告した。副領事のレイモンド・ガイストはゲシュタポの局長ルドルフ・ディールスに抗議し、ウォルスタインの逮捕に関わるすべての報告を要求した。その夜ディールスはガイストに電話をして、自分の指示によりウォルスタインは釈放されるだろうと言った。

ブレスラウでは二人のゲシュタポがウォルスタインに、「二度とドイツ帝国の敵とならない」ことを誓った書類にサインするよう命じていた。その書類には凄まじい条項があった。自分の安全が守られていないと思ったら、保護監督という名目で逮捕を求めることができるというものだった。

そして釈放された。

マーサは、家の二階の大広間に置かれている大きな樅《もみ》の木の飾りつけを引き受けた。ボリス、ビル、執事のフリッツ、運転手、立ち寄ってくれた友人に助けを求めた。装飾の色彩を白と銀色に決め、銀色のボールと銀糸、大きな銀色の星、電球は使わずに、最も伝統的だが最も危ない白いキャンドルを買った。「その頃」とマーサは書いている。「木に電球をつけるのは異端だと思われていた」。マーサと手伝った人たちは、近くに水の入ったバケツを用意した。

父親は「馬鹿げているとうんざりして」飾りをやめてしまった。母親も、休日前の他の準備で忙しかった。ビルもあるところまでは手伝ってくれたが、もっと面白いことを探しに姿を消してしまった。飾りには二昼夜掛かった。

ボリスは神の存在を信じないと言いながら、嬉々として手伝ってくれた。ボリスが段ばしごに昇って、キリスト教信仰の最も神聖な日の象徴を整えるために熱心に手伝ってくれている姿を見ると微笑ましくなった。

「私の可愛い無神論者さん」と呼んだのを思い出した。「どうして、キリストの誕生を祝うクリスマスツリーを飾るのを手伝ってくれるの?」。

ボリスは笑った。「あなたと私のような異端者のためですよ。とにかくこれはとても美しい。そうでしょう?」彼ははしごの先端に座っていた。「私が持ってきた白い蘭を天辺に置いていいですか。それとも赤い星がいいですか?」。

マーサは白い蘭を主張した。

ボリスは「でも赤のほうが白よりきれいですよ」と言った。

クリスマスツリーとボリスと楽しい季節、にもかかわらずマーサは、自分の生活には何か大切なものが欠けていると思った。友達が懐かしかった。サンドバーグ、ワイルダー、トリビューン紙の同僚、そしてハイドパークの快適な家。今頃、友人や近所の人は楽しいパーティ、クリスマス・キャロル、ホットワインを楽しんでいるだろう。

一二月一四日の木曜日、マーサは長い手紙をワイルダーに書いた。彼との結びつきが弱くなっていくのを感じていた。彼を知っていることが、自分に自信を与えてくれた。自分にも文学の才能があるかのように。以前に彼に自分の書いた短編を送ったが、それについて何も言ってくれなかった。「私の才能にも興味を失ってしまったの？　それとも文学的な私に興味を失ったの（最初から何かあったとして、今でもあったらの話だけれども）？ドイツへの旅。随分前のことね。それにあなたは私にくれたメモを覚えていらして？　しばらくベルリン言葉に戻っていたわね！」

また少し書き物をした、とワイルダーに言っている。しかし、新しい友人アーヴィドとミルドレッド・ハルナックたちのおかげで本のことを話したり、書いたりするのに満足を覚えたとも書いている。またワイルダーに、「ベルリンで作家のことに興味を持っているのは私たちくらい」とも書いた。ミルドレッドと本のコラムを始めていた。「彼女は背が高くて金色のきれいな髪をしているの。灯りの具合で濃い蜂蜜のよう。……貧しくて現実的で洗練されていて、家は由緒あるかなりの家系だけど、そんなに羽振りはよくないの」。

父親の話から、国務省内で父に反対する陰謀が広まっていることも示唆している。「大使館の中に嫌悪と陰謀の迷宮があるけれど、まだ罠にはまっていないわ」とも書いている。

人身攻撃も彼女を傷つけていた。アメリカでは秘密にしていたバセットとの結婚も、進めている離婚も、ここでは皆が知っていた。「私の敵対者がシカゴで私の噂をねつ造している」とワイルダーに告げた。特にファニーという人物の名を挙げ、マーサが短編を発表したことを嫉妬して非常に不快な噂を流しているのだと言った。「あなたと私が寝たと彼女が言っていたのを、二人の人から聞いたわ。見てもいないことを中傷して言うのは危険よ、そのうち自分に返ってくるわ、と手紙を書いたの」とし、さらに「気の毒とは思うけど、本当に下品な口しかきけない女であることは一生変えられないわ」とも加えた。

マーサはワイルダーのために、新たに発見した、窓から見える冬の街の様子を伝えたいと思った。「雪は柔らかくて深いの。昼間も鉛色の靄《もや》がベルリンには掛かって、傾く月の光は美しいわ。夜、窓の下では砂利の音が聴こえると、邪悪な顔付きで魅力的な唇、細身のプロシアの秘密警察のディールスが思い浮かぶの。砂利の音は、危険を告げるために私のところにやってくる彼の靴音よ。誇り高い彼の顔の傷に、エーデルワイスの花束を投げたいくらい」。

深い悲しみも告げた。「平和の香りはするけれども、空気は冷たくて、空はもろく崩れ、葉も落ちました。波紋のあるシルクに似た革と羊のマフが付いたポニーコートを着ています。私の指はいつも温かいの。銀のスパンコールのジャケットと珊瑚のブレスレットを身に着けて。瑠璃とパールの三重のネックレスも。私の顔には、ゴールドの月の光の、柔らかで穏やかなベールが掛かるの。こんなに孤独を感じたことはないわ」。

マーサの言う「嫌悪の迷宮」という表現は少し強いかもしれないが、ドッドは国務省で、彼に反対する勢力が運動を起こしていることには気づいていた。その関係者は、富と伝統を持った人たちだった。ドッドは彼と大使館の運営について密告形式で情報提供する一人かそれ以上の自分の部下が、彼らを支援しているとの疑念を持っていた。次第に慎重に、身辺に注意するようになった。重要な内容の手紙は、秘密を守るために速記者を使わず自分で書いた。大使館の速記者が信用できなかったからである。

そうするだけの理由はあった。メッサースミスは、裏ルートで次官のフィリップスと手紙のやりとりをしていた。メッサースミスの二番手の事務官、レイモンド・ガイスト（彼もハーヴァード卒だった）はドッドや大使館の出来事を探っていた。ワシントン滞在中ガイストは、領事局長のウィルバー・カーとかなり長い間、秘密の会談をしていた。マーサとビルが開くパーティが、時には朝五時頃まで続く非常識なものだとしてその内容を伝えていた。「時には羽目を外しすぎて」、領事館に苦情の書状が届いた。ガイストはビルを呼んで、「こういうことが続いたら、公式報告に上げなければならない」と叱責した。ガイストは、ドッドの大使としてのやり方にも批判を加えている。「大使は温厚で印象が薄い。ナチの政府とうまく取引ができるような人は、ドイツ政府に独裁者のような態度を取ってこちらの主張を告げるような機転と力を持っていなければならない。ドッドにはこういったことはできない」。

ベルリンに新たにやってきた、参事官ジョージ・ゴードンの代わりのジョン・C・ホワイトの到着はドッドの心労を増した。裕福で豪華なパーティの開催ができる上にホワイトは、西欧局長ジェイ・ピアポント・モファットの妹と結婚していた。二人の義理の兄弟はお互いを「ジャック」「ピアポント」と呼び合い、親しく書簡を交わしていた。ドッドが見たら、ベルリンからのホワイトの手紙の最初の一行には不安を覚えたことだろう。「ここにはスペアのタイプライターがあります。他の人に見られることなく手紙を書くことができます」。ある返信でモファットは、ドッドを「どういう人か詳説することができないくらい珍しいタイプ」と呼んだ。

ドッドをさらに気詰まりにしたのは、新しい事務官オルム・ウィルソンだった。大使館の書記官としてほぼ同時期に到着したウィルソンは、次官フィリップスの甥だった。

シカゴ・トリビューン紙が、ドッドは来年の帰国を希望していると報じる記事を出した。職を辞する推測と共に述べられたため、ドッドは、大使館の誰かが悪意を持って休暇のことをバラしているとフィリップスに抗議した。特にドッドを苛立たせたのは、情報源の名前を挙げずに国務省のスポークスマンによる、としていることだった。記事は「ドッド教授はドイツ大使を辞することは頭にないようだが、噂はある」とし、報道の持つ性格上、否定してもドッドの将来への疑問が持たれることになる。彼は退職するのか、それとも辞めさせられるのか？　そんな憶測があってもなくても十分、ベルリンの状況は複雑だったので、ドッドはフィリップスに伝えた。「フォン・ノイラートとその同僚にこの知らせが行ったら、かなり不興を買うでしょう」。

フィリップスはいつもの冷笑的な文面で、「来春あなたが辞するかもしれないなどといったい誰かがトリビューン紙に告げたのかわかりかねます」と書き、「確かに誰もそんな質問はしませんでした。新聞が喜んで伝えるものの一つに誰かの辞職があります。時には恐怖症になることもありますが、取り合わないことです」。

結びにフィリップスは、休暇中のメッサースミスが国務省を訪れたことを述べた。「メッサースミスと数日間一緒にいて、ドイツの最近の状態についてかなり話し合いました」。

ドッドが最後の数行を読んで不安になったのは、想像に難くない。フィリップスのオフィスを訪ねてメッサースミスは、フィリップスが日記に書いているところの「ベルリン大使館の内部事情」を伝えた。ここでもマーサとビルのことが問題になっている。「明らかに」とフィリップスは述べ、「大使の息子と娘は大使館に非協力的で、よろしくないドイツ人と報道関係者と共にナイトクラブ通いをしている」。

メッサースミスは、モファットとその妻とも会った。三人はある午後、ドイツについて話し合った。「あらゆる角度から話した」とモファットは日記に書いている。メッサースミスは次の日もモファットと共に昼食をとり、その数週間後にもまた会った。モファットの日記によるとその中の会話でメッサースミスは、「大使館員が自分に敵対していると示唆するドッドからのいくつかの手紙が気に掛かる」と言った。

最近離任した領事ジョージ・ゴードンは、奇しくもメッサースミスと同じ頃に長い休暇をとってアメリカに戻った。ゴードンとドッドの関係は当初良くなかったが、今やドッドはしぶしぶながらもゴードンが重要な人物だと思い始めていた。ゴードンはドッドに書いている。「私たちの共通の友人G・S・M」――メッサースミスのことだが――「が、プラハ公使の職を得る運動を活発にしている」（メッサースミスは外務局から出て、正式な外交官になりたがっていた。プラハのポストが空いたのを知って、チャンスだと思っている）。ゴードンは、メッサースミスの「優れた仕事ぶり」を伝える山のような手紙と新聞記事が国務省内で出回っていると記している。「よくある話だが」とゴードンは書いている。「彼はある高官に、自分を褒める報道が多くて困っていると言っているそうだ。なぜなら自分はこういうことは好きではないから‼」

ゴードンはさらに手書きのラテン語を加えた。「なんと《オー》乙女らしい《サンクタ ウィルジニタス》、しおらしさ《シンプリチタスクエ》」。

一二月二二日金曜日、ドッドはルイス・ロッホナーの訪問を受けた。彼は厄介な問題を持ち込んだ。訪問自体は普通のことだった。ドッドと共同通信の局長は友人で、時々会って時局についての情報を交換していた。ナチの高官が彼に翌朝、帝国議会の裁判の判決を法廷が下すと伝えてきたが、その内容はファン・デア・ルッベ以外は無罪というものだった。これは驚くべき知らせで、本当ならばヒトラー政権の威信と、とりわけゲーリングの立場に傷をつけることになる。これはゲーリングが恐れていた「失策」だった。ロッホナーの情報では、ゲーリングは公判の時のディミトロフの大胆不敵さを今でも腹に据えかねていて、彼の死を願っているとのことだった。裁判の後すぐ殺されるだろうという推測だった。ロッホナーは情報源を明かさなかったが、ドッドに情報を知らせることによって、ドイツの国際的な評判をこれ以上落とさないようにしてもらいたいという裏があった。ドッドは、情報源はルドルフ・ディールスだと察した。

ロッホナーはこれを公けに報道して暗殺を諦めさせる計画を立てたが、外交的な手段も有効だと考え、まずドッドに計画を知らせようとしたのだった。ドッドはその案に賛同したが、イギリス大使エリック・フィップス卿に相談した。彼も、ロッホナーの案を進めるべきだと合意した。

ロッホナーはどうやって計画を進めるべきか、慎重に考えた。奇妙なことに、差し迫った暗殺を公けにするアイデアはもともとゲーリングの副報道官マーチン・ゾンマーフェルトのものだった。彼も殺人が差し迫っていることを知っていた。ある筋によると、その情報源はプッツィ・ハンフシュテングルだった。ハンフシュテングルがこのことをディールスから知らされた可能性は多いにありえることだった。ゾンマーフェルトはロッホナーに、「司令官を思い留まらせる方法が一つある。彼について外国の報道があると伝えると、彼はその反対をやりたがる」と言った。「疑いのない情報源」からとしてある話を提供し、殺人は「多大な国際的問題をもたらすだろう」と強調するというものだ。ロッホナーは難局に直面した。彼が共同通信から煽動的な報道をしてゲーリングを怒らせれば、ゲーリングは共同通信のベルリン支局を閉鎖するかもしれない。イギリスの新聞からこの記事を出すほうがいいとロッホナーは思った。彼とゾンマーフェルトとハンフシュテングルが案を練り直した。

ロッホナーは、新人の記者がロイターのベルリン支局に入ったことを知っていた。ロッホナーは彼をホテル・アドロンに、お茶に呼んだ。そこにハンフシュテングルとゾンマーフェルトがやってきた。新人記者は、高官たちが集まる場所に居合わせたことを幸運に思った。しばらくするとロッホナーはゾンマーフェルトに、ディミトロフの命に危険があるという噂を述べた。ゾンマーフェルトは計画通り驚いた振りをした。ロッホナーはそれは間違いだろうとした。なぜなら、ゲーリングは名誉を重んじる男だし、ドイツは文明国だからだと言った。

ロイターの記者はこれは特ダネだと思いゾンマーフェルトに、彼が否定したと記事にしていいか聞いた。渋々という演技をしてゾンマーフェルトは許可した。

ロイターの記者は記事を送るために飛んで帰った。

その日の午後遅く記事がイギリスの各紙に出た、とロッホナーはドッドに語った。ロッホナーは外国の報道機関へ送られたゲッベルスの電報を見せた。それは、ゲッベルス自身が報道官となって、ディミトロフ殺害計画の存在を否定していた。ゲーリングが「恐ろしい噂」だとする彼自身の否定を発表した。

一二月二三日、帝国議会裁判の主任判事はロッホナーの予告通りの公判の判決を読み上げた。ディミトロフ、トルクラー、ポポフ、テネフは無罪、ファン・デア・ルッベは「国家に対する大逆罪、暴動放火罪、計画的放火罪で有罪」というものだった。法廷は彼に死刑を言い渡した。さらに付け加えて、多くの反対証言にもかかわらず「ファン・デア・ルッベの共犯者は共産党の高官の中にいるはずである。したがって共産主義自体が帝国議会放火の責任がある。ドイツ国民は一九三三年初頭、共産主義がもたらした混沌状態の一歩手前にいたが、土壇場で救われた」と論じた。

しかし、ディミトロフの最終的な運命はまだはっきりしていなかった。

ついにクリスマスがやってきた。ヒトラーはミュンヘンにいた。ゲーリング、ノイラート、他の高官もベルリンを離れた。街は静かになり平和が訪れた。市街電車はクリスマスツリーの下のおもちゃを思い出させた。

日中、ドッド一家は家族の車のシボレーで出掛け、ロッホナー家を突然訪れた。ルイス・ロッホナーはアメリカにいる娘に皆で寄せ書きをした手紙に次のように書いた。「私たちが座ってコーヒーを飲んでいたら、突然ドッド一家が全員でやってきた。大使、夫人、マーサ、息子さんが、メリークリスマスと言いにやってきてくれたのだ。素敵だと思わないかい？　ドッド氏と働くようになって、彼のことが好きになった。彼は深い教養のある人だ。私がこれまで知り合いになった人の中で最も鋭い精神を持っている人の一人だ」。ロッホナーはドッド夫人のことを「優しくて女性らしい女性だ。ドッドと同じように外交上の浅い付き合いより、友人の家族を訪れることを大切にする人だ。社交名士を気取ったりしない。私はそんな彼らが好きだ」。

ドッドは、ロッホナー家のツリーや飾りを褒め、ロッホナーを横に呼んで、ディミトロフに関する最近のニュースを尋ねた。

ディミトロフはこれまでのところ難を逃れているようだ、とロッホナーは言った。彼の情報源である高官が、ドッドに名を明かすことはなかったが、今回の事件をうまく処理してもらって感謝していると言った。

しかし、ドッドはさらなる巻き返しを恐れていた。この計略を明らかにするのに中心的な役割をしたのはディールスだと確信していた。彼は、第一級の皮肉屋で日和見主義者と言われていた。しかしドッドは、彼のことを誠実で尊敬に値する人物だと思うことが何度もあった。確かに一二月の初め、彼はゲーリングとヒトラーに、強制収容所の囚人にクリスマス大赦を与えるように説得していた。その囚人たちは凶悪な犯罪者ではなく、国家の安全をおびやかすような人たちではなかった。ディールスの本当の目的は知り得ないが、釈放してよい人を選び出すために収容所を回っていた頃が、彼のキャリアの最高の時期だったと考えていた。

ドッドはディールスがやり過ぎることを恐れていた。クリスマスの日の日記に、「秘密警察のトップは最も危険なことをした。彼が監獄に送られたと聞いても驚かないだろう」。

その市街を回りながらドッドは、「異常なほど」ドイツ人がクリスマスの飾りつけが好きなことに改めて驚いた。どんな公共の場所でも、どの窓辺にも、至るところにクリスマスツリーがあった。

「人は思うことだろう」とドッドは書いている。「ドイツ人は心からイエスを信じている、あるいはその教えを守っているのだ、と」。

1934

V 動　揺

ヒトラーとレーム

第28章　一九三四年一月

一月九日、帝国議会事件の第一被告マリヌス・ファン・デア・ルッベは、翌日斬首を執行する、という知らせを公選検察人から受けとった。「お知らせありがとうございます」とファン・デア・ルッベは言った。「明日お目に掛かります」。

死刑執行人はシルクハットとモーニングを着用しており、とりわけ仰々しいことに白い手袋もしていた。ギロチンが使われた。

ファン・デア・ルッベの処刑は、帝国議会放火事件から始まった一連の血腥《ちなまぐさ》い事件の結末であって、〔前年〕二月以来ドイツを動揺させた事件の幕引きとなった。終わりが必要だと考えている人なら誰もが、公けの裁きが必要だと思っただろう。ファン・デア・ルッベが放火した。そのため彼は死んだ。ディミトロフは生き延びて、モスクワに逃げた。ドイツ復活に障害はなくなった。

年が明けて、ドイツは表面上、安定した国家になる段階を進んでいた。経済が逼迫してヒトラー政権が瓦解するかもしれないと思っていた外国人や外交官は、落胆することになった。首相としての一年が終わる頃になると、ヒトラーは以前より理性的に思われた。友好的とも言えるくらいで、フランスとベルギーとの間に何らかの不可侵条約を結ぶことを示唆したりもした。イギリスの無任所《むにんしょ》大臣アンソニー・イーデンは、ドイツに行ってヒトラーと会ったが、ドッドと同じように、ヒトラーが心から平和を望んでいるという印象を持って帰国した。イギリスの駐独大使エリック・フィップス卿は日記に、「ヒトラー氏はイーデン氏に真の共感を抱いたようである。イーデン氏は、私に対してはずっと眠ったままだったある人間らしい資質を、この奇妙な人物の表面へと引き上げることができたに違いない」。ソーントン・ワイルダーへの手紙でマーサも、「ヒトラーは明らかによくなっている」と書いている。

正常さを感じることは、他の局面においてもあった。失業者の公式記録は、一九三三年の四八〇〇万人から一九三四年には二七〇〇万人と、急速に減少した。しかしこの数字は、一人分の仕事を二人に割り当てるという対処方法と、女性を働かせないことを目的とした急進的なプロパガンダの結果でもあった。ゲシュタポ局長のルドルフ・ディールスのおかげで、「暴力的な」強制収容所は閉鎖された。ドイツ帝国内務省の保護拘禁と強制収容所を一挙に廃止する話もあった。

ダッハウでさえも改善された。一九三四年二月一二日、クエーカー教徒代表ギルバート・L・マックマスターは、ゲオルグ・サイモンという名の収容者を訪問する許可を得て、収容所に向かった。彼は以前、帝国議会議員だったが、社会主義者という理由で逮捕されたのだ。マックマスターはミュンヘン行きの列車に乗り、一時間半後ダッハウで降りた。ダッハウは「芸術家村」だと言われていた。さらに半時間歩いて収容所に着いた。

そこで目にしたものは、マックマスターにとって意外だった。「ここからの報告は、ドイツの他のどの収容所よりも恐ろしいものだった」と書いた。「しかし見たところ、外観は他の収容所よりよかった」からだ。この収容所は元は、先の世界大戦の時に建てられた火薬工場だった。「化学者や役人たちのためのきれいな家があった。労働者のためのバラックもできていて、工場の中はスチームで暖かくなっていた」と観察している。「これを見るとダッハウは、古い工場や農園にある他の収容所に比べると、特に寒い冬場は、収容者にとっては快適な施設のように思われる。実際、全体の外観は、収容所というより整備された施設のように見えた」。

収容者のサイモンが、マックマスターとの面会のために守衛所に連れてこられた。灰色の囚人服を着ていたが、元気そうに見えた。「不平は言っていなかった」とマックマスターは書いた。「リューマチが痛むこと以外は」。

マックマスターはその後、警察の役人に話を聞いた。彼は、収容所には二〇〇〇人いると言い、二五人がユダヤ人だが、政治的な理由による収容であって宗教的なものではない、と語った。しかしマックマスターは、少なくとも五〇〇人が収容され、四〇人から五〇人がユダヤ人であり、そのうちの「一人か二人」だけが政治的運動で逮捕されたと聞いていた。他のユダヤ人は、「ビジネスなどの競合関係で糾弾されて」告発された者や、「非ユダヤ人の女性と関係して告発された」人たちだと聞いていた。収容所は「一時的なもので廃止される日を歓迎する」と役人が言うのを聞いて、意外に思った。

マックマスターは、ダッハウは美しいところだとさえ思った。「とても寒い朝だった」と書いている。「ホテルを探すのに苦労した前日の夜は、深い霧だった。今朝は澄み渡った青空だ。すべてババリアの色で、雲は白、ババリアの空は青だった。昨晩の霧は白霜となって木を覆っていた」。すべてが氷でできたクリスタルのレースのように輝いていて、収容所をこの世のものとは思われない、おとぎ話の世界のようにしていた。太陽の光が当たって、沼地に生える樺の木はダイヤモンドの尖塔のようだった。

しかし、新しいドイツの状況と同様、ダッハウの外見は人を欺く。収容所の清潔さと効率性は、収容者を人間的に扱うということとは何の関係もない。この前年の六月、テオドール・アイケという名の親衛隊長がダッハウの指揮官となり、のちに収容所全体のモデルとなる規則を作った。一九三三年一〇月一日に発布された新しい規則は、監督者と収容者の関係を体系化し、衝動や気紛れで罰則を課すことを排除し、組織的で、私情を交えない、予測可能なものにした。今では誰もが規則を知っているが、それは厳格で、情けを掛けるような余地のないものだった。

「寛容さは弱さを招く」と、規則の序章でアイケは述べている。「この思想の下に、母国の利益に供する時には常に、処罰は裁量なく行われる」。軽度の違反は、杖で打たれ独房に入れられる。皮肉を言うことでさえも罰される。八日間の独房と「二五回の鞭打ち」が、「親衛隊のメンバーに、軽蔑的あるいは皮肉な言葉を吐いたり、敬意を表す挨拶を故意にしなかったり、規律に従うことに少しでも不服な態度があった場合に」適用された。「付随する罰」を扱う一九条はあらゆる場合に適用され、叱責、鞭打ち、柱に吊るすなどがあった。死刑については別の条項があった。死刑は、「何らかの意図で煽動したり」、政治について論じたり、他の者と会合しているところを見つかった場合に適用される罰だった。「真偽を問わず収容所に関する情報」を集めること、そうした情報を受け取ったり話し合ったりすると絞首刑になった。「囚人が逃亡を試みたら」、アイケは書いている。「警告なく射殺すべし」。「原則として威嚇射撃は禁止」。

アイケは新任の看守たちにこれを周知させたと、のちに彼に教育を受けたルドルフ・ヘスが書いている。彼は一九三四年にダッハウの看守となり、アイケがどれだけ繰り返し規則について教え込んだか覚えていた。「『国家の敵』に対するいかなる同情も親衛隊にはふさわしくない。優しい心を持った親衛隊などいらない。そんな奴はここを辞め、修道院に行ったほうがいいだろう。アイケは、どんな命令にも容赦なく従える、ぶれない男だけを使った」。忠実な部下ヘスは、のちにアウシュビッツ強制収容所の所長となった。

ユダヤ人への迫害も一見緩んだように思われた。「外から見るとベルリンは、私の滞在期間、普通の状態だった」とアメリカ共同販売協会（ジョイントと言われるユダヤ人の救済機関）の主席デイヴィッド・シュヴァイツァーは書いている。「緊張した雰囲気はなく、普段の親切さがどこでも見られた」。実際、前年に避難したユダヤ人たちも戻ってきつつあったと記録している。一九三三年初めにドイツを去った一万人ほどのユダヤ人たちが、一九三四年初めには戻りつつあった。一方で、一九三四年には四〇〇〇人程度のユダヤ人の流出も続いていたが、「実際の状態がどうであれ、大変巧妙に隠蔽されていたので、近隣国を一週間旅行したあるアメリカ人は、外の世界を騒がせていることがここで起こっているのを見たことがない、という感想を残している」。

しかしシュヴァイツァーは、これが大部分幻想であることを知っていた。ユダヤ人に対する明らかな暴力行為は減ったが、もっと巧妙な抑圧に取って代わっていたのだった。「外から見ているだけではわからないことがあった。職に就いていたユダヤ人が徐々に職を失っていくという悲劇である」と書いている。彼は、ユダヤ人が経営し働くデパートを例に挙げている。「あるユダヤ人のデパートでは、ユダヤ人や非ユダヤ人で一杯なのに、他方、隣のデパートでは一人のユダヤ人従業員もいないことがあった」。ことほどさように、状況は地域によって異なっていた。「ある町ではユダヤ人を追放したが、隣の町ではユダヤ人と非ユダヤ人が隣合わせで住み、お互いに干渉することなく仕事を続けていた」。

シュヴァイツァーは、ベルリンのユダヤ人指導者にも様々な見解があるのを知った。「良くなる望みはなく、事態は悪くなっていく傾向にあると捉える者もいた」。「もう一つは、まったく逆のものである。一九三三年三月時点ではなく、好転した一九三四年三月の状況で考えるものだ。現在の状況に甘んじ、避けられない状態を受け入れ、制限された中で暮らしていれば、一九三三年三月から一九三四年三月へと事態が好転したように、これからも良くなるというものだった」。

ヒトラーが推し進める平和政策は、最も酷い公的な欺瞞だった。ベルリン市外の田園に旅行した者は、それが即座にわかった。代理の総領事レイモンド・ガイストは、いつも自転車を使って旅行していた。「一九三三年の終わり頃、私が度々行った旅行では、ベルリン郊外の、街から離れたほとんどすべての道路に、訓練場や飛行場、兵舎のある大きな軍事基地があって、なかには対空爆撃の基地となるものもあった」。

新任のジャック・ホワイトでさえ、今起きていることの真相を理解した。「日曜に田舎にドライブに行くと、森の中で褐色のシャツの一団が軍事練習をしているのを見かける」と、義理の兄のモファットに言っていた。

ホワイトは、友人の若い娘が毎水曜の午後、手榴弾を投げる教練を義務付けられていることを知って驚いた。

ドイツのうわべの正常さの下で、ヒトラーとレームの対立が激化していた。ドッドやドイツに滞在した者には、ヴェルサイユ条約の禁止条項に反して、ヒトラーが正規軍である帝国国防軍を拡大したがっていること、突撃隊幕僚長レームが全突撃隊組織を統合して拡張を図っており、それにはドイツ軍隊の実権を握る目的があることがわかっていた。国防大臣ブロンベルクと軍の幹部は、レームと彼の指揮する褐色のシャツの突撃隊の無作法を嫌っていた。ゲーリングもレームを嫌っており、レームの権力欲は、ドイツの新空軍の権利を掌握している自分への脅威と見なした。空軍編成はゲーリングにとって誇りと喜びであり、静かにだが情熱を持って取り組んでいた。

未だに不確かなことは、ヒトラーがこの状況においてどのような立場にいたかである。一九三三年一二月、ヒトラーはレームを内閣の一員にした。新年の夜、ヒトラーはレームを暖かく迎え、新聞で報道されたように、レームが有効な軍隊を作るために尽くした長年の協力を褒め讃えた。「あなたのような人を友であり戦友と呼べることになった運命に、私が感謝していることを知っていただきたい」。

しかし、この後すぐ、ヒトラーはルドルフ・ディールスに、突撃隊が行った暴行、そしてレームとその仲間の同性愛行為に関する報告書をまとめるよう指示した。ディールスは、この時ヒトラーは、レームと他の「裏切り者」を殺害するように命じたが断った、とのちに述べている。

ヒンデンブルク大統領は、ヒトラーに対抗できる最後の権力と思われていたが、下から高まる圧力に気づいていなかった。一九三四年一月三〇日、ヒンデンブルクは、ヒトラーの首相就任以来の一年間でなされたドイツの「偉大な進歩」を褒め讃えた。「私は断言できます」と彼は書いている。「来るべき年はあなたと仲間が、神のご加護の下、ドイツ復興の偉大な仕事を継続し、完成させる年になることを。これこそ、幸運にも新しくドイツ国民が手に入れた国家的統一を元にあなたが始めた偉業です」。

新しい年になるとドッド一家にとっても、表面上よい時代が来るような感覚と共に、新たなパーティの日々が始まった。公式の招待状が、封筒に名前を印刷されてやってきた。座席表がいつも同封されていた。ナチの上層部は奇妙な配列を好んだ。長い矩形の馬蹄形にテーブルが配置され、その内側と外側に招待客たちが座るというものだった。内側の席になった者は他の招待客から背中を見られて、気掛りな状態に陥りながら夜を過ごした。ドッドと家族にそんな招待状の一つが、近隣のレーム幕僚長から来た。

マーサが座席表を持っていったのが後で役立った。ホスト《ハウスヘア》のレームは馬蹄形の中心に陣取り、前に座っている人全員を見渡せた。ドッドは、レームの右隣りの主賓席に座った。彼はレームの向かい側は最も居心地の悪い席であるが、ハインリヒ・ヒムラーが座った。彼はドッドを嫌っていた。

第29章　断　絶

ジェイ・ピアポント・モファットの日記によると、ワシントンではフィリップスが彼をオフィスに呼んで、「ドッド大使からの一連の手紙を読む」よう言った。最近の手紙でドッドは繰り返し、外務局の職員の裕福さとユダヤ人のスタッフ数について不平を言い、その一方で、アメリカが取るべき外交政策を提案するものもあった。ドッドの手紙では、わが国は「正義ある孤立」を捨てなければならないとあった。なぜなら、「ヨーロッパにおける新たな死活問題が我々にのしかかっており、これは、極東においても直面している問題と同じである（私がある秘密の集まりで知ったものだが）」。ドッドは、外国の問題に巻き込まれたくないという議会の傾向を知っていたが、「たとえ嫌であっても、事実を認識しなければならないと信じる」とした。

フィリップスもモファットもドッドにはうんざりしていたが、ドッドと大統領との関係を考えると、自分たちは彼に対して限定的な力しかないこともわかっていた。ドッドは、国務省を通さずにいつでも大統領と直接話すことができたのだ。フィリップスのオフィスでドッドの手紙を読み、モファットは頭を横に振った。「相変わらず」と日記に書いた。「ドッドは不満だらけだ」。部下の二人を「有能だが不適」と書いているドッドの手紙を読んで、モファットは思わず「こいつ何言ってるんだ」と罵った。

一月三日水曜日、フィリップスはよそよそしい傲慢な調子で、ドッドの苦情のいくつかに答えた。一つは、自分の甥であるオルム・ウィルソンのベルリンへの転勤についてだった。ウィルソンが一一月に到着して以来、大使館ではライバル意識から来る緊張状態が引き起こされたという。フィリップスは、ドッドが事態をうまくコントロールしていないとたしなめた。「あなたの部下の間で好ましくない性質の話をこれ以上させないようにするのは、難しいことではないでしょう」と。

ドッドが大使館員の仕事ぶりと外務局としての適格性について苦言を繰り返していることに関して、「正直に言いますが、「国務省の誰かが間違った態度をとるよう指示している」と感じていることが自分には理解できません」とした。

フィリップスは、ドッドが以前書いてきた「大使館事務にユダヤ人が多い」という報告に対して、どうしたらよいか困惑していると書いた。ドッドはかつて彼に、誰も異動させたくないと言っていたが、今は明らかにそれを望んでいた。「誰かを異動させたいのですか?」とフィリップスは聞いた。そして、「もし人種上の問題がドイツの特殊な事情から必要なものなら、あなたからの直接の推薦によって国務省が行うことは可能です」と加えた。

同じ水曜日、ベルリンのドッドはローズベルトに、大変微妙な問題なので手書きの手紙にするだけでなく友人のハウス大佐にまず送るので、大佐が大統領に直接それを渡してくれるでしょう、と書いて送った。ドッドは、フィリップスを国務次官のポストから外して、他のポスト、どこかの大使か何かに任命するようローズベルトに懇願していた。パリではいかがでしょうか、と書き、ワシントンからフィリップスが離れることで「ここに蔓延している情実人事を制限することができる」と示唆した。

「私が個人的な理由で人を異動させたり、彼に個人的な恨みがあると思わないでください。私の願いは」――願いを強調して――、「この手紙を書くのは、公的な任務からです」。

第30章　前　兆

マーサはボリスの虜になっていた。フランス人の愛人アルマン・ベラールは、自分がすっかり過去の存在になってしまったことを悲しんだ。ディールスとはしばしば一緒に出掛けたが、やはり疎遠になっていた。

一月の初め、ボリスはマーサと逢い引きの約束をした。今まで彼女が経験したなかで最も普通ではない、ロマンティックな逢い引きとなった。ボリスから、彼が一番気に入っている服を着てくるよう懇願された時は、何か起きるとは思っていなかった。肩が開いていて首のラインが深く見え、ウエストまで体の線がくっきり出る、ゴールドのシルクのドレスだった。琥珀のネックレスをして、ボリスから贈られたクチナシのコサージュをつけた。執事のフリッツがボリスを玄関で迎えたが、その来訪が告げられる前に、ボリスは広間へと階段を駆け上がっていた。マーサは階段に向かってホールを歩いていた、と、この日のことを詳しく回想録に書いている。彼女を見て、ボリスは膝をついた。

「なんて素敵な」と英語で言った。そして今度はドイツ語で「素晴らしくきれいだ」と言った。

マーサは喜びつつも少し当惑した。フリッツが苦笑いしていたからだ。ボリスは彼女を
フォードに案内した。外はひどく寒かったが、幌は開けてあった。ティーアガルテンの南、数ブロックにあるルター通りのレストラン・ホルヒャーまでドライブした。この店はベルリンの最もよいレストランの一つで、猟鳥料理で知られており、ゲーリングが夕食に好んで行くところだった。一九二九年、当時人気作家だったギーナ・カウスの短編でも、誘惑目的には最適の店として登場する。革張りの長椅子とテーブルの一つに案内されると、例の制服に身を包んでひときわ目立つゲーリングがいた。かつては有名な作家、芸術家、音楽家、著名なユダヤ人金融業者や科学者も来店していたが、今ではその大多数がドイツから逃亡したか、あるいは街中で優雅な夜を過ごすことなど許されなくなっていた。しかし、このレストランは、外界で何が起きても動じないよう努めていた。

ボリスは個室を予約していた。スモークサーモン、キャビア、亀のスープ、「キエフスキー」として知られる鳥料理を豪勢に食べた。シャンパンとウォッカを飲んだ。「ボリス、どうしてこんなに?」とマーサは尋ねた。「何のお祝い?」

彼は笑っているだけだった。食事の後、北にドライブし、ドッド邸に向かってティーア

ガルテン通りを曲がったが、そこでは止まらず、ボリスは運転を続けた。公園の暗い森に沿って車を走らせ、ブランデンブルク門、そしてウンター・デン・リンデンまで来た。車道は六〇メートルにわたって渋滞し、車のヘッドライトでプラチナの水路のようだった。門の東一ブロックの辺り、ウンター・デン・リンデン七番地にあるソビエト大使館でボリスは車を停めた。マーサを建物の中に案内すると、いくつもの回廊を過ぎて階段を上がり、何も標識のないドアの前に立った。

彼は微笑みながらドアを開け、彼女を中へ通した。テーブルランプを点け、赤いキャンドルに火を灯した。部屋は最初、学生寮を思い出させた。垂直な背の椅子と二つのアームチェア、そしてベッドがあった。枕の上には、コーカサス製の刺繍が施されたクロスが広げてあった。窓際のテーブルには、お茶を沸かすサモワールが置いてあった。

部屋の一角には本棚が置かれ、ウラジーミル・レーニンの写真集があった。その真ん中には、マーサが見たことのないような大きなレーニンの肖像写真があった。友人が撮ったスナップショットのようで、ソ連のプロパガンダ調の厳しい表情をしたレーニンではなかった。何冊も置かれてあるロシア語のパンフレットの中には、ボリスの翻訳による機知に富んだタイトル「労働者と農民の査察チーム」というものもあった。ボリスはここを「レーニン・コーナー」と呼んで、ロシア正教が伝統的に部屋の角に飾る宗教画と同じだと言った。「私の国の人々は、あなたが好きなロシアの小説に出てくるように、昔も今も部屋の角に肖像を置くのですよ」と言い、「でも、私は現代のロシア人、共産主義者です」。

別の角に二つ目の祭壇を見つけた。その中心にあったのは彼女の写真だった。ボリスはこれをマーサの祭壇だと言った。小さなテーブルに立てられた彼女の写真は、キャンドルの赤い火に輝き揺らめいていた。手紙や写真も置かれていた。熱心なアマチュア写真家のボリスは、ベルリン周辺を二人で回った時に写真を撮っていた。それらが、彼女が贈ったリネンのハンカチに包まれていた。一九三三年の秋のピクニックで採った野生のミントの茎もあり、枯れてはいたがまだほのかに香りが残っていた。さらに、彼女が三猿への返答に贈った木製の修道女の彫像もあった。ボリスはこれに、ゴールドの細いワイヤーで輪の装飾を作り、飾っていた。

さらに最近、松笠と切り取ったばかりの常緑樹の枝をマーサのコーナーに追加して、部屋を森の香りで満たしていた。これらを加えたのは自分の愛を示すため、すなわち、永遠に変わらない緑がその愛を象徴しているのだ、と彼は言った。

「まあ、ボリス」と彼女は笑った。「なんてロマンティストなの。あなたのようなタフな共産主義者がすることかしら」。

レーニンの次に、とボリスは言った。「あなたを愛しています」。彼女の露わな肩にキスをして、急に真剣な面持ちで言った。「わかっていただいていると思いますが、優先されるのは党と国です」。

　突然の変化とその表情にマーサは笑った。わかっている、と言った。「あなたがレーニンのことを大切に考えているのと同じように、私の父はトマス・ジェファソンのことを考えているわ」。

　二人がくつろいでいると、唐突にだが静かにドアが開いて、金髪の少女が入ってきた。九歳くらいだとマーサは見て取り、ボリスの娘に違いないと思った。その娘の眼は父親のものだった。「他にはないくらい輝く瞳」とマーサは書いている。その他は、父親と似ているところはなかった。彫りが浅く、こぼれるような明るさもなかった。暗い顔に見えた。

ボリスは立ち上がって彼女のところへ行った。

「どうしてここはこんなに暗いの？」と娘は言った。「暗いのは嫌いよ」。

　ロシア語だったので、ボリスが通訳してくれた。ベルリンで教育を受けているなら、ドイツ語を知っているはずだ。ロシア語で話すのは苛立ちからだろうとマーサは思った。

　ボリスは頭上の灯り——裸電球だったが、それをつけた。まばゆい灯りは、ボリスがキャンドルと祭壇で作り出したロマンティックな雰囲気をたちまち一掃してしまった。ボリスは娘に、マーサに握手するように言った。娘は言われた通りにしたが、明らかに嫌々ながらだった。マーサは彼女の敵対心を不愉快に思ったが、理解もできた。

娘はマーサにロシア語で、「どうしてそんなにお洒落をしているの?」と聞いた。

ボリスは娘に、この人がいつも話しているマーサだよ、と言い、お洒落をしているのは、ソビエト大使館を訪ねるのは今日が初めてなので特別なのだ、と説明した。

少女はマーサをじろじろ見た。笑顔になって「とてもきれい」と言った。「だけど細すぎるわ」。

ボリスは、細いけれど健康だ、と説明した。

時計を見た。もう一〇時だった。膝に娘を座らせてしっかり抱えると、その手で優しく少女の髪を梳いた。彼とマーサはとりとめのない話をしたが、少女はマーサをじっと見ていた。しばらくしてボリスが髪を梳くのを止め、娘を抱き締めた。それはお休みの時間のサインだった。少女はお辞儀をして、悔しそうに、静かにドイツ語で「お休みなさい、マーサさん」と言った。

ボリスは少女の手を取り、部屋の外へと連れて行った。

彼がいない間、マーサは部屋の角を見て回った。ボリスが戻ってきても続けていた。時々彼のほうを見た。

「レーニンはとても人間的でしたから」とボリスは言って笑った。「あなたの祭壇があることを理解してくれたことでしょう」。

二人はベッドに倒れこんで抱き合った。ボリスは自分の人生について語った。父親が家族を捨てたこと、一六歳で赤軍に入ったこと。「娘にはもっと楽な人生を送ってほしい」と言った。自分の国についても同じ思いだった。「私たちの国には、暴君、戦争、革命、恐怖、内戦、飢餓以外のものはなかった。また攻撃されさえしなければ、人間の歴史上、かつてない新しい国ができるのです。わかっていただけますか」。

話をしながら時々、涙がその頰を伝った。彼の涙にも慣れた。将来の夢も語ってくれた。「それから、私をしっかり抱き寄せた」と書いている。「鎖骨から臍の辺りまで、蜂蜜色の毛が覆っていた、柔らかに、下のほうまで……本当に、とてもきれいで、暖かく、心地よい親しさを深く感じさせてくれた」。

その日も終わろうとしていた。ボリスは、伝統的な方法でお茶を作り注いでくれた。「ねぇ」と、ボリスは言った。「この数時間ロシア式の夕べを少しばかり味わったのですよ」。

「どうして言わなかったのだろう」とマーサはのちに書いたのだった。「私の人生の中で最も不思議な夜の一つだ、と」。虫の知らせがマーサの喜びにブレーキを掛けた。大使館にマーサの祭壇を作ったり、自分の部屋に連れてきたりするほど彼女と親密になることによって、ボリスが不文律を犯しているのではないかと疑問に思った。「悪意の眼」が記録しているかもしれない。「暗い風が部屋に吹き込んできたように思われた」。

その夜遅く、ボリスはマーサを家まで送った。

第31章 夜の恐怖

ドッド一家の生活に微妙な変化があった。家の中では何でも言えると思っていたが、経験のない新たな制限を感じ始めていた。庭の壁を越えた街に溢れる不吉な空気の反映でもあった。一つの話がどこでも聞かれるようになった。——ある人が電話を掛ける。会話をしていて、「アドルフおじさんは元気か?」と聞いたとする。すると秘密警察が戸口に現れ、アドルフという名のおじが本当にいて、その問い掛けがヒトラーを暗号で指しているのではないことを証明するよう尋問される。ドイツ人は、寝ている間に何か口に出してしまうのを恐れて、スキーの共同ロッジに行くことを嫌がるようになった。麻酔のために何でも話してしまうのではと思い、外科手術を先延ばしにする。突撃隊がやってきてオーブンを開けると、これまで政府に反対して口走った苦言がそこに詰まっていた、という夢を見た者もいた。ナチのドイツを実見したトマス・ウルフは、「国全体に絶え間ない不安が広まり、侵食されている。あらゆる人間関係を歪めて壊すような麻痺状態が忍び寄っている」と書いている。

もちろん、ユダヤ人はこのことをもっとも切実に感じていた。社会史学者のエリック・A・ジョンソンとカール゠ハインツ・ロイバントが一九九三年から二〇〇一年に掛けて行った、ドイツを離れた者を対象とする調査によると、三三パーセントが「耐えざる逮捕の恐怖」を感じていた。小さな町に住んでいる人の場合、半数以上の人がそんな恐怖を感じていた。ほとんどの非ユダヤ人は恐怖を感じたことはなく、例えばベルリンでは逮捕の恐怖が常時あると言っているのは三パーセントだけだったが、まったく安心だと感じているわけでもなかった。むしろ、ほとんどのドイツ人は正常な状態に似たものを経験していたにすぎない。普通の生活を送れるかどうかは、「ナチ政権を受け入れ、頭を低くして特別なことをしないでいられるかどうかだ」という認識が広まっていた。「同一化」ができれば安全であるという一種の線引きがあった。しかし調査では驚くべきことに、非ユダヤ人のベルリン市民の多くが一線を超えていた。三二パーセントが反ナチのジョークを言い、四九パーセントがイギリスや外国からの不法なラジオを聴いていた。と言っても、そんな背反行為は、家族か、信頼している友人の間でしか行わなかった。結果が致命的であることを知っていたからである。

ドッド一家にとっても、最初のうちはまったく経験のないことで、あり得ないと思われ滑稽でさえあった。マーサは最初、友人のミルドレッド・フィッシュ・ハルナックが、プライベートな会話をする時はトイレに行く、と言った時は笑ってしまった。トイレならば何も置いていないので、散らかったリビングより盗聴装置を仕掛けるのが難しいと彼女は考えていた。その時でさえミルドレッドは、「ほとんど聞こえないくらいの声」で話した、とマーサは書いている。

ドイツに監視文化が構築されつつあるという、冗談ではない現実をマーサに最初に教えたのはルドルフ・ディールスだった。ある日、彼女をオフィスに呼んで、電話での会話を記録するのに使う装置を自信たっぷりに見せた。盗聴器がアメリカ大使館と彼女の家に取り付けられているとマーサは確信した。ナチの工作員が電話に盗聴器を仕掛け、隣の部屋で会話を傍受しているという噂が広がっていた。ある晩遅く、ディールスはこれが事実であることを示した。マーサの家に着くと、階段を上って、何か飲もうと書斎に入った。不安な様子で何か話をしたそうだった。マーサは大きな枕をつかんで、部屋を横切り父親の机のほうへ行った。ディールスは驚いて、何をしているのか尋ねた。枕で電話をふさぐためと答えた。ディールスはゆっくりと頷いて「邪悪な笑みを唇に浮かべた」とマーサは書いている。

彼女は翌日、このことを父親に告げた。それを聞いてドッドは驚愕した。郵便が検閲されたり、電話や電報が盗聴されたりなど、大使館で盗聴に類するものがあることは認めていたが、大使の家にまで盗聴器を置くほど、政府が厚顔無恥であるとは思いもしなかった。しかし、これを深刻に受け止めた。これまでに何が起きていてもおかしくないほど、ヒトラーとその手下の予期せぬ行動を十分に目撃していた。段ボール箱にコットンを詰め、書斎での会話が極秘のものになると、それで電話を覆っていたのをマーサは覚えている。

時間が経つにつれドッド一家には、日々の生活にはっきりしない不安が染み込んできて、次第に日常にも影響が及ぶようになっていた。変化はゆっくりだったが、あらゆる隙間に入り込む薄い靄のようだった。ベルリンに暮らす誰もがそれを感じていた。ランチに誰と会うか、どのカフェやレストランを選ぶかについて、今までとは違った考え方をするようになった。ゲシュタポが狙いそうな施設が複数あるという噂があったからだ。ホテル・アドロンのバーがそうだった。通りの角に留まっていると、前の角で見た顔がまた現れることがあった。もっとも、くつろいでいる時にも慎重に話をしたし、見たことがない人が周りにいたら注意を怠らなかった。ベルリン市民は、「ドイツ的視線《デア・ドイッチェ・ブリック》」として知られるようになった、友人や知人に会うと辺りをさっと見回す所作をするようになった。ドッド一家の家庭生活も自由気ままなものではなくなっていった。とりわけ執事のフリッツを信用できなくなった。音もなく動き振る舞うことができるからだ。マーサは、友人や愛人を家に呼んだ時、彼が盗み聞きしているのではと疑っていた。家族が会話している時に彼が現れると、ほとんど無意識に話がすぼんでとりとめのないものになった。

休暇や週末の旅行から戻ってきて、自分たちが不在の間に新しい装置が取り付けられ、古いものと交換されているのを見ると、気が重くなった。「こうしたスパイ行為が人の心にどんな影響を与えるか、紙面に書いても言葉ではうまく伝わらない」とマーサは記している。普通の話を抑圧してしまう。「家族の会話、表現の自由が制限されて、私たちは普通のアメリカ人の家族とは似ても似つかぬものになった。何か話したくなると、部屋の角やドアの後ろを見回し、電話機に気をつけ、囁き声で話した」。こうしたあらゆる緊張状態に、マーサの母は参ってしまった。「時間が経って恐怖が増大すると、丁重さと優しさを示しつつナチの高官に会い、接待し、側に座らなければならないことが、ほとんど耐えられない重荷になっていた」。

マーサは、友人との会話では基本的な暗号を使うようになった。これはドイツ中で行われていたことだった。友人のミルドレッドは暗号を使い、本国への手紙には、書かれた言葉とは反対の意味になる文章を工夫して書いた。そんなことが普通で、かつ必要なことだと外部の人が理解するのは難しかった。ドッドの友人のアメリカ人教授ピーター・オルデンは、一九三四年一月三〇日の手紙で、ドイツにいる義理の兄弟から、次からは手紙は暗号で書くという知らせを受け取った、とドッドに知らせてきた。「雨」という言葉があったら、どんな文脈でも自分が収容所に送られたという意味で、「冬」とあったら拷問されているという意味だと言う。「信じ難いことだ」とオルデンはドッドに書いた。「もしこれが悪い冗談なら、私への手紙にそう書いてくれ」。

ドッドの慎重な返事は、意味は明白なものの、入念に省略を施した見本だった。ドッドも、外交文書ですら、ドイツ諜報員に傍受されていると信じるようになっていた。増大する懸案事項の主題は、領事館と大使館で働くドイツ人の数だった。特に、ある事務員が領事館の役人の注意を引いた。ハインリヒ・ロッホルは、アメリカの商業に関わる大使館員のための報告書を準備してくれていて、そのオフィスはベルヴュー通りの領事館の一階にあった。休みにロッホルは、親ナチ組織である、在米ドイツ人元学生協会」を作り、「ルントブリーフェ」と名付けた刊行物を発行していた。最近、代理総領事のガイストがワシントンに知らせたところによると、ロッホルは「商業担当事務官の極秘レポートの内容を見つけよう」としていたところを目撃された。「彼はさらに、報告書作成を手伝っていたドイツ人職員と話をして、彼らの仕事が現政権から見てどの点からも好ましいものであるべきだとほのめかした」。ガイストは、ルントブリーフェの一つに「大使だけでなく、メッサースミス氏の名誉を傷つけることをほのめかす」記事があることを見つけていた。ガイストにとってこれが最後の一線だった。この事務員の「上司に対する著しい不信行為」のため、彼を解雇した。

ドッドは、個人的な秘密の会話をしたい時は、イギリス側の相手であるエリック・フィップス卿としているように、ティーアガルテンで散歩をしている時に会うのが一番だと気がついた。「私は一一時半頃、ティーアガルテンのヘルマン・ゲーリング通りに散歩に行きます」と、ドッドがフィップスに朝一〇時半頃電話をする。「そこで会って少しお話しできますか?」。フィップスがドッドに、「明日の一二時に、ティーアガルテン通りとシャルロッテンブルク街道の間のジーゲスゾイエのところの（こちらからだと）右側でお会いできますか」と手書きのメモを送ることもあった。

大使館とドッドの家に本当に盗聴装置が備え付けられていたかを知ることはできないが、ドッドがナチの監視がどこでもされていると思うようになったことは明らかだった。生活に影響を与えるこうした負荷にもかかわらず、ドイツ人たちと比べれば一つ有利なことがあるとドッドたちは思っていた。肉体的な被害はないだろうということだ。しかし、マーサ個人の特権的地位は友人を守ることはできない。そして、マーサは親しくしている男たち、女たちの特質を考えてある不安を感じていた。

とりわけボリスとハルナック夫妻との関係には注意した。ボリスは、ナチが非難する国家の政府の代表であり、ミルドレッドとアーヴィド・ハルナックはナチ政権に強く反対するようになって、ナチ政権に反抗する男女からなる緩やかな組織の形成に着手していた。「ヒトラーに反対する勇敢と言うか、向こう見ずな人たちと一緒にいたので、ディクタフォン〔口述録音装置〕か電話の会話を記録されたり、または付けられて盗み聞きされたらと、眠れぬ夜が続いた」とマーサは回想録に書いている。

一九三三年から三四年の冬、マーサの不安は「ヒステリー直前の」一種の恐慌状態にまでなった。これまでこんなに不安になったことはなかった。自室でベッドに横たわり、階上には両親がいて、客観的に見て安全であるにもかかわらず、外の街灯の光が天井に影を落としていると、恐怖から逃れることができなかった。

マーサは、誰かが階下の歩道の砂利を硬い靴底で音を立てながらやってくる音を聞いた、いや聞いたと思った。彼女の寝室を見張っているように、その音は間欠的だった。昼間は、部屋のたくさんの窓が光と色を通したが、夜にはそれがとても脆弱に思われた。月の光が、芝生や歩道や玄関の高い尖塔に、動く影を落とした。夜には、誰かが小声で話す声、遠くの銃声が聞こえるように思われた。昼間なら、こんなことは、風が砂利を吹き抜ける音やエンジンを吹かす音だと無視できるものだった。

しかし、何が起きてもおかしくなかった。「夜中に母を起こして、自分の部屋に来て寝てくれるよう頼もうと思うくらいの恐怖を感じた」とマーサは書いている。

第32章　突撃隊への警告

一九三四年二月、ヒトラーとレーム幕僚長の対立が新たな緊張状態に入ったという噂が、ドッドのところに届いた。この噂には根拠があった。

その月の終わりにかけてヒトラーは、レームの突撃隊、ハインリヒ・ヒムラーの親衛隊、正規軍の帝国国防軍のトップの会議に現れた。ヒトラーと共に演壇に立ったのは、レームと国防大臣ブロンベルクだった。会議室の空気は張りつめていた。誰もが突撃隊と軍隊の確執が高まっていることを知っており、ヒトラーがその問題に言及するものと思っていた。

最初にヒトラーは、大きなテーマから話し始めた。ドイツは、と宣言した。より拡大することが求められており、「溢れる人口のための生活圏が必要である」。ドイツはそれに備えなければならない、と言った。「西洋諸国はこの生命に関わる土地の獲得を私たちには許そうとしないのだ」、とヒトラーは述べた。「そのためには決定的な攻撃が必要となろう。まず西側、そして東側において」。

さらに入念な演説の後、レームのほうを向いた。会議室にいる誰もがレームの野望を知っていた。この数週間前、レームは国防軍、突撃隊、親衛隊は一つの軍事組織としてまとまるべきだと公式の提案をしていた。そして言表はしないものの、自分がその大臣に就くことを示唆していた。レームをまっすぐ見て、ヒトラーは言った。「突撃隊は、政治的業務に限定すべきである」。

レームの表情は変わらなかった。ヒトラーは続けて言った。「戦争大臣は、国境警備と初期作戦のために、突撃隊を召集する」。

これはレームにとって屈辱でもあった。ヒトラーは、突撃隊に国境警備と教練という不名誉な仕事を与えただけでなく、指示を出す立場ではなく指示を受け取る立場にすることで、レームを明らかにブロンベルクより下位に置いたのだ。レームはこれにも無表情でいた。

ヒトラーは言った。「突撃隊には、委ねられた任務に忠実に精進するよう期待する」。演説を終えると、ヒトラーはレームのほうを向いて腕を取り、手を握った。互いの目を見つめ合った。十分に演出された場であり、和解を示す意味があった。ヒトラーは去った。自分の役割を果たすため、レームは本部に集った指揮官を昼食に招待した。昼食会は突撃隊特有の豪華なもので、シャンパンがふんだんに振る舞われた。しかし、その雰囲気には陽気なところはなかった。頃合いを見計らって、昼食会の終わりを告げる合図をするためレームの突撃隊は立ち上がった。踵《きびす》の音を響かせ、ヒトラー式敬礼の腕が山のように積み上げられ、「ハイル」という叫び声が上がった。その中を軍の幹部が退場した。レームと彼の部下は残った。シャンパンを飲んでも、気分は塞いでいた。

レームにとって、ヒトラーの言葉は長年の協力に対する裏切りだった。ヒトラーは、彼が権力を握るために果たしてきた突撃隊の重要な役割を忘れたかのようだった。

誰にというわけでもなく、レームは、「これは新しいヴェルサイユ条約だ」と言った。しばらくして、「ヒトラー？　あののろまの下衆《げす》さえいなければ」とつぶやいた。

突撃隊員はヒトラーの演説に怒りを抱きながら、しばらく残っていた。この様子を突撃隊幹部ヴィクトール・ルッツェが見ていて、深い憂慮を感じた。数日後、ルッツェはこのことをルドルフ・ヘスに伝えた。ヘスはこの時、ヒトラーの側近の一人であった。ヘスはルッツェに、ヒトラーに直接会って話すよう促した。

ルッツェの話を聞くとヒトラーは、「時機を待たなければ」と言った。

第33章 「ヒトラーとの会談の覚書き」

ドッドが楽しみにしていた休暇は、二つの予期せぬ事件のために台無しにされた。最初は一九三四年三月五日月曜日にやってきた。この日は外務大臣ノイラートに呼び出された。彼は、ニューヨークのマディソン・スクエアで二日後に始まる、ヒトラーの模擬裁判を止めさせるよう怒っていた。裁判はアメリカ・ユダヤ人会議が組織し、アメリカ労働協会といくつかのユダヤ人組織、反ナチの組織の援助を受けていた。この計画はヒトラーを激怒させ、ノイラートとベルリンの外交官、ワシントンに働きかけて中止させようとしていた。一連の公式の抗議、返信、メモランダムから、ドイツが外国報道に神経質になっている度合いと、合衆国の政府役人がヒトラーとその党の直接の批判を避けようと奔走した様がわかる。これほど切羽詰まった状況でなければ、その避け方は、喜劇的なものになっただろうし、疑問も起きたことだろう。国務省とローズベルト大統領は、この時期になぜ、ヒトラーに対する考えを率直に表明することに躊躇を感じたのだろうか？ もし表明していたら、ヒトラーの世界での名声にかなりの影響を与えたことだろうに。

ワシントンのドイツ大使館は、これに先立つ何週間か前の二月、ニューヨーク・タイムズの広告などで裁判が計画されていることを知っていた。駐米大使ハンス・ルターは、即座に国務長官のハルに抗議をした。ハルの回答は周到なものだった。「あなたの国の人と私の国の人との間に齟齬が生じたことを大変残念に思う。そして、あらゆる状況に応じて可能で合法的な手段を講じるよう注視すると述べた」。

一九三四年三月一日、ドイツ大使館のナンバー2、ルドルフ・ライトナーは、ジョン・ヒッカーソンという名の国務省の役人と面会した。そして彼に「もし開かれたら、ドイツ世論に重大な影響があるので、この裁判が行われないよう手を打つよう」促した。ヒッカーソンは、「わが国には言論の自由を保障した憲法」があるので、連邦政府がこれをやめさせることはできないと言った。

ライトナーはこの問題の深刻さを認識した。彼はヒッカーソンに、「立場が逆だったなら、ドイツ政府は「こんな催しを止めさせる」方法を見つけ出すことができる」と言った。

これに関しては、ヒッカーソンも承知していた。彼は、「確かにドイツ政府は合衆国政府と違って、こうした事案に対して制限のない行動を取ることができるのは知っています、と答えた」と書いている。

次の日、三月二日金曜日、大使のルターは裁判に抗議するため、今度は国務長官のハルと面会した。

ハルは個人的には、模擬裁判はやってほしくないと思っていた。事態を複雑なものにし、しかもドイツが負債を返済する意欲を減じてしまう危険もあったからだ。と同時に、ハル自身はナチ政権を嫌ってもいた。直接批判することはしなかったが、ドイツ大使に、裁判で話をしようとしている人々は「連邦政府の管理下にない者」なので、国務省はこの件に介入することができない、と言うことにある種の喜びを覚えていた。

外務大臣ノイラートがドッドを呼び出したのは、そんな時だった。ノイラートはドッドを一〇分待たせたが、それにはドッドも「気づいて腹を立てていた」。ドッドは、昨年の一〇月にコロンブス・デイのスピーチで、グラックスとシーザーのことを言った後のノイラートが同じ態度を取ったことを思い出した。

ノイラートはドッドに覚書きを渡した。口頭では内容が誤解されるといけない深刻な問題に関して、外交官同士で交わされる書面の伝達方法だった。これは予期せぬもので威嚇的だった。覚書きには、計画されている模擬裁判は「悪意のある見せ物」で、昨年合衆国で出回った「侮辱的な表現」を引用し、「他国の国内問題に直接的に介入するに等しい戦闘である」とあった。書面では、アメリカ・ユダヤ人会議に煽動されたユダヤ系アメリカ人によるドイツ商品ボイコットの現状も攻撃していた。ドイツ債のデフォルトを恐れるアメリカの立場を逆手に取って、ボイコットはアメリカへのドイツの返済意欲を減退させることになり、「アメリカの貸方へのドイツの会社の債務の支払いは、部分的にしかできなくなる」と主張していた。

ノイラートは覚書きを、模擬裁判のために「両政府によって心から望まれている友好的な関係の維持が著しく困難になる」と締めくくっていた。

これを読んだドッドは、アメリカでは「私的なものでも公的なものでも、集会を妨げることは誰にもできません」と静かに答えた。これは、ドイツがまったく理解できないところだった。ドッドはまた、ドイツ自身が公的な関係を難しいものにしているとも示唆した。「私は大臣へ、今でも外国の世論を驚かせるようなことがドイツで起こっていることに言及した」。

会談の後、ドッドはハルに電報を打ち、模擬裁判はドイツ政府に「異常な反応」を引き起こしているとした。ドッドは大使館員にノイラートの覚書きを翻訳させ、それを郵送でハルに送るように指示した。

模擬裁判の朝、ドイツ大使ルターは、これをもう一度止めさせようと行動した。今度は次官のウィリアム・フィリップスを訪れた。彼もまた、できることはないと答えた。ルター は、国務省が緊急に「会場で言われることは政府の意見を表しているものでないこと」を公けにすべきだと要求した。

ここでもフィリップスは躊躇した。そんな声明を出す時間は残されていない、と説明した。裁判で人が何を言うのか、あるいは言わないのか、国務省が予想するのは不適切だとも付け加えた。

ルターは最後の試みをした。裁判の翌日に、国務省がこれを否認する声明を出すよう依頼した。

フィリップスは、国務省を関係させることはできないが、「この件を考慮する」と言った。

裁判は予定通り、三二〇人の制服を着た警官が警護する中、行われた。マディソン・スクエア・ガーデンでは二〇〇〇人の出席者の中に、四〇人の私服警官が紛れ込んで警備をしていた。裁判で証言した二〇人の「証人」には、ラビのスティーブン・ワイズ、市長のフィオレオ・ラガーディア、開会の挨拶をした元国務長官のベインブリッジ・コルビーがいた。裁判は、ヒトラーを有罪とした。「我々は、ヒトラー政権はドイツ国民を文明状態から時代遅れの残虐な専制時代へと逆行させ、平和と自由へと向かう人類の進歩を脅かし、文明化した世界に対する現在の脅威となっていると宣言する」。

翌日、記者会見でフィリップスは、「この集まりは私的なもので、行政関係の者は出席していないという以外のコメントはない」と述べた。フィリップスと仲間の政府役人は別の問題に注目した。しかし、のちに明らかになるのだが、ドイツはこの問題を終わらせる気はなかったのである。

さらにドッドが対処しなければならない気の進まない課題は、ヒトラーとの会談だった。長官のハルから首相へのメッセージを伝えるよう指示があった。最近アメリカ国内で横行しているナチのプロパガンダに対する憂慮の件だった。プッツィ・ハンフシュテングルは、ヒトラーとドッドだけという個人的な会談の場を用意した。そして三月七日水曜日、午後一時少し前、ドッドはヒトラーの執務室へと護衛の一団が靴音を鳴らし敬礼する中、首相官邸を進んでいた。

まずドッドは、ワシントンで大統領に会う際に直接手渡す個人的な書簡があるかどうか尋ねた。

ヒトラーは立ち止まり、しばしドッドを見つめた。

「感謝します」と彼は言い、「しかしながら突然のことなので、この件を考える時間をいただいて、またお会いする機会にお答えしたいと思います」と回答した。

ドッドとヒトラーはしばらく当たり障りのない会話を続けた。そして、懸案事項である「合衆国でなされている不幸なプロパガンダ」の件に入った、と会談の後まとめた覚書きにドッドは記している。

ヒトラーは「驚いた様子で」ドッドに詳細を尋ねた。

ここ一〇日の間、合衆国ではナチのパンフレットが出回っています、とドッドは伝えた。その内容は、「外国にいるドイツ人たちに自分たちがドイツ人であることを忘れないように、そして政治的ではないが、祖国への忠誠心というモラルを持つように」というものだった。ドッドはこれを、一九一三年にアメリカで広まったプロパガンダに似ていると思った。当時アメリカは、先の戦争に参加する直前だった。

ヒトラーは顔を紅潮させて「ああ」と言った。「ユダヤ人が嘘をついているのです。そんなことをしている人を見つけたら、即刻国外に出させます」。

この会話はさらに展開して毒のある問題、「ユダヤ人問題」に及んだ。ヒトラーはユダヤ人すべてを批判した。そして、アメリカで起きているドイツに対する悪感情は彼らのせいだと非難した。ヒトラーは怒り出して叫んだ。「ユダヤ人野郎」と。

ヒトラーの怒りを目の当たりにしてドッドは、模擬裁判の一件を取り上げないほうが賢明だと判断した。ニューヨーク時間でその日遅くに開催されることになっていた。ヒトラーからもこの件は言い出さなかった。

そのかわりに、どうしたらユダヤ人問題を平和に人間的に解決できるか、という話題に水を向けた。「他国にもユダヤ人問題はあります」とドッドはヒトラーに言った。続けて、国務省が非公式に新しい組織を支援していることを伝えた。新任でドイツからの難民を担当する高等弁務官ジェイムズ・G・マクドナルドの指示の下、国際連盟が設立した組織で、ドッドの言葉によると「過度の苦しみなく」ユダヤ人を移住させることを目的としていた。

ヒトラーはそれを即座に却下した。どんなに委員会がお金を集めても努力は無駄になるだろう、と言った。ユダヤ人は「ドイツを攻撃する」ためにお金を武器に変えて、「際限なく問題を生み出すだろう」。

ドッドは、ドイツの最近のやり方はアメリカでのドイツの評判を大変傷つけている、と伝えた。奇妙なことに、彼はこの独裁者と折り合う中間地点を探していた。ヒトラーに、「御存知のように我が国の多くの高い地位はユダヤ人が占めています。ニューヨークもイリノイもです」と言い、何人かの「傑出したヘブライ人」を挙げた。一月からローズベルトの財務長官になったヘンリー・モーゲンソー・ジュニアもそうだった。ドッドはヒトラーに、「大学や公的機関でユダヤ人の存在が大きすぎるという問題に対して、反対が起きないように役職を再配分し、かつ、高い地位につくユダヤ人の数を制限している組織にも裕福なユダヤ人が支援するように調整しています」と説明した。シカゴでの例を出して、「イリノイのユダヤ人は深刻な問題を起こしていません」と加えた。

ドッドは回想録で、「ドイツで行われているのとは違った方法を示唆しようとしたもので、もちろん何か辛辣な助言をするつもりではなかった」。

ヒトラーはすぐに、「ロシアの役人の五九パーセントはユダヤ人です。彼らはロシアを駄目にし、今度はドイツを駄目にしようとしている」と反論した。ヒトラーは一層激しく、「そんな活動を続けるなら、この国のユダヤ人すべてに結末をつける」と言い切った。

奇妙な瞬間だった。政治家を理性的な人間だと見るよう教育を受けてきた、謙虚なジェファソニアンのドッドが、ヨーロッパの大国の一つの指導者が怒りで興奮し、自国の人口の一部を抹殺すると威嚇している場にいた。異常で、これまでの経験にはないことだった。

ドッドは、話題をアメリカ人の認識についてに戻した。そしてヒトラーに、「合衆国の世論は、ドイツの人々が、政府ではありませんが、軍国主義的だと思っています。戦争好きと言っているわけではありません」、そして、「合衆国の多くの人が、ドイツはいつか戦争を始めるだろうと思っています」と伝えた。「こうしたことに根拠はありますか」とドッドは聞いた。

「根も葉もないことだ」とヒトラーは言った。彼の怒りは収まったようだった。「ドイツは平和を望んでいますし、平和を維持するためにできることは何でもします。しかし、ドイツは軍備に関して平等な権利を求めますし、これからも求め続けます」。

ドッドは、ローズベルトは現在の国境を維持することが重要だとしている、と忠告した。この点に関してヒトラーは、ローズベルトの考えは自分と同じで、「大変感謝している」と述べた。

それではドイツは新しい軍縮会議に加わりますか、とドッドは尋ねた。

ヒトラーはこの質問を一蹴して再びユダヤ人を攻撃した。彼らが、と彼は非難した。ドイツが戦争したがっているという認識を広めたのだ。

そこでドッドは次の二点について同意できるか聞いた。「いかなる国家も他国の国境を侵してはならないこと。そしてすべてのヨーロッパ諸国は監督委員会を作り、その決定を遵守すること」。

ヒトラーは「同意する」と答えた。ドッドは、「本気で」言っていると思った。

ドッドはのちに、回想録でヒトラーの人となりについて書いている。「ヒトラーはロマンティックな傾向があり、ドイツの歴史と人物についてある程度の知識がある。また彼には、犯罪歴に類するものがあった。ヒトラーは、人間は戦うことによって生き残るのである、平和な政策は結果的には死に至るものだと決然と述べた。彼が発する力は大変好戦的なものであり続けた」。

それならば、このことと、ヒトラーの平和のためという断言とはどうしたら一致するのだろうか。先に書いたようにドッドは、ヒトラーが平和を望むことに関して誠実であると思っていた。しかしながらこの時、大使は、かつてメッサースミスが感じたように、ヒトラーの本当の目的は再軍備のための時間稼ぎであると気づいたことになる。ヒトラーが平和を望んでいたのは、戦争の準備をするために過ぎなかった。ヒトラーの心の内には、「戦争を通じてヨーロッパを支配するという古きドイツの理念があった」と記している。

ドッドは航海に備えていた。二ヶ月間留守にすることになるが、妻とマーサ、ビルをベルリンに残していくことにした。家族がいないのは寂しいが、アメリカと彼の農場へ向かう船に乗るのをこれ以上待つことはできなかった。会談の展望は決して明るいものではなかったが、到着するとすぐ、ドッドは国務省に出向かなければならなかった。「プリティ・グッド・クラブ」と直接対決することになるが、外務局をもっと平等なものにする運動を展開するつもりだった。次官のフィリップス、モファット、カー、そして影響力を増してきた国務次官補サムナー・ウェルズに対してである。ウェルズもハーヴァードの卒業生でローズベルトの側近であり（一九〇五年に行われたローズベルトの結婚式の介添えの少年だった)、善隣外交を作り出すのに力を発揮した人物だった。ドッドは、彼なりの外交に対する考え方がヒトラー政権を改善する影響を与えたことを具体的に証明するものを持って帰国したかった。ローズベルトからの使命はアメリカ的価値の体現者となることだと考えていたからである。しかし今、彼が持っているのは、ヒトラーとその配下に対する怒り、そして、自分の思い出の中のドイツを喪失したことへの悲嘆だった。

出発直前に、彼を勇気づけ、努力が無駄でなかったことを示す一条の光が見えた。三月一二日、ドイツの外国部の役人ハンス・ハインリヒ・ディークホフが、ドイツ記者クラブでいかなる逮捕にも令状が必要であり、悪名高いコロンビアハウス監獄が閉鎖されると発表した。ドッドはこの命令に関して、自分の影響があると思った。

プッツィ・ハンフシュテングルが記録している二人の会談のヒトラーの個人的な感想を知ったら、むしろ落胆したであろう。ハンフシュテングルは、「ドッドはヒトラーに強い印象を残さなかった」と書いていた。「ヒトラーは同情さえしていた」。会談の後ヒトラーは、「善人ドッド。あの人はドイツ語をあまり話せないので、何を言っているかわからなかった」と言った。

この反応はむしろ、ワシントンでのジェイ・ピアポント・モファットのものと近かった。モファットは日記に、「ドッド大使は指示もないのに、大統領の非侵略の考えをヒトラーに持ち出し、この問題を論じるため国際会議に出席するかどうか直接聞いた。私たちが国際会議を開催しようとしているなどと、どこから聞いたのか謎だ」。

怒りに任せてモファットは書いていた。「休暇でドッドが帰ってくるのはちょうどいい」。

出発の前の晩、ドッドが寝室に行くと、執事のフリッツがスーツケースに荷物を詰めていた。ドッドは当惑した。彼はフリッツを信用していなかったが、それが問題ではなかった。むしろ、フリッツの配慮はドッドのジェファソン的感性に触った。ドッドは日記に、「自分の荷物を自分で詰めるのは不名誉なこととは思わない」と書いた。

三月一三日火曜日、ドッドと家族は、ベルリンの北西約三〇〇キロのハンブルクまで車で行った。そこで家族に別れを告げ、ドッドは合衆国汽船社のマンハッタン号に乗り込んだ。

ドイツ政府の模擬裁判に対する怒りが再燃した時、ドッドは幸運にも洋上だった。第三帝国はこれを見過ごすわけにはいかないようだった。

ドッド出航の日、裁判から六日目、ワシントンの駐米大使ルターは再び国務長官ハルを訪ねた。ハルの記述によると、ルターは「他国の政府とその役人に対して、ある国の国民から受けたこのような攻撃的で侮辱的な行為」に抗議した。

この時ハルは忍耐の限界に来ていた。遺憾の意を伝える外交文書を出すことを伝え、裁判は合衆国政府とは関わりのないものであることを繰り返しながら、反論した。「私は、どの国の国民でも将来、別の国の国民に対する過度で不適切な言動や行動をしないように自制心を働かせることができると信じていると伝えた。婉曲的にドイツ人がしていることを示そうとした。さらに話を広げて、一国だけでなく多くの国で、人々が正常に考えたり行動したりできない状態になりつつあると加えた」。

一〇日後、吹雪の中、ドイツ人大使は、前回よりも一層憤怒して戻ってきた。ルターがハルの部屋に入ると、国務長官は、大使が「外の雪のようにお気持ちが冷たくなっていないとよいのですが」と願っていると冗談を言った。

ハルの記録によれば「ほとんど暴力的な」言葉を使ってルターは、「ヒトラー政府になされたアメリカ国民の罵倒的で侮辱的な表現の」リストを引用し、怒って四五分間まくしたてた。

ハルは、「アメリカがドイツの批判の対象になっていることへの遺憾の意を表明し、さらに少なくともわが国だけがこうした状態にあるわけではないことを告げた。ドイツの周辺国、そしてドイツにいる人々は、ドイツについてはっきりとした不満の感情を持っている。ドイツ政府は明らかに何らかの理由で他の国から孤立しようとしている。一つの事例から間違った状態にあると判断しているわけではないが、政府は孤立の状況を精査し、どこに問題があるか調べるべきである」。

ハルはまた、以前のドイツ政権とアメリカとの関係は「そうじて良好」だったと言い、「現在の政権が支配するようになって以来、このような問題が生じており、個人的にも長官としても遺憾である」と言った。その際には注意深く、あくまで「偶然だが」と述べた。ドイツからアメリカへ絶え間なく伝えられてきた、個人への危害の報告が少なくなり、アメリカ人の間で怒りが収まれば、こうした問題は解決するだろう、とハルは心情を吐露した。

ハルは、「会談で私たちは、はっきりとユダヤ人迫害について言及した」と書いている。一週間後、国務長官ハルは、この件に関する最後の一斉反論なるものを始めた。彼はついに、外務大臣ノイラートがドッドに渡した覚書きの翻訳を入手した。今度はハルが怒る番だった。ハルは自分の覚書きを、ベルリン代理大使ジョン・ホワイトからノイラートに届けるよう手配した。ホワイトはドッドの休暇中、大使館を任されていた。

ハルは、ドイツの覚書きに満ちている「外交上ありえない口調」に関してノイラートに苦言を述べた後、アメリカの原則について簡潔に説明した。

ハルは、「信仰の自由、言論の自由、平和的活動の権利は合衆国の憲法によって守られているだけでなく、アメリカ人の政治意識に深く根付いた信条であることは誰もが知っていることである」と書いた。にもかかわらず、ノイラートは覚書きで、合衆国政府がこの原則を捨てるべきだとドイツが考えていることを示す事件について述べていた、とハルは書いている。「したがって、両政府の見解は言論と集会の自由に関して妥協し得ない。また、この違いを述べても両国国民の共通の利益がはかれ、友好的に維持できるように合衆国が望む関係改善はできないだろう」。

こうして模擬裁判をめぐる論争は終わった。外交関係は冷え込んだが何の変化もなかった。合衆国政府の誰も、模擬裁判に関して支持することも、ヒトラーを批判する声明も出さなかった。そこで疑問が残る。一体、誰もが、何を恐れていたのか？

合衆国上院議員でメリーランド州のミラード・タイディングズはローズベルトに、ユダヤ人迫害に反対する声明を出すよう迫った。「ドイツ政府がユダヤ人に行っている差別と迫害について合衆国国民が知り、驚きと痛みを深く感じている、とする明白な表明を、ドイツ政府に大統領が伝える」決議を上院でしようとしたのだ。

ドッドの友人であるR・ウォルトン・ムーア国務次官補が書いた決議に関する国務省の覚書きは、政府が躊躇したことを示していた。決議を検討した結果、ムーアは、これはローズベルトを「厄介な立場」に置くだけだと考えた。ムーアは、「この要求に応じることを拒否すれば、多くの批判を受けるだろう。他方、これを認めれば、ドイツ政府の怒りを買うだけでなく、この政府から辛辣な批判を受けるだろう。例えば、アメリカではなぜ黒人に参政権がないのか。タイディングズ議員の州や他の州でも黒人に対するリンチを防いだり、厳しく罰したりしないのか。アメリカで反ユダヤ主義の感情が今、残念ながら増大しているが、なぜそれを抑制できないのか、といった問題に対してである」。

決議は成立しなかった。ある歴史家によると、国務長官ハルが「この決議が廃案になるよう外交委員会に圧力を掛けた」。

第34章　ディールスの恐れ

春が近づくと気温も一〇度の壁を超える。マーサはディールスの変化に気がついた。概して彼は落ち着いていてクールだが、どこか神経質になっていた。それには理由があった。レーム幕僚長が軍事権を握ろうとし、一方でハインリヒ・ヒムラーがドイツ全土の秘密警察の作戦を掌握しようとするにつれ、ディールスのポストはストレスの多いものとなっていた。ディールスはかつて、自分は「四方を一度に見渡す立場にいる」と言っていたが、今ではそれが危うかった。内部の者の情報は、権力への欲望がいかに強いか、それを支える野望の深さを知らせていた。また、関係しているどのグループも、拘禁と殺人を有効な政治的手段としているのをディールスは知っていた。マーサには、自分は今公式にはヒムラーの親衛隊の大佐だが、ヒムラーからもその部下からも嫌われていると言っていた。命の危険を感じていて、いつ射殺されるかわからない、とマーサとビルに打ち明けた。「その時、彼の言っていることを真面目には受け取らなかった」とマーサは書いている。ディールスは大げさに悲劇的にものを言う傾向があったからだが、同時に、「彼の仕事は誰もがヒステリックになるか、パラノイアに陥りやすいものだった」。緊張状態はディールスの健康にも影響を及ぼし、酷い腹痛や、心臓の不調を訴えた。

何らかの政治的衝突は避けられないと思い、ディールスは、今でも名目上は彼の上司であるヘルマン・ゲーリングにゲシュタポを辞めることを願い出た。病気を理由とした。それを聞いたゲーリングの反応を、ディールスは書いている。

「病気だって?」とゲーリングは言った。「本当に病気になる覚悟が必要だね」。

「はい、本当に病気です」とディールスは答えた。ゲーリングに、「軌道を修正して元に戻れるよう」できるだけのことはしたと言った。しかし、「もう続けられない」。

「わかった。君は病気だ」とゲーリングは言った。「よって、任務に一日たりとも留まっていることはできない。病気だから、家にいなさい。長距離電話も手紙も書いてはいけない。足下には気をつけるよう」。

慎重さは別の道を教えてくれる。再びディールスは国を離れた。今回はスイスの療養所に行った。ありえなくもない噂が流れた。自分が撃たれたら公開するよう、極秘資料を積み荷としてチューリッヒの友人に送ったというものだった。

数週間後、ディールスはベルリンに戻り、マーサとビルを自分のアパートに招いた。ディールスの妻が二人を居間に案内した。そこには、治ったようには見えないディールスがカウチに横たわっていた。妻に外すように言った。妻は「哀れなほど生気のない人」だとマーサは書いている。

マーサが見たのは地図だった。違う色のインクで書かれた記号やメモで、秘密警察の所在と工作員が示してあった。「陰謀の蜘蛛の巣」だ、とマーサには恐ろしいものに思えた。ディールスは得意気だった。「これは全部私がやった」と彼は言った。「ドイツにかつてあった中で、最も効果的な諜報システムを組織した」。

それほどの力も持っているなら、どうして恐れるのか、マーサは聞いた。

「知りすぎているからだ」と、彼は答えた。

ディールスは防御を固めなければならなかった。マーサに、自分とマーサが公けの席で一緒にいればいるほど自分は安全だ、と言った。自分たちのロマンスを再燃させる目的は少しもなかった。ゲーリングでさえ、ディールスを価値の減じた財産と見ていた。その春、ベルリン中を吹き荒れた激情の嵐の中で、ディールスにとって最も深刻な危険は、どちらにつくか決めていないということと、結果としてどちらの側からも多かれ少なかれ信用されていないという事実から来ていた。彼のパラノイアは増し、誰かが毒を盛っていると思うようになった。

マーサは、ディールスともっと会うことに異論はなかった。彼と一緒にいて内部事情を聞くことは好きだった。「私は若くて無鉄砲だったので、できるだけ、どんな状況も側で見ていたかった」と書いている。しかし、やはりマーサはディールスが持っていないものを持っていたのだ。アメリカ大使の娘として、危害が及ばない安全な立場であるという確証であった。

しかし、友人たちは、今回は「火遊び」と同じだと忠告した。何週間かディールスはマーサの近くにいて、「臆病なウサギ」のように振る舞っていたと書いている。しかし、ディールスのある部分、例の自信に満ちた悪魔的人格が、苦境から脱しようとするゲームにおいて現れることがあった。「ある意味で、彼が陥っていると思っている危険は、自分の狡猾さと明敏さへの挑戦だった」とマーサは記憶している。「それを出し抜くことができるのだろうか？　逃れることができるだろうか？」。

第35章　国務省閥との対決

ドッドの船は三月二三日金曜日、ニューヨーク港の検疫所に到着した。報道陣に見つからないで通り抜けたいと思っていたが、その計画は阻まれた。記者たちは重要人物が乗っている場合に備えて、大型客船の到着をいつも待ち構えていたのである。もしもの場合に、ドッドは短い五文からなる声明を用意していた。彼を見つけた二人のレポーターに、それを読み上げることになった。アメリカに帰ってきた理由を、「短期のもので、ヨーロッパの緊迫した情勢から休養が必要である」と述べ、「国際政治を研究している人々の予想とは違って、近い将来戦争になることはないと思う」と付け加えた。

ローズベルトへのヒトラーの親書を携えて、ニューヨークのドイツ副領事が船を出迎えるのを見つけ、勇気づけられる思いだった。ドッドはとりわけ、友人のハウス大佐に感謝した。大佐は、その「素晴らしいリムジン」を出してドッドを迎え、ニューヨークのアパート（東68番街とパークアベニューの角）に連れて行ってくれ、そこでワシントンDCに行く手はずを整えてくれていた。幸運なことに、とドッドは日記に書いているが、タクシーがストライキをしていて、「ホテルに行ったなら、ワシントン行きの列車が出るまで、新聞社の人たちに付きまとわれていただろう」。ドッドは大佐と率直に話し合った。「ハウスは、私がこれから対処しなければならない敵対的な国務省の役人に関する貴重な情報を教えてくれた」。

素晴らしいことに、到着するとすぐ、ドッドは彼の『旧南部』の最後の章を受け取った。マーサの友人ミルドレッド・フィッシュ・ハルナックがタイプをして、外交便で送ってくれたものだった。

ワシントンでドッドは、コスモスクラブにチェックインした。このホテルは当時、ホワイトハウスの北側、ラファイエット・スクエアにあった。ワシントンでの最初の朝、ドッドは国務省まで歩いていった。多くの会議と昼食会の予定があった。

一一時に国務長官ハルと次官のフィリップスに会った。三人はヒトラーからの手紙に困惑し、どのように返答するかに時間を費やした。ヒトラーは、ローズベルトの経済復興に果たした努力を賞賛し、「義務と奉仕と規律」はどの文化でも守るべき美徳であると述べていた。「大統領閣下がアメリカ国民に示しているこれらの道徳的要求は、ドイツ国家哲学の本質となるものでもあります。すなわち、「公共の目的は個人の利益を超越する」という言葉があります」。

「奇妙な手紙」だ、とフィリップスは言った。ドッドにとっても、ハルやフィリップスにとっても、この手紙は、ヒトラーが自分をローズベルトと並べる目的があることは明白で、外交上必須の返事には大変注意深くしなければならなかった。この仕事には、フィリップスと西欧局長モファットが当たることになった。目標は、モファットによると、「ヒトラーの罠に落ちないこと」だった。できあがった手紙は、ヒトラーの言葉に感謝し、一方でその内容はローズベルト個人というより、「復興のために喜んで英雄的努力を行う」アメリカ国民に全体に向けられている、とした。

フィリップスは日記に、「大統領がファシストとなる印象を避ける方法を考えた」と記している。

翌三月二六日月曜日、ドッドはローズベルトとの昼食のためホワイトハウスへ歩いていった。二人は、その月の初めの模擬裁判をきっかけとしてニューヨークで起こったドイツへの反感について論じた。ドッドは、ニューヨークで「小規模な内乱が起こるかもしれない」という恐れをニューヨーク市民が口にしているのを聞いていた。「大統領はこれについて聞いた後、できれば、シカゴのユダヤ人に四月半ばに予定されている模擬裁判を止めさせてほしいと頼まれた」とドッドは書いている。

ドッドは頼みに同意した。レオ・ヴォルムザーなどのユダヤ人指導者に手紙を書いて、「できるだけ事態を静めてほしい」と頼んだ。そしてハウス大佐にも、事態収拾に影響を及ぼしてほしいと依頼した。

農場に行くことと同じくらい期待していたことだったが、ドッドは、今週早々協議会が開ける見通しが立ったのを喜んだ。そこで、外務局の政策と行動への批判を直接「プリティ・グッド・クラブ」に対して述べる機会にするつもりだった。

ドッドは、ハルやモファット、フィリップス、ウィルバー・カー、サムナー・ウェルズらがいる聴衆の前で講演した。ベルリンで行ったコロンブス・デイのスピーチと異なり、鋭く直接的だった。

「ルイ一四世やヴィクトリア朝の時代」は終わった、と言った。国家は破綻しているが、「我が国もです」。「仰々しく物事を行う時代は終わりました」。家族は二人しかいないのに、二一の部屋を一杯にするための家具を船で送る領事館員について言った。また、単なる補佐の者が「運転手、ポーター、執事、従者、コック二人とメイドを雇っている」ことも付け加えた。

役人はそれぞれの給料の範囲で、下級官吏は年収三〇〇〇ドル、有資格の大使は年収一万七五〇〇ドルで生活すべきである。誰もが自国の歴史と文化を知ることが要求される、とドッドは言った。海外に派遣される人は、「自国の利益を図るような人物であって、毎日違うスーツを着て、楽しいがあまり意味のない夕食会に行き、夜一時頃までいるようなことはすべきでない」とした。

ドッドは、最後のくだりは急所を突いたと思った。「サムナー・ウェルズは少したじろいでいた。彼はワシントンで、ホワイトハウスよりある意味立派で、同じくらい大きい邸宅の持ち主だった」。ウェルズの邸宅は「一〇〇部屋ある」と言われ、デュポン・サークルから離れたマサチューセッツ・アベニューに建っており、その華麗さで有名だった。ウェルズと妻は市の近郊に、オクソン・ヒル・マナーと呼ばれる一平方キロの領地を所有していた。

ドッドがスピーチを締めくくると、聴衆は拍手喝采した。「無駄ではなかった。二時間掛けて話をした後、一応の合意があった」。

ドッドのこの講演は、プリティ・グッド・クラブの悪感情をさらに深めただけだった。講演の途中で、このメンバーたちは、フィリップスとモファットが顕著だったが、密かに敵意を示し始めていた。

ドッドはモファットのオフィスを訪ねた。モファットはこの後のことを日記に書いている。「彼は決して思想家ではない。現状に不満を述べ、その解決法をすべて拒否するだろう。部下を全員嫌っているが、動かすことは考えていない。自分に接触してくる誰しものの動きを疑いつつ、羨んでいる」。モファットは彼を「不幸な不適格者」とした。ドッドは、自分のキャリアを危うくする力を呼び起こしていることに気づいていなかった。むしろ、自分と対抗する者の特権意識に痛みを与えることに喜びを感じていた。とても満足して、ドッドは妻に伝えた。「彼らの守護神は（フィリップスかウェルズを指していると思われるが）、少なからず狼狽した。もし攻撃してきたら、正面からではないだろう」。

第36章　ディールス救出

ディールスが感じていた不安はもっとはっきりしたものとなり、ついに三月、マーサに助けを求めてきた。今回はマーサを利用して、合衆国大使館から支援を得ることを望んでいた。皮肉に満ちた瞬間だった。ゲシュタポの局長がアメリカの役人に助けを求めるのだから。なんとかディールスは、自分を逮捕しようとするヒムラーの陰謀を嗅ぎ付けた。おそらくその当日に。ディールスは覚悟していた。ヒムラーは彼を殺したがっていた。ディールスは、アメリカ大使館に味方がいると考えた。ドッドと総領事メッサースミスである。ヒトラー政権に対して、自分の安否に彼らが関心を持っていると知らせることで、身の安全が図れるかもしれないと思った。しかし、ドッドは休暇中であることがわかっていた。ディールスはメッサースミスに話してもらうよう、マーサに頼んだ。メッサースミスは休暇からちょうど帰っている頃だった。

マーサはいつもディールスは過剰反応をすると思っていたが、今回は本当に危機的状況に陥っていると確信した。メッサースミスに会いに領事館へ赴いた。

彼女は「明らかにかなり不安な様子」だったことをメッサースミスは記憶している。彼女は涙を流して、ディールスがその日、逮捕されるであろうこと、そして、「処刑されるのはほぼ確実である」ことを話した。

マーサは気持ちを落ち着かせてから、メッサースミスに、すぐにゲーリングと会ってくれるように頼んだ。メッサースミスを「ディールスの命を危険にさらすことなく」仲介できる唯一の人間だと言って、持ち上げようとした。

メッサースミスはそれにには反応しなかった。今となっては、彼はマーサを嫌っていると言ってもよいくらいだった。彼女の行動、とりわけ情事を不快に思っていた。ディールスと彼女との関係を考えれば、メッサースミスは彼女が「ヒステリックになって」自分のところへやってきたことに驚かなかった。マーサに、自分は何もできないと言ったが、「その後、彼女にオフィスから出て行ってもらうのは大変なことだった」。

マーサが去ってから、しかし、メッサースミスは考え直した。「事態を考えると、彼女が正しいことを一つ言っているのに気がついた。ディールスは、ゲーリングのように政権の中でベストな人間の一人であり、ディールスに何かがあってヒムラーが入り込んで来たならば、ゲーリングと政権の中でも理性的に動いている部分が弱体化するだろう」。ヒムラーがゲシュタポを統括するならば、将来アメリカ人に危害が加えられた時、ドッドにも自分にとっても解決が困難となるだろう。「なぜなら、ヒムラーはディールス博士より冷血で無慈悲だからだ」。

メッサースミスはその日の午後、ヘレンクラブの昼食会に出席する予定だった。ドイツ国防軍の将軍二人の主催だったが、今ではゲーリングと会うことのほうが大事だと思ったので、昼食会をキャンセルしようとした。面会を申し込むためにゲーリングのオフィスに電話をすると、ゲーリングは昼食のためにヘレンクラブに向かったと言われた。メッサースミスはその時まで、ゲーリングが将軍の昼食会の主賓であることを知らなかった。

二つのことがはっきりした。一つは、ゲーリングと話をするのが容易になったこと、もう一つは、昼食会は決定的な出来事であることだった。「ナチが政権を取ってから、ドイツの軍隊の高位の者がゲーリング、またはナチ政権の高位の者と一緒の席に着くことは初めてのことだった」。昼食会は、軍と政権がレームとその突撃隊に対して結束を固めようとしている印だ、とメッサースミスは思った。だとしたら、それは悪い前兆だった。レームが戦うことなくその野望を捨てることはあり得なかったからだ。

メッサースミスは正午過ぎにクラブに着いて、ゲーリングが他の将軍と話しているのを見つけた。ゲーリングは腕をメッサースミスの肩に乗せ、「この人は私のことを嫌いで、重視もしていないが、我が国のよき友人です」と言った。

メッサースミスは頃合いを見計らって、ゲーリングを脇へ呼んだ。「私は彼に言葉少なに、信頼している人が今朝尋ねてきて、ヒムラーがディールスを今日中に始末しようと躍起になっており、ディールスは殺されかけている」と伝えた。

ゲーリングは情報に感謝した。二人は他の招待客と交わっていたが、ゲーリングはしばらくして断りを入れて去った。

次に何が起こったか、どんな脅しがあり、妥協があり、ヒトラー自身が関与したのかどうか、定かではないが、一九三四年四月一日午後五時には、メッサースミスは、ディールスがケルンの行政長官となり、ゲシュタポはヒムラーが指揮するようになったことを知った。

ディールスの命は助かったが、ゲーリングはそのために大きな敗北を喫することになった。彼の行動は昔の友情に動かされたからではなく、ヒムラーが自分の勢力範囲でディールスを逮捕しようとしたことに対する怒りからであった。一方、ヒムラーは大きなボーナスを得たことになる。秘密警察の最後の、そして最も重要な地位をである。「それは」とメッサースミスは書いている。「ゲーリングにとってナチ政権が始まって以来、初めての敗北だった」。

一九三四年四月二〇日、ヒムラーが公式にゲシュタポの支配権を握った時の写真では、ヒムラーがかつてないほど穏やかな様子で演壇で話をし、側にはディールスがカメラに向かって立っている。ディールスの顔は、まるで飲み過ぎか睡眠不足であるかのようにむくんで、顔の傷が今までないほど目立っていた。脅迫された男の肖像だった。

ロンドンの外交機関にのちに提出されたメモによると、イギリス大使館の役人とこの頃交わした会話で、ディールスは倫理的苦悩を独白していた。「肉体的刑罰を加えることは誰もができる仕事ではないので、当然ながらその仕事を躊躇なく行える人がいれば積極的に雇った。不幸にも、この仕事のフロイト的側面を知らなかった。必要のない鞭打ちや意味のない残虐行為の多くの事例が出てきてから、私はある事実を知った。しばらくの間私の知らないところで、組織はドイツとオーストリアのサディストたちを引き寄せていたのだ。無意識のサディストたちも惹かれてやってきた。すなわち、鞭打ちを行うまで自分のサディスト的傾向に気づかない人々である。そして、最終的にはサディストを作り出してしまった。肉体的折檻は究極的に、普通の男女にサディスティックな傾向を引き起こしてしまうようだ。フロイトなら説明してくれるかもしれない」。

四月は奇妙なくらい雨が少なかったが、新たな秘密は豊作だった。この月の初め、ヒトラーと国防大臣ブロンベルクは、ヒンデンブルク大統領が病気になり、かなり重篤で夏は越せないだろうということを知った。この情報を二人は極秘にした。ヒトラーは、ヒンデンブルクが持っている大統領の権威を狙っていたので、彼の死を契機に、首相職と大統領職を自分が兼任し、究極の絶対権力を手にするべく計画を練っていた。しかし、まだ二つの対抗勢力があった。ドイツ国防軍とレームの突撃隊である。

四月半ばにヒトラーは、海軍の港キールに飛んだ。そこでポケット戦艦ドイチュラント号に乗り込み、四日間の航海に出た。ブロンベルク、海軍総司令官である艦長のエーリヒ・レーダー、陸軍総司令官であるヴェルナー・フォン・フリッチュ大将を伴っていた。詳細は明らかではないが、船の一角でヒトラーとブロンベルクは秘密の交渉、まさしく悪魔の契約を取り決めた。ヒンデンブルクの死の時にはヒトラーが大統領の権威を得るべく陸軍の支持を取り付けるため、レームと突撃隊を無力化しようというものだった。

この取り決めは、ヒトラーにとって計り知れない価値があった。今や、陸軍がいる場所を心配することなく事態を進めることができるからである。

一方レームは、国全体の軍隊の掌握権を手に入れようとしていた。四月、ティーアガルテンで朝の乗馬をしている時、ナチの上層部が通りすぎて行くのを見た。仲間に、「あそこの人々をご覧なさい」と言った。「あの一団はもはや政治的な力を持っていない。すぐに古い家のようになる。あのような人たちは、ただちに排除しなければならない」と話した。

レームは不満を露わにした。四月一八日の記者会見で彼は、「反動主義者やブルジョア体制のことを考えると、吐き気がする」と言った。

レームは、「突撃隊は国家社会主義革命である」と宣言した。二日後に行われた政府の発表は、レームの尊大な宣言を切り捨てるものだった。全突撃隊は七月中休暇を取るよう命令された。

四月二二日、ハインリヒ・ヒムラーは、彼の部下で三〇歳になったばかりのラインハルト・ハイドリヒを、ディールスのポストであったゲシュタポ局長に就かせた。ハイドリヒは金髪で背が高く細身で、頭の幅が不均衡に狭く、目の間隔が狭い以外はハンサムと言ってよかった。冷淡で無慈悲という噂とはおよそそぐわない高い声で話した。ヒトラーは彼を「鉄の心を持った男」と呼んだ。しかし、ハイドリヒはバイオリンを情念を込めて弾き、ある節を演奏している時は泣いていると言われていた。ナチ党が調査して根拠がないとしたにもかかわらず、ハイドリヒは、キャリアについている間中、実はユダヤ人であるという噂と戦うことになった。

ディールスが去って、最後の理性がゲシュタポからいなくなった。ゲシュタポの記録者ハンス・ギゼヴィウスは、ヒムラーとハイドリヒの下で組織が性格を変貌させたことに直ちに気づいた。「ディールスにはよく反抗したものだった。彼は不安定なプレイボーイで、ブルジョアの反逆者であることを意識しており、卑怯な犯罪行為を留める多くの自己規制を持っていた」と書いた。「しかし、ヒムラーとハイドリヒがここに入るやいなや、私は慎重に引きこもるようにした」。

四月も終わる頃、政府はついにヒンデンブルクの重体を公けにした。突然、誰が彼の後を継ぐのかが巷の話題となった。レームとヒトラーの溝が深くなっていることに気づいている者は皆、新しい緊張状態が始まったことを知った。

第37章　監視者

こうしたことが展開している間、別の国のスパイが、ドッド一家に関心を抱き始めていた。四月になる頃には、マーサとボリスの関係はソ連の秘密警察NKVDの上官の注意を引いていた。またとない機会だと思った。「ボリス・ヴィノグラードフに、我々にとって興味ある計画を実行するよう彼を使いたいと伝えてくれ」と、ベルリンの諜報機関のトップにメッセージが伝えられた。

ボリスを通じてと考えられるが、モスクワは、ナチ革命に対するマーサの情熱が冷めつつあったことを知るようになった。

メッセージは、「ボリスの知人（マーサ・ドッド）の感情は、我々の組織のために誘い、働いてもらうのに十分機が熟した」というものだった。

第38章　騙されて

休暇の間のドッドを困らせたのは、国務省のライバルたちが攻撃的なことだった。ドッドの立場を悪くすることを狙った極秘情報のリークがくり返しあることが気掛りとなってきた。四月一四日土曜の夜に、ドッドがワシントンのグリディロン・クラブ〔報道関係の会員制の団体〕の年次夕食から帰ろうとしていた時、やっかいな出来事が起きた。ドッドの知らない若い国務省の役人が近寄ってきて、話を始めた。彼は、ドッドのドイツ情勢の把握に異論を唱えた。この時彼は、ベルリンから打電した大使の極秘文書に言及した。この若者はドッドより背が高く、近寄って話す姿勢はドッドを脅しているように見えた。ドッドは怒りの手紙を書き、国務長官のハルに手渡すつもりだった。そこにドッドはこの一件を「故意の侮辱」と表現した。

ドッドを一番悩ませたのは、この若者がどうやって彼の文書を手に入れたのかということだった。ドッドは、「察するところ、国務省の中にあるグループがいて、国家のことより自分たちのことを考え、大使や大臣が経済的に改善しようとする努力を少しも考えず、集っては相手を貶め負かそうとしている。私が極秘情報として送ったものが漏洩したり、ゴシップになったりしたのはこれで三回目か四回目である。私は、個人的あるいは社会的な利益や地位を求めて仕事をしているわけではない。よりよい仕事や協力ができるなら何でもする用意がある。一人で仕事をしたり、絶えず陰謀や計略の対象になるのは御免被りたい。こんなことが続くなら、黙って辞めるわけにはいかない」と手紙を書いた。

ドッドはハルに、この手紙を渡さないことにした。結局、「未送」という書類の中に入れた。

ドッドはまだ知らなかったが、自分と他の一五人の大使が、フォーチュン誌の一九三四年四月号のトップ記事のテーマになっていた。記事の注目度や、またその記事が国務省でとびきりの話題になっていたにもかかわらず、ドッドがこの記事について知ったのは随分あと、ベルリンに帰ってから、マーサが歯医者に行って雑誌のことを知り、それを持って帰ってきた時のことだった。

「大使閣下殿」と題された記事は、大使の任命を受けた人とその資産を、名前の横にドルマークをつけて表していた。フランス大使で前R・H・メイシー百貨店の会長ジェシー・イシドール・ストラウスの横には$が四つ。その隣のドッドには¢（セントマーク）が一つだった。記事はドッドの外交を格安版として揶揄していたが、それは、ベルリンで家を借りる際、ドイツのユダヤ人の苦境を利用してユダヤ人銀行家から安い費用で借りていることを指していた。「それでドッド一家は素敵な小さな家を破格の値段で借り、少ない使用人でやりくりしている」と記事は書いていた。さらに、ドッドが古いシボレーをベルリンに運んできたことも伝えていた。「息子がこの車をドッドのため夜は運転することになっていた」と加えている。「しかし、彼には行きたいところが色々あり、多くの息子たちがすることもやりたかったので、ドッドは（正装していながら）運転手もなくシボレーに乗ることになった」。記事には、ドッドは「幸運にも運転手つきのリムジン」を持っている部下に相乗りを頼むことになった、ともあった。

記者はドッドを「外交上のまったくの穴埋めに生真面目な学者が入ったようなもので、財産と外交上の常識のなさで不自由をしている者」とした。「道徳的には勇敢な人でインテリである。洗練されていない人と違って、学者紳士がするようにたとえ話を多用する。それで、血の気が多い硬派の褐色の制服のドイツ軍の人々は、一生懸命聞いてもドッドの話が理解できないでいる。それでドッドが心中は怒りで一杯になって激しても、誰からも注意を払われない」。

国務省の複数の役人とおそらくベルリンの大使館の者が、ドッドのドイツでの生活を事細かに漏らしたことは明らかだった。ドッドは次官のフィリップスに文句を言った。ドッドは記事について、「私の記録や努力に関わるものを奇妙で愛国的でない態度でもってさらしている。大使受諾の手紙で私は、大統領に自分の収入内で生活することを理解してほしいと言った。私としては大変明白なことであって、どこが問題だというのだろうか」と書いている。ドッドは、質素に暮らした歴史上の外交官を引用した。「こうした人々を模範としてなぜ批判されるのか?」。フィリップスに、ベルリン大使館の誰かが情報を流していること、そして、歪んだ報道を行っている他の記事にも言及した。「間違った話や本当の仕事と関係ないものに、どうして私が答えなければならないのか」。

フィリップスは返答するのに一ヶ月掛けた。「フォーチュン誌のあの記事には、釈明には及ばないと思います。あなたの言っている情報がどこから出たかも、私やその同僚に関する（ほとんど間違っていますが）ゴシップを報道陣がどこで手に入れたかも、わかりません」と書いた。「こんなことに惑わされる必要はありません」とも促した。

ドッドは『旧南部』の調査をするため、議会図書館で過ごす時間をいくらか見つけた。そして、執筆したり、農場の世話をするために、自分の農場でなんとか二週間を過ごせるようにした。計画通りシカゴに行くことにしたが、予想したようには楽しく過ごすことはできなかった。ドッドはマーサに、「行ってみると、誰もが私に会いたがり、電話や手紙、面会、昼食会、夕食会が始終あった」。マーサや彼女の兄についてたくさんの質問に答えたが、ニューヨークのことが問題だった。マーサの離婚のことだ。友人はドッドに「この問題をシカゴの新聞がどのように適切に扱ったか」見せてくれたが、「私は読む気にならなかった」。講演を行い、大学の問題を解決した。日記には、ユダヤ人指導者にも面会したとある。ローズベルトからの指示で、ユダヤ人の反ナチ運動を止めさせるために連絡した人だった。二人は「自分たちや友人たちがどうやって怒りを静め、シカゴで計画されていた暴力的な反抗運動を防いだかを語った」。

個人的に緊急の事態も発生した。シカゴ滞在中に、妻が回してくれた電報を受け取った。愛する者から電報がくることで心が騒いだが、ドッドの大使職の象徴でもあった愛用のシボレーを運転手が大破させたというものだった。結びに「新しい車を持ってきてもらえますよう」とあった。

そこで今や、電報の文面によって保養のための休暇は、新しい車を購入し、ベルリンに送る手はずを整えるものとなった。

ドッドはマーサに、「〔運転手の〕ミュラーは不注意な運転をしていると思っていた。ここに来るまでにも何回かそうだった」と書いた。ドッドには理解できなかった。農場とワシントンDCの間を自分で何度も運転したし、市内もどこでも運転したが、事故に遭ったことは一度もなかった。「これが証拠というわけではないが、車を所有していない人のほうが、所有している人よりも不注意だということかもしれない」。その数年後に起ることを考えると、この時ドッドが自分の運転の慎重さを誇っていたのは、恐ろしいことだ。彼はビュイックが欲しかったが、一三五〇ドルは、ベルリンにいる家族が待っていることを考えると、時間的に用意できる額ではなかった。また、ベルリンに車を送るための一〇〇ドルについても心配していた。

だが、結局ビュイックにした。妻に連絡して、ベルリンのディーラーからビュイックを買うことにしたのだ。この車は一番シンプルなモデルで、大使館の外交儀礼専門の者が「大使の車としてはあきれるほどシンプル」と酷評した。

ドッドはもう一度、農場を訪れることができた。それは心和む時間だったが、それだけに出発は一層苦痛を感じるものだった。一九三四年五月六日日曜日、ドッドは日記に「とても美しい日だった。芽をつけた木とリンゴの花を見るとうっとりした。とりわけ、もう行かなければならないと思うと」と記した。

その三日後、ドッドの船はニューヨークから出航した。ユダヤ人リーダーに面会して、ドイツに対して強硬に反抗しようとする緊張状態を取り除くことができたのは成功だと思っていた。自分の努力によって、ヒトラー政府が中庸さを取り戻すことを願った。しかし、その希望は凍りついた。五月一二日土曜日、洋上でドッドは、ゲッベルスの行ったスピーチを伝える電報を受け取った。この宣伝省大臣は、ユダヤ人を「ヨーロッパ人にとっての梅毒」と呼んでいた。

ドッドは裏切られた思いがした。逮捕に関する保障とコロンビアハウスの閉鎖というナチの約束にもかかわらず、事態はまったく変わっていなかった。自分が愚かに見えることを今は恐れた。ローズベルトに手紙を書き、アメリカのユダヤ人リーダーに対して自分の努力が無駄となった困惑を伝えた。ゲッベルスのスピーチは「昨年冬の危惧を再燃させるものになった」とドッドは書いている。「私は今、愚弄された立場にいると感じたし、実際その通りだった」。

五月一七日木曜日午後一〇時半、ドッドはベルリンに到着したが、すべてが変わっていた。二ヶ月留守にした間に干ばつがその地を襲い、かつて見たことがないほどまでに茶色の大地に変貌させてしまっていた。しかし、それ以外の変化もあった。「帰ってきたことは嬉しかった」。しかし、「緊張した空気がすぐさま明らかになった」と書いた。

Ⅵ 黄昏のベルリン

カリンハルのゲーリングの寝室

第39章　危険な晩餐会

ベルリンは、巨大な送電線が中央に引かれ、迫りくる危険という揺れに共振しているようだった。ドッドの周囲の誰もがそれを感じていた。この緊張は、五月の異常な天気と少ない収穫に対する不安から来ているところもあった。しかし、不安の大きな源は、レーム幕僚長の突撃隊とドイツ国防軍の対立にあった。当時のベルリンの様子を伝える譬えは、嵐の襲来が近づいているというもので、緊張で宙づりにされている感覚があった。

ドッドには、仕事のリズムを取り戻す時間の余裕はなかった。

アメリカから戻った翌日には、メッサースミスのための大きな送別会を主催する計画に取り組んだ。彼の異動先は、本来の希望だったプラハではなかった。今より格上のポストを手に入れたのだ。このポストをめぐる競争は激しかった。メッサースミスは熱心なロビー活動を繰り広げ、自分を支持する手紙を送ってくれるようあらゆる方面に働きかけたが、結局そのポストは他の人のものになった。その代わり、次官のフィリップスが別のポスト、ウルグアイを用意した。落胆したはずだが、そんな素振りは見せなかった。メッサースミスは、これで領事職から離れられると単純に喜ぶことにした。しかしそこで、彼に幸運が巡ってきた。突然、オーストリア大使のポストが空いたのである。メッサースミスが適任とされた。ローズベルトも合意した。今度はメッサースミスも心から喜んだ。彼がいなくなることにドッドも喜んだが、内心、できれば地球の反対側に行ってほしかった。

メッサースミスのために何度もパーティが開かれた。ベルリンのほとんどの昼食会や夕食会が彼のためのものだった。しかし、なんと言っても一番大きく公式のパーティは、五月一八日にアメリカ大使館が主催したものだった。ドッドのアメリカ滞在中に、ドッド夫人は、外交儀礼専門職の者の助けで、四頁にわたってぎっしり書かれた招待客リストの作成を指揮した。リストには、ヒトラーを除くほとんどの重要人物が入っていたようである。ベルリン社交界の事情通にとって、誰が出席したかでなく、誰が来なかったかが本当に知りたいところだった。ゲッベルスとゲーリングが欠席の知らせを送ってきた。副首相のパーペン、そしてルドルフ・ディールスも欠席だった。国防大臣のブロンベルクは出席したが、突撃隊幕僚長のレームは欠席だった。

ベラ・フロム、シグリット・シュルツは出席した。マーサの友人たち、ハンフシュテングルやアルマン・ベラール、ルイ・フェルディナント王子も出席した。この組み合わせは部屋の緊張を高めた。ベラールはまだマーサを愛していたし、ルイ王子もマーサを見れば切ない思いをしていたからだが、マーサの思いはボリスにしかなかった（彼は招待客のリストから外され、来ていなかった）。マーサにとってはヒトラーとのパイプ役である若く美しい青年、ハンス・（トミー）・トムゼンが来た。彼は豊かな黒髪の美貌の持ち主エルミナ・ランギャブをしばしば伴ったが、その夜は違った。妻を連れてきたのだ。熱気、シャンパン、情熱、嫉妬が渦巻き、背後では地平線の上に不気味なものがそそり立っているような居心地の悪い感覚があった。

ベラ・フロムはハンフシュテングルと簡単な会話をした。彼女はそれを日記に残した。ハンフシュテングルは、「どうして私たちが今日呼ばれたかわからない。ユダヤ人に肩入れするのも。メッサースミスもその一人だ。ローズベルトも。ナチは彼らを嫌っているというのに」と言った。

「ハンフシュテングル博士、私たちはこのことを前にも話しましたわ。知らない振りをなさらなくてもよいのです」。

「わかりました。あの人たちがアーリア系だとしても、その行動からはとてもわかりません」。

この時フロムには、ナチの善意を願おうとする気持ちはなかった。二週間前、娘のゴニーはメッサースミスの助けでアメリカへ出国していた。娘と別れるのは悲しかったが、安心もした。その一週間前には、彼女が「フォス伯母さん」として記事を書いているフォス新聞が廃刊となった。自分が活躍する時代は終わったのだという感覚を一層強くした。

ハンフシュテングルに、「あなたが、正義かどうかの代わりに、アーリア系かどうかで判断なさりたいなら、何が正義で、何が適切なことかに関して旧来の感覚を持つ人々は拠って立つところがなくなりますよ」と言った。

フロムは、話題をメッサースミスに戻した。彼は仲間の間で尊敬されていて、「大使になるクラスの人だと思われていた」と話した。ドッドが聞いたなら大変立腹したであろうと思われた。

ハンフシュテングルは声を和らげて言った。「わかりましたよ」。「合衆国には友人が大勢いますが、みんなユダヤ人の味方です。しかし、ナチの計画が始まって以来――」と、そこで言葉を止めた。ポケットに手を伸ばして、フルーツキャンディの袋を取り出した。キャンディ。ベラが子どもの頃から好きだったものだ。

「一つどうぞ」とハンフシュテングルは言った。「これは、総統のために特別に作られたものです」。

一つ選んだ。口に入れる前に、鉤十字が浮き彫りになっているのが見えた。フルーツキヤンディですら「同一化」が行われていた。

会話は、不安を引き起こす政争の話になった。ハンフシュテングルは彼女に、レームはドイツ軍隊だけでなく、ゲーリングの空軍の掌握権も狙っていると言った。「ヘルマン〔ゲーリング〕は怒っている」とも。「ドイツ空軍に対して馬鹿な真似をするレームには、手の施しようがない。ヒムラーは、冷血にレームを殺しかねない」。「ヒムラーのことを知っていますか」と聞いてきた。

フロムは頷いた。

ハンフシュテングルは言った。「あいつは、国防軍のスパイをしていない時は養鶏農家だった。ディールスをゲシュタポから追い出した。ヒムラーは誰の盾にもならないし、レームはその最たる者だ。今やレーム包囲網ができあがっている。ローゼンベルク、ゲッベルス、そして養鶏農夫だ」。ローゼンベルクとはアルフレート・ローゼンベルク、熱烈な反ユダヤ主義者でナチ党の外交局長である。

日記にハンフシュテングルとの会話を書いてから、「国家社会主義ドイツ労働者党の中には、自分の昇進のためなら、他の上役の喉を嬉々として切らない者などいなかった」と彼女は続けている。

新生ベルリンの奇妙さを計る別の晩餐会があった。まったく無害だったはずが、致命的な結果をもたらした会である。主催者はドッドの友人、ヴィルヘルム・レーゲンダンツという裕福な銀行家だった。ドッドは幸運にもこの会には招かれていなかった。レーゲンダンツは五月のある夕方、ダーレムの豪華なヴィラで晩餐会を開いた。大ベルリン地区の南西にあり、館の美しさとグリューネヴァルトに近いことで有名だった。

レーゲンダンツは、七人の子の父であり、鉄兜団《シュタールヘルム》のメンバーだった。鉄兜団とは、保守的傾向のある退役軍人の組織である。レーゲンダンツは、様々な階層の人を招いて食事や談話、講演会を開くのを好んだ。この晩餐会には、著名なゲストが二人招かれた。フランス大使のフランソワ・ポンセと幕僚長のレームである。両名ともこの家にかつて招かれたことがあった。

レームは、二人の若い突撃隊将校を伴ってきた。その一人は、金髪で「貴公子」と呼ばれる男だった。彼はレームの秘書で、恋人だと噂されていた。ヒトラーはのちにこの会を「秘密の逢い引き」と呼んだが、実際のところ、招かれた人々はこれを公然の秘密と見ていた。招待客たちは通りいっぱいに、特別車であることを示すナンバープレートをさらして、館の前に車を停めた。

ゲストたちは奇妙な組み合わせだった。フランソワ・ポンセは突撃隊の幕僚長を嫌っていた。回想録 *The Fateful Years*〔運命を決めた数年〕にはっきりと書いている。「レームに関しては明らかな嫌悪をいつも感じていた。彼は第三帝国で大きな役割を果たしていたが、私はできるだけ彼を避けようとした」。しかし、レーゲンダンツがフランソワ・ポンセに来てくれるよう「懇願した」のである。

のちに、ゲシュタポへの手紙でレーゲンダンツは、二人を一緒にしようと試みたとしている。レーゲンダンツによると、彼はフランソワ・ポンセに晩餐会の出席を督促した。ポンセは、ヒトラーに面会していないことへの不満を持っていて、ヒトラーの側近に面会の機会を彼に与えるよう頼んでいた。レーゲンダンツは、レームは使える仲介者になると言った。レーゲンダンツは晩餐会の時点で、ヒトラーとレームの間の溝を知らなかったと言っている。それどころか、レームは「総統の信頼を得ており、その支持者だと思っていた。別の言い方をすれば、レームに言えばヒトラーにも伝わると思っていた」とレーゲンダンツはゲシュタポに語った。

晩餐のために男たちは、レーゲンダンツ夫人と、国際渉外弁護士を目指している息子アレックスのところに集った。そして食事の後、レームとフランス大使はレーゲンダンツの書斎に行き、非公式の会談を行った。レームは軍事について語って、自分は兵士、つまり武官であり、政治には興味がないと言った。「この会談は、文字通り何も意味がなかった」

と、フランソワ・ポンセはゲシュタポに語った。

その夜も終わりに近づいた。ありがたいことに、とフランソワ・ポンセは思った。彼の記憶によると、「食事は悲惨で、会話は無意味だった」。「レームは眠そうで口も重く、起きると病気やリューマチのことを話し、バート・ヴィーゼで療養するんだ」と言った。バート・ヴィーゼでレームは、治療のために湖畔に逗留する予定だった。「帰宅して、退屈な晩にしたホストを恨んだ」とフランソワ・ポンセは書いている。

ゲシュタポが晩餐会と招待客のことをどのように知ったかはわからないが、この時点までに、レームには監視がついていたに違いない。レーゲンダンツ家の前に停められた車のナンバープレートから、その車の持ち主を割り出せただろう。

晩餐会は非常に評判が悪かった。その後、夏真っ盛りの時期に、イギリス大使のフィップスは日記に、レーゲンダンツの食事の席についた七人のうち四人が殺害され、一人がやはり命を狙われて国外に逃亡、残りは収容所送りになった、と記した。

フィップスは、「晩餐会一回当たりの死亡者リストとしては、かのボルジア家の人をもうらやましがらせた」と書いている。

さらに、こんなことが起きた。

五月二四日木曜日、ドッドは、「次官になるべき人と評価している」外国部の役人、ハンス・ハインリヒ・ディークホフとの昼食会へと歩いていた。二人は、ウンター・デン・リンデン通りの小さいが瀟洒なレストランで会った。この通りは、ブランデンブルク門から東に走る広い通りである。その時に話されたことは、ドッドには異常なものに感じられた。

ドッドがディークホフに面会を求めたのは、自分がアメリカでユダヤ人による抗議を止めた後に、ゲッベルスのユダヤ人梅毒スピーチがあり、自分はまるで愚弄されたようで不愉快だと伝えるためだった。ナチがコロンビアハウスを閉鎖し、逮捕には令状を必要とするようにしたこと、また、「ユダヤ人迫害を控える」約束をしたことを、彼に指摘した。ディークホフは理解を示した。ゲッベルスに対して自分も懸念していると告げ、ドッドに、ヒトラーが早く打ち倒されることを期待していると述べた。ドッドは、ディークホフが「際限なく軍事教練を行い、半飢餓状態になるような社会体制にドイツ人はもう耐えられないことを示す、よい証拠となるものを示してくれた」と日記に書いている。

彼の率直さにはドッドも驚いた。ディークホフは、イギリスかアメリカにいるかのように自由に発言し、アメリカでユダヤ人の反抗が続いてほしいとまで言った、と記している。彼らなしでは、ヒトラーを打ち倒す可能性は減ってしまう、とも述べた。

ディークホフのような立場の者がそうした物言いをすることが危険であることを、ドッドは知っていた。「命を掛けて、現政権に対して批判を行う高官たちのことを、大変心配した」と彼は記した。

レストランを出て、二人はウンター・デン・リンデンを主要な政府機関のあるヴィルヘルム通りまで歩いて行った。別れる時には「悲しみがあった」とドッドは書いた。

ドッドはオフィスに戻り数時間働いて、その後、ティーアガルテンまで長い散歩をした。

第40章　作家の隠棲

ヒトラーが何千人と集めた、頭脳明晰な金髪の若者たちにマーサは熱狂していたが、社会的、政治的抑圧が増すにつれて次第に悩み始めた。彼女の感情教育にとって最も大切な時が、五月に訪れた。ミルドレッドとアーヴィド・ハルナックのサロンの常連であるハインリヒ・マリア・レディック・ロヴォールトが、マーサとミルドレッドをある著名人への訪問に誘った。ナチのドイツから多くの人材が流出した波に乗らなかった、数少ない才能ある人々の一人である。ドイツを去った人には、フリッツ・ラング〔映画監督〕、マレーネ・ディートリッヒ〔女優〕、ワルター・グロピウス〔建築家〕、トーマス・マン〔作家〕とハインリヒ・マン〔作家〕、ベルトルト・ブレヒト〔劇作家〕、アルバート・アインシュタイン〔物理学者〕、そして作曲家のオットー・クレンペラー、その息子で俳優のヴェルナー・クレンペラーらがいた。ヴェルナーはテレビシリーズの「ホーガンズ・ヒーローズ」で、情け深いが混乱気味のナチ収容所長を演じることになる。レディック・ロヴォールトは出版社社長のエルンスト・ロヴォールトの非嫡出子で、父の会社で編集者として働いていた。問題になっている作家はルドルフ・ディッツェン。ハンス・ファラダというペンネームで知られていた。

訪問はその年の早くに計画されていたが、自作 *Once a Jailbird*〔前科者〕の出版に関する懸念からファラダが五月まで延期していた。既にファラダは、小説『ピネベルク、明日はどうする⁉』〔二〇一七年　みすず書房〕でワイマール共和国時代の経済的・社会的変動を経験する男女の話を描いて、世界的にかなり名が知られていた。*Once a Jailbird* がファラダにとって心配の種になったのは、これが、ヒトラーが首相になって初めて発表する作品だからだった。ゲッベルスの帝国文学院から見たときの自分の立場に不安があったのだ。そこで、文学として許容できるかが決められていた。新しい本の出版が順調に行くように、ファラダは本をめぐって恐ろしい状況が起こらないように、ナチを讃える序文を付けた。出版社のロヴォールトはこれに関して、ファラダが「あまりにご機嫌を取りすぎている」と言った。ファラダはそのままにした。

ヒトラーが首相になってから数ヶ月のうちに、ナチでないドイツ作家は二つのグループに分かれることになった。ドイツにいること自体が道徳に反するという人たち、そして、できるだけ世間から離れ、ヒトラー政権崩壊を待つことが最善の策だと考える人たちである。後者は「国内残留」と呼ばれ、それがファラダの取った道だった。マーサはボリスにも来るよう、誘った。ボリスはかつて、ミルドレッドは避けるべき人物だと言っていたが、来ると返事した。

五月二七日土曜日、彼らはカーウィッツ、ベルリンの北メクレンブルクの湖水地方にあるファラダの農場へ三時間のドライブに出発した。ボリスはフォードを運転し、いつものように最高速度で走った。朝の空気は冷たく、柔らかで、道路は他にほとんど走る車もなかった。フォードは春のかぐわしい香りの中、栗やアカシアの木に囲まれた道を走り抜けた。

ドライブの中頃、風景が暗くなった。「空に稲妻が走った。辺りは急に、色合いも激しく変わった。高圧電気のような緑、紫、ラベンダー、灰色といった具合」であったことをマーサは記憶している。突然の雨は、窓に打ちつける鉄砲玉のようだった。しかしこんな状況でも、皆が喜んだことに、ボリスはギアをトップのまま運転した。車は雨雲と競って走った。

突然空が晴れ上がって、太陽に煌めく蒸気と色彩が現れた。まるで絵の中を走っているようだった。雨に湿った土の匂いが空気に満ちていた。

カーウィッツに近づくと、砂がちの小道の通る丘や草原、青く輝く湖が広がるところに来た。家や納屋は、尖った屋根のついたシンプルな箱型をしていた。ベルリンからたった三時間だったが、そこはとても遠く離れ、秘密の場所に来たように感じられた。

ボリスはフォードを、湖の側の古い農家の前に停めた。その家は、湖に突き出て丘を作っている、ボーネンヴェルダーと呼ばれる舌の形に盛り上がった土地に建っていた。

ファラダは、四歳くらいの男の子と、金髪でふくよかな妻に手を引かれて家から現れた。妻は、二人目の子どもである赤ん坊を抱いていた。犬も出てきた。ファラダは骨張った体格で、四角い頭に大きな口、頬骨は丸く堅く、まるでゴルフボールが入ってでもいるようだった。黒いフレームに丸いレンズの眼鏡を掛けていた。彼と妻は、来訪者に農場を簡単に見せて回った。『ピネベルク』によって得た収入で購入したものだった。マーサは、二人がとても満ち足りているのに驚いた。

一行が到着して以来、聞きたいと思っていた質問をしたのはミルドレッドだった。言葉を選んで注意深く尋ねた。ファラダの詳細な伝記によると、彼女とファラダが湖へと歩き出した時、彼女はアメリカでの生活について語り、ミシガン湖の岸辺を歩いてどんなに楽しかったかを話した。

ファラダは言った。「文化や文学に興味がある場合には特に、外国で暮らすのは難しいことでしょう」。

そうね、と答えた。「でも、文学に興味がある時は、自分自身の国で暮らすのも難しいものですね」。

ファラダは煙草に火を点けた。

ゆっくりと話し始めた。ファラダは、「私は他の国の言語では書けないと思いますし、ドイツ以外の国で生きていくこともできません」と言った。

ミルドレッドは、「ディツェンさん、どうやって生きるかより、どこで生きるかはそれほど重要でないと思います」と答えた。

ファラダは何も言わなかった。

しばらくしてミルドレッドは、「ここで、思っていることが書けますか」と聞いた。

「その人の考え方によります」とファラダは返事した。困難も要求も、避けなければならない言葉もあるが、言葉はそれに耐える、と言った。「こんな時代に、ここでも書くことはできると思います。必要な規制を守り、多少は受容するならば。もちろん、重要でないことをですが」。

ミルドレッドは、「何が重要で、何が重要でないことでしょうか」と尋ねた。

昼食とコーヒーが出された。マーサとミルドレッドはボーネンヴェルダーの頂上まで登り、景色を楽しんだ。柔らかな靄が稜線や色彩を穏やかにし、周囲に平和な雰囲気を作り出していた。しかし麓《ふもと》では、ファラダの心中には嵐が吹いていた。彼はレディック・ロォールトとチェスをしていた。ファラダの *Jailbird* の序文ができあがり、レディック・ロヴォールトはその必要性に疑問を持っていた。カーウィッツに来るまでのドライブで、これは改宗ではないかと話していたことをファラダに伝えた。これを聞いてファラダは怒った。ファラダは、自分がうわさ話の種になったことを怒り、誰が自分を裁く権利があるのか、とりわけアメリカの女性にはないはずだと抗弁した。

マーサとミルドレッドが戻って来ても、その会話は続いていた。ミルドレッドも加わった。マーサはできるだけ耳をそばだてた。しかし、彼女のドイツ語は、聞き取った話の意味がわかるほど十分なものではなかった。それでも、ミルドレッドがファラダの隠遁生活を「穏やかに探っている」のだとマーサは言うことができた。彼が質問を受けて不幸に感じているのは明らかだった。

その後ファラダは、彼らに家を案内した。家には七部屋あり、電気、広い屋根裏、様々なストーブがあった。ファラダは書斎を皆に見せた。そこには、彼の作品の多くの翻訳があった。それから、子どもが昼寝している部屋に行った。マーサは、「ファラダは不安と自意識を隠さなかった。子ども、自分が手入れした庭、飾らない人柄のふくよかな妻、本棚にある多くの翻訳書を自慢して、自分は幸福だと思おうとしていた。しかし、彼は不幸な人間だった」と書いている。

ファラダは全員の写真を撮った。ボリスも同じことをした。ベルリンに帰る道すがら、四人はファラダについて話し合った。ミルドレッドは彼を意気地なしで弱い人間だとしたが、「彼には良心がある。それが救いだ。幸せではないが、ナチではない。希望をなくしているわけではない」。

マーサは別の印象を持った。「作家の顔に、剝き出しの不安の痕跡を初めて見た」。

ファラダは最終的に、ドイツ文学で議論を呼ぶ作家となった。ナチに立ち向かわなかったことで責められたが、亡命という安全な道を選ばなかったことで擁護する者もいた。マーサたちの訪問から数年後、ファラダは、自分がさらにナチの要求に合わせるようになったことに気づく。ロヴォールト社の翻訳をするようになったが、その中には、当時アメリカで人気があったクラレンス・デイの『父と暮らせば』〔一九五〇年　中央公論社〕があった。作品は、ナチの意識をなるべく逆撫でしない無害なものを書いた。その中に、子どものおもちゃの物語 *Hoppelpoppel, Wo bist du?*〔ホッペルポッペル、どこにいるの〕の全集があった。

ファラダは一九三七年に小説 *Wolf Among Wolves*〔狼どもの中の狼〕を発表し、一時的に勢いを得た。党の幹部はこの作品を、かつてのワイマールに対する価値ある攻撃であるとし、ゲッベルスも「素晴らしい本」と述べた。ファラダはさらに譲歩して、次の小説 *Iron Gustav*〔鉄のグスタフ〕の結末をゲッベルスに決めさせることにした。この作品は、先の戦争での困難な生活を描いたものだった。ファラダはこれを、思慮ある譲歩と考えていた。「大げさなことはしたくない。圧制者の王座の前で意味もなく殺されるのは、誰のためにもならないし、子どもに苦痛を与えるだけだ。それは私の道ではない」と書いている。

しかし、様々な譲歩は、執筆そのものに悪い影響を与えていた。母親に、自分の書いたものは好きではないと言っていた。「好きなようにはできないのだ。生きていたいなら。愚か者は、持っているものより、与えるものが少ないのだ」。

他の作家たちは亡命先で、ファラダやその仲間の国内移住者たちを、政府の好みと要求に屈した者たちとして軽蔑を持って見ていた。トーマス・マンはヒトラー政権の間は外国で生活し、のちに彼らの碑文を書いた。「迷信にとらわれているかもしれないが、一九三三年から四五年の間にドイツで出版された本があったとしたら、それは価値がないだけでなく有害で、人が手に触れたいものではないと私の目には映る。血と恥の悪臭が沁みついているからだ。それらはパルプにすべきだ」。

マーサがファラダの中に見た恐れと抑圧は、山と積まれた証拠の頂点となり、彼女が新生ドイツに抱いていた賞賛の気持ちはその春以降、萎えていくことになる。彼女のヒトラー政権に対する盲信は、同情の混じる懐疑を経て、夏が近づくと深い嫌悪になった。

かつてはニュルンベルクの暴行事件を特殊なケースだと分けて考えていたが、今では、ドイツにおけるユダヤ人迫害は国家による気晴らしと理解するようになった。ユダヤ人を国家の敵とする嵐のようなナチのプロパガンダには、反感を覚えた。ミルドレッドとアーヴィド・ハルナックの反ナチ的会話を聞いて、かつて熱中した自立のための革命を「未知の存在」として擁護する気持ちは、もはやなかった。「一九三四年の春には、自分が聞いたこと、見たこと、感じたことから、生活の実態はヒトラー以前よりも悪化していることは明らかだった。そして、恐怖に満ちた、複雑で人の心を砕くようなシステムが国を支配し、人々の自由と平和を抑圧し、そうしてドイツの指導者は、従順で情け深い大衆をその意思と知識に反して戦争へと向かわせようとしている」とマーサは書いた。

しかし、マーサはまだ自分の新しい世界観を公けに言う気になれなかった。「私はまだ自分の敵愾心を心に秘めて守っておきたかった」。

その代わりに、入念に反対の立場を装いながら、ヒトラー政権の最大の敵であるソビエトに新しく強烈な関心を持つようになったことを、遠回しに明らかにした。「ドイツで非常に嫌われているソビエトの政権と、無慈悲とされる人々に対する好奇心が増してきた」と書いている。

両親の反対をものともせず、ボリスの勧めで、マーサはソビエト連邦への旅を計画していたのだった。

ドッドが「ユダヤ人問題」と呼ぶものは、六月になってもまったく改善しなかった。長官のハルに手紙で、「改善の見込みはほとんどない」と書いた。メッサースミスのように、迫害はたとえ性格を変えて「より巧妙になり、表に出なくても」各地に広まっていると認識していた。

五月にナチ党は、同一化を徹底させるべく「不平を言う者、あら探しをする者」に反対するキャンペーンを始めた。これは必然的に、ユダヤ人への圧力を増すこととなった。ゲッベルスの新聞デア・アングリフ〔攻撃の意〕は「ユダヤ人を見張り、何か欠点を見つけたら報告するよう奨励した」とドッドは書いている。ウルシュタイン出版帝国として知られていた最後のユダヤ人オーナーと同様、フランクフルター・ツァイトゥング紙のユダヤ人オーナーは、経営権の放棄を強制された。ゴムの大会社は、自治体に入札するためには、ユダヤ人雇用者がいないという証明を出さねばならなかった。ドイツ赤十字は突然、新しい寄付者がアーリア系であることを証明するよう要求されるようになった。二つの異なる市で行われた二つの裁判で、妻がユダヤ人であるという理由だけで離婚の許可を求める二人の夫からの二つの申請が認められた。そのような結婚から生まれる混血はアーリア人種を弱くする、という理由だった。

ドッドの記述には、「こうした例や他のささいな事件は、ユダヤ人の扱いに違いが出てきたことを示している。海外からの反発は少ないと見込める方法をとっていたが、ユダヤ人を断固、国外に追放しようとするナチの決意の現れだった」とある。

ドイツのアーリア系の人々は、新たな制限を経験した。同じ日に書かれた手紙でドッドは、毎土曜と水曜の夜はヒトラー・ユーゲントの要請に応えるため、教育省が学校の週間予定をどのように分けたか述べていた。

そのため土曜は若者のための国の日《スタット・ユルゲン・ターグ》と呼ばれるようになった。

気候は温暖で、雨はほとんど降らなかった。一九三四年六月二日土曜日、気温は三〇度前後になった。ドッドの日記には、「ドイツが初めて乾燥したところに思えた。木々と大地は黄色になった。バイエルン地方とそれから合衆国での干ばつに関する報道ばかりだ」とある。

ワシントンでは、モファットも気候についてメモを残していた。彼は日記に「熱波」と記し、五月二〇日日曜日をそれが始まった日とした。この日以降、オフィスでは気温が三四度になった。

もちろんこの時はまだ誰も知る由もないが、アメリカは記録的な干ばつに見舞われ、大平原がダスト・ボウルと言われる砂の荒れ地になってしまったのだった。

第41章　近隣の騒ぎ

夏が近づくにつれ、ベルリンの不穏な空気はより深刻になった。ムードは「緊張してぴりぴりしていた」とマーサは書いている。「誰もが何かを感じていたが、それが何かはわからなかった」。

ドイツの奇妙な雰囲気と不安定な状況は、一九三四年六月八日金曜日、ドッド一家も出席した、プッツィ・ハンフシュテングル主催の午後遅くのテーエンプファング（ティー・パーティ）での会話の話題となった。

パーティからの帰り道、ドッド一家はベントラー通りで何か異常なことが起こっているのに気づかざるをえなかった。そこは家へ向かう最後の通りだった。陸軍本部のあるベントラー街の建物がよく見えた。ドッド一家と陸軍は裏庭を隔てたお隣同士の関係だった。腕力に自信のある男なら、ドッド邸の庭から石を投げて陸軍本部の窓を割ることもできただろう。

変化は明らかだった。軍人が本部ビルの屋根に立っていた。完全武装したパトロール隊が側道を移動し、陸軍とゲシュタポのトラックが通りに集結していた。

この武装状態は、金曜夜と土曜の日中まで続いた。そして、六月一〇日。日曜の朝、部隊とトラックはいなくなった。

ドッド邸の付近では、静けさがティーアガルテンの森から外へと広がっていた。いつものように公園には、自転車に乗る者がおり、日曜の朝の静寂の中に馬の蹄の音が響いていた。

第42章　ヘルマンのおもちゃ

騒動が起こるという噂のまっただ中にあって、ドッドやその仲間の外交官たちには、ヒトラーやゲッベルス、ゲーリングがこれ以上じっとしていられるとはとても思えなかった。ドッドは彼らを、不器用で危うげな思春期の者たち、「一六歳の若者」と呼んでいた。直面せざるをえない危機的な問題が山積していた。干害はさらに酷くなっていた。経済は回復の兆しをほとんど見せていなかった。しかし、失業率はなぜか減っていた。レームとヒトラーの亀裂は深くなっていた。そして奇妙な、滑稽とも言える状態が続いていた。まるでドイツは、真剣な時代の真剣な国家ではなく、グロテスクな喜劇に向かう段階にいるとしか思えなかった。

一九三四年六月一〇日日曜日、その一例となる出来事が起きた。ドッド、フランス大使フランソワ・ポンセ、イギリス大使エリック・フィップス卿は他の数十人の招待客と共に、ベルリンの北、車で一時間ほどのところにあるゲーリングの広大な敷地にある邸宅のお披露目パーティに出席した。ゲーリングはこの家を、亡くなったスウェーデン人の妻カリンにちなんでカリンハルと名付けた。彼はこの妻を大切にしていた。この月下旬に、彼女が眠るスウェーデンの墓地から棺を掘り出してドイツに移送し、敷地に霊廟を作って安置する計画を立てていた。その日は、ゲーリングはただ、森と野牛の新しい囲い地を見せることを目的としていた。ゲーリングは、そこで動物を育て放し飼いにする計画でいた。

ドッド一家は、新しいビュイックで少し遅れて到着した。走行中に若干、車に不具合が生じたためだったが、ゲーリングよりは先に着いた。敷地に入ると、特定の場所を走行するよう指示があった。招待客が迷子にならないように、ゲーリングは曲がり角に人を立たせ指示を出すようにしていた。ドッドと妻は、他の招待客が集っているのを見た。彼らはその場所について説明している人を囲んでいた。ドッドは、自分たちが野牛の囲い地の端にいることを知った。

ついにゲーリングがやってきた。一人で、フィップスの言葉によれば、レーシングカーのように、すごいスピードで飛ばしてくると、飛行士のような、あるいは中世の猟師のような格好で車を降りた。ゴム製のブーツを履き、大きな狩猟ナイフを下げたベルトをつけていた。

ゲーリングは、それまで話していた人の場所に代わって立った。本来ならば森の静かな雰囲気のところに、マイクロフォンを使って、雑音を響かせながら大声で話した。彼は、原始ドイツの状態を復元するような森林保護区設立に関する自分の計画について話した。野牛のような原始的な動物で保護区を一杯にすると言った。野牛は近くで所在なさ気にしていた。三人の写真家と「映画撮影」の技師が、この様子を撮っていた。

ハンガリー人とユダヤ人の血が混じっているイタリア大使の美しい妻エリザベータ・セルッティは、起こったことを次のように記憶していた。

「皆さん、この後すぐに、自然の面白い出来事をご覧にいれます」とゲーリングは言って、鉄柵のほうを示した。「この檻に力強い雄の野牛がいます。この大陸ではほとんど見られなくなった動物ですが、……ここで、皆さんの目の前で、同種の雌に会うことになります。どうかお静かに、そして怖がらないでください」。

ゲーリングの森番が檻を開いた。

「イワン雷帝、檻を出なさい」とゲーリングは命令した。

しかし、雄牛は動かなかった。

ゲーリングは命令を繰り返した。しかし、またも雄牛は彼を無視した。

今度は、森番がイワンを動かそうとした。写真家は、これから起こる扇情的な出来事に向けて準備した。

イギリス大使のフィップスは、日記に次のように書いている。雄牛は檻から出てきたが、「本当に嫌そうに、そしてどこか悲しそうに雌牛を見ると、檻に戻ってしまった」。フィップスはさらに、この件をロンドンへ送る報告に書き入れたので、この報告は「野牛通信」としてイギリスの外務省で有名になった。

次に、ドッドと夫人のマッティ、他の招待客たちは、農夫が御する二人乗りの小型馬車三〇台に乗り、森や草原を通って、長く曲りくねった道をドライブした。ゲーリングは、二頭の大きな馬が牽く馬車で先頭を切った。その右の座席にはセルッティ夫人を伴っていた。一時間後、一行は沼地の側で停まった。ゲーリングは馬車から出て、また演説をした。今度は鳥の美しさについてだった。

そして、再び招待客たちは馬車に乗り、また長い道中の後、車が待機している湿原にやってきた。ゲーリングはその大きな体を車の中に押し込むと、またトップスピードで走り去った。他の客はゆっくりと後を行き、二〇分後、新しく建てられた巨大なロッジにやってきた。中世の領主の館を思わせる建物だった。ゲーリングが客たちを待ち受けていた。まったく新しい格好に着替えて、「白い素晴らしい夏の衣装」だったとドッドは書いている。白いテニスシューズ、白いフランネルのズボン、白いシャツ、緑色の革のハンティングジャケット、ベルトには同じ狩猟用ナイフが差してあった。片手には羊飼いの棒と銛《もり》の中間のような長い道具を持っていた。

六時近くになっていた。午後の太陽は、風景を美しい琥珀色に染めた。道具を手に、ゲーリングは皆を家に案内した。剣のコレクションが正面玄関を入ってすぐのところに飾られていた。次に「金」の部屋、「銀」の部屋、トランプ室、書斎、ジム、映画用の部屋を、彼は自慢気に案内した。廊下には数十もの鹿の枝角が飾られていた。メインとなる居間には鉢植えの木とヒトラーのブロンズ像が置かれ、さらに何かを飾る空間が残されていた。そこには、チュートン族〔ドイツ民族〕の戦《いくさ》の神ヴォータンの彫像を置く予定になっていた。「ゲーリングはこちらを振り返る度に自慢した」とドッドは書いた。ほとんどの招待客が舌を巻きながら歩いていたが、注意は怠らなかった。

ゲーリングは客を外に連れ出した。そこにはテーブルが用意されており、女優のエミー・ゾンネマンが座を飾った。エミーはゲーリングの「個人秘書」だったが、誰もがエミーとゲーリングが恋愛関係にあることを知っていた（ドッド夫人はゾンネマンを気に入り、その後数ヶ月「彼女のとりこになっていた」とマーサは書いている）。大使のドッドは無意識のうちに、副首相パーペン、フィップス、フランソワ・ポンセのいるテーブルに着いていた。ドッドはがっかりした。「会話には何の意味もなかった」と書いている。しかし、話題が第一次世界大戦時のドイツ海軍に関する新しい本の話に転じて、戦争について熱心な議論が始まると、ドッドも「人々が歴史の真実を知りさえすれば、再び大きな戦争は起こらないだろう」と述べた。

フィップスとフランソワ・ポンセは気まずそうに笑っていた。

そして沈黙が訪れた。

しばらくして会話が再開した。ドッドの弁によると、「他の危険の少ない話題に変えた」。ドッドとフィップスは、食事が終われば解散になってベルリンに帰れると思って――というより、そう願っていた。二人ともその日の夜に、ベルリンで予定があったからである。しかしゲーリングは、今日のクライマックス――フィップスが「奇妙な喜劇」と呼んだもの――はこれからだと客たちに告げた。

ゲーリングは皆を、四五〇メートル先にある湖畔のある地点に連れていった。彼は、水辺に建つ墓の前にたたずんだ。そこでドッドは「見たことがないような美しい霊廟がある」ことに気がついた」。霊廟は、大きな二本の樫の木と、ストーンヘンジを思わせる巨大な六つの砂岩の間にあった。ゲーリングは片方の樫の木まで歩いていくと、足を開いて、大きな樹の霊ででもあるかのように立った。狩猟ナイフはベルトに下げたままで、中世風の雰囲気を醸し出していた。そして、亡き妻の美徳、田園風な墓の様子、遺体を掘り出し収容する計画について延々と述べ続けた。遺体の収容はそれから一〇日後、夏至の日に行われる予定だった。その日、国家社会主義ドイツ労働者党の異教的イデオロギーに象徴的意味が与えられることになった。陸軍、親衛隊、突撃隊の軍団と同じように、ヒトラーも参加する予定だった。

ついに、「奇妙な見せ物に疲労した」ドッドとフィップスは揃ってゲーリングに別れの挨拶をしようと動いた。セルッティ夫人も明らかにその機会を伺っていて、機敏に反応した。「セルッティ夫人は私たちの動きを見た」。そして、「彼女はこのわずかな機会を誰にも邪魔されまいと、急いで立ち上がった」とドッドは書いている。

次の日、フィップスは日記にゲーリングの邸宅公開のことを書いた。「すべての行程が奇妙なもので、時として非現実的な感じを受けた」と書いている。しかしこのエピソードは、ナチの統治を理解するのに、不思議ではあるが貴重な洞察を与えた。「一番印象的だったのは、ゲーリング将軍の感傷的なナイーブさだった。大きな太った甘やかされた子どもがおもちゃを見せびらかしているようだった。原始の森、野牛、鳥、狩猟用具、湖、水泳用のビーチ、金髪の「個人秘書」、妻の霊廟、白鳥、砂岩……それから他にもおもちゃがあったのを思い出した。無邪気さはないが、夢想的だった。のちに同じ子どもっぽい精神と子どもっぽい喜びを持って、殺人的な計画が始まったのだった」。

第43章　小者が話す時

マーサと父親は行く先々で、ヒトラー政権崩壊は必至だという噂と憶測を耳にした。六月の暑い日が明ける毎に話は詳細になっていった。バーやカフェで客たちは、新政権への入閣者リストを作って比べるという危険な遊びに興じた。その中で、二人の元首相の名前が頻繁に挙がっていた。ヒトラーは首相に留まり、シュライヒャー将軍とハインリヒ・ブリューニングである。ヒトラーは首相に留まり、シュライヒャーを副首相、ブリューニングを外務大臣、レーム幕僚長を国防大臣にしてより強力な政府を作り、支配権を握るという憶測もあった。一九三四年六月一六日、ベルリン赴任から一年を迎えるまであとひと月という時にドッドは、国務長官ハルに手紙を書いた。「どこもかしこも、レジスタンスや大都市での暴動の話をしている」。

そして、ヒトラーの治世下に確立された反対意見を封じる強力な障壁がある限りは、不可能だろうとこの春までは思われていたことが起きた。

六月一七日日曜日、副首相パーペンは、ベルリン南西の、列車ですぐのマールブルクにある同名の大学で演説をする予定だった。列車に乗って初めてスピーチ原稿を読んだ。これは、彼のスピーチライター、エドガー・ユングと秘書のフリッツ・グンター・フォン・チルシュキー・ウント・ボーゲンドルフの陰謀であった。ユングはナチ党に深く反対するようになった主導的な保守派で、ヒトラー暗殺を考えもした。これまでは、パーペンのスピーチで反ナチ的な言い方をしたことはなかった。しかし、政府内で対立が激化しているのをよい機会と彼は捉えたのだ。パーペン本人が政府への反対を示したなら、ヒンデンブルクと軍隊を鼓舞することとなって、ナチを政権から駆逐し、突撃隊が粉砕されて、国家に秩序を回復することができると考えたのである。ユングは、演説原稿をチルシュキーと入念に練った。そして、なんとかそれを、パーペンには最後まで見せないでおくようにした。そうすれば、彼は原稿を読むほかない。「その演説には何時間も掛けた」とチルシュキーは言っている。「演説を読む機会を慎重に選ばねばならなかった。すべては細心の注意を払って計画された」。

今、列車の中で初めて原稿を読んだパーペンの顔に恐怖が走るのを、チルシュキーは見た。パーペンは英雄的人物ではなかったが、このまま行って演説を読んで生き延びられるだろうと彼が考えたのは、十分ドイツの雰囲気に変化を感じていたからだった。劇的な変化が近づいているという意識が浸透していた。選択肢が多くあったわけではなかった。「私たちは多かれ少なかれ、彼にそのまま読むことを強要した」とチルシュキーは言った。演説原稿は事前に外国人記者に配られていた。たとえ最後の瞬間にパーペンがひるんだとしても、もう原稿は出回っていたのだった。演説の内容が既に漏れていたので、パーペンが到着した時には、辺りには期待が渦巻いていた。褐色の制服と鉤十字の腕章がいくつかの席を埋めているのを見た時には、パーペンの不安は確かにいや増した。

パーペンは演壇に進んだ。

「プロシアで起きている出来事での、そして現政府での私の立場は」――ヒトラーの首相指名に果たした自分の役割を暗示していた――「ドイツの発展に大きく貢献してきました。そして今、私は他の誰よりも、事態を深刻に見なければなりません」。

続く内容は、地位の低い者だったら絞首台に直行させられるものだった。「政府は、自らの利己的なところ、規律の欠如、不誠実さ、無礼な振る舞い、横柄さに気づかねばならない。これらはドイツ革命を装って行われています」とパーペンは言った。もし政府が国民と「親密で友好的な関係」を築こうとするなら、と警告し、「国民の知性を見くびってはならないし、信頼は相互のものであって、威嚇して得られるものではありません」。パーペンは、ドイツ人は絶対的な忠誠心をもってヒトラーに従うべきだが、次の条件が満たされる必要があり、それは、「意思決定とその実行に関与できること、批判の言葉が直ちに悪意あるものと解釈されないこと、心からの愛国者が裏切り者だと扱われないことである」と述べた。

「原理を振りかざす狂信者を一掃する時」が来た、とパーペンは言った。

聴衆は、この言葉を待っていたかのように反応した。パーペンが演説を終えると、聴衆は立ち上がった。「嵐のような拍手が、制服を着たナチたちの反対する怒号をかき消した」とパーペンは書いている。当時ベルリン市民だった歴史家のジョン・ウィーラー・ベネットは、「ドイツ人が感じた喜びを表現するのは困難だ。彼らの心から重荷が取り去られたようだった。解放感が周りの空気に感じられた。パーペンは、何千万という国民が言論に対する刑罰を恐れ、心の中に閉じ込めてきたことを言葉にしたのだった」。

同じ日、ヒトラーは国内の別の場所で、ムッソリーニと会談したイタリア訪問について講演する予定だった。ヒトラーはそれを、名指しこそしなかったものの、パーペンとその仲間の保守派を攻撃する機会とした。「我々の考えに意見しているつもりの小人たちは、多大な力で一掃されるだろう」とヒトラーは叫んだ。「愚かな虫けらども、人々の生活を刷新する大きな流れを、わずかな言葉で止められると思っている小者め」と罵った。

パーペン一派には警告を発した。「彼らが、どんな些細なやり方でも批判から破天荒な行為へと向かったら、自分たちが対峙しているのは、一九一八年の臆病で腐敗し切ったブルジョアではなく、国民みんなが突き上げた拳だと理解するだろう。国民が握りしめた拳は、妨害する者を打ち砕くのだ」。

ゲッベルスは直ちにパーペンの演説を差し止める行動をとった。放送を禁止し、それを録音したグラモフォンレコードを壊すように命じた。新聞に、全文または内容についての報告を載せることを禁止した。しかし、フランクフルター・ツァイトゥング紙だけは抜粋を載せることができた。ゲッベルスは演説内容の流布を止めるのに躍起となって、「レストランやコーヒー・ハウスでこの新聞を読んでいると、その手からもぎ取っていった」とドッドは書いている。

パーペンの同志たちは、パーペン自身の新聞、ゲルマニア紙の印刷機を使って、外交官や特派員などに密かに配った。この演説は世界中に動揺を与えた。ニューヨーク・タイムズはドッドの大使館に、全文を電報で送るよう要請してきた。ロンドンとパリの新聞も、この演説をセンセーショナルなものとした。

この出来事は、不安が浸透しているベルリンの感覚をさらに強固にした。「重苦しい空気の中に何かがあった」とナチの記録係ハンス・ギゼヴィウスが書いている。「ありえそうなものも、非現実的なものも含めて噂が、不信感を深める人々の間に広まった。狂気じみた話もあえて信じられた。誰もが噂話をし、そして新たな噂を吹聴して回り、広めた」。政治的に対立している両派は「暗殺者を雇っていて、それぞれが殺されるのではないか、殺し屋は誰かという疑惑で極度に緊張していた」。

ウンター・デン・リンデンにある建物の屋根から手榴弾を投げた者がいた。手榴弾は爆発し、近隣の政府と突撃隊の要人たちに心理的影響を及ぼした。ベルリン地区の突撃隊の、若く無慈悲な隊長カール・エルンストは爆発の五分前にそこを通りかかり、自分が標的で、その背後にはヒムラーがいると言った。

緊張と不安が渦巻く中、ヒムラーがエルンスト抹殺を企てているというのはありえることだった。警察の捜査で、殺人未遂者は不満を抱いた非正規雇用者だと判明したが、恐れと疑いが銃口の煙のように残った。ギゼヴィウスは、「囁きと目配せ、頷きなどの疑惑を裏づけるものが多くあった」と書いた。

ドイツはスリラー映画のクライマックスに近づこうとしていた。「緊張は最高潮に達した」とギゼヴィウスは記録している。「過度の暑さと湿気よりも、不確実さで心を悩まされることのほうが耐えがたかった。誰にも次に何が起こるのかわからなかった。誰もが不穏な気配を感じ取っていた」。ユダヤ人文献学者のヴィクトール・クレンペラーもそれを感じ取っていた。「どこに行っても、疑念と、興奮と、秘密があり、私たちはただ一日一日をやり過ごすだけだった」。

ドッドにとってもパーペンのマールブルク演説は、ヒトラー政権は残虐で非理性的であるという、自分が思っていたことを示したものだった。ヒトラーその人の副首相が、政権に反対することを言って生き残った。これは、ヒトラー政権を終結させる突破口ではないか？　だとしたら、パーペンのような臆病者がこんなことをしたのは、なんと奇妙なことだろう。

「ドイツ中が興奮した」と、ドッドは六月二〇日水曜日の日記に書いている。「昔からのインテリのドイツ人は非常に喜んだ」。その次には、ヒトラーと配下たちの、演説への怒りが込められた他のニュースが現実味を持ってきた。「主導者たちの護衛が反乱の様子を示し始めたらしい」とドッドは書いている。「同時に、飛行訓練や軍事演習が日常化してきたという、郊外を行き来する者の話が伝えられていた」。

同じ水曜日、パーペンはヒトラーのもとへ、演説の出版が止められていることについて抗議に赴いた。「私はマールブルクで、大統領の使者として演説したのです」とヒトラーに言った。「ゲッベルスの介入は、私を辞職させようとするものだ。ヒンデンブルク大統領に即刻、報告します」。

ヒトラーにとって、これは深刻な脅威だった。ヒンデンブルク大統領はヒトラーを解任する憲法上の権力を保持し、また、正規軍の忠誠を要求できる立場にあって、この二つがヒンデンブルクをドイツにおける最高の権力者となさしめ、自分の力を越えていることをヒトラーは十分知っていた。ヒトラーはさらに、ヒンデンブルクとパーペン——大統領の〝フランツェン〟——には強固な個人的つながりがあり、ヒンデンブルクがパーペンに演説を賞賛する電報を打ったことを知っていた。

パーペンはヒトラーに、ヒンデンブルクの領地であるノイデックに行って、演説を出版する許可を得るつもりだと言った。

ヒトラーは彼をなだめようとした。宣伝省大臣が出した出版禁止を解くことを約束し、そしてノイデックに一緒に行って、大統領に会おうと言った。パーペンは、驚くべき初心《うぶ》さから同意した。

その夜、夏至を喜ぶ人々がドイツ中で篝火《かがりび》を焚いた。ベルリンの北では、ゲーリングの妻カリンの遺体を載せた葬儀列車がカリンハル近くの駅に停車した。楽団がベートーベンの「葬送行進曲」を演奏する中、整列したナチの軍人と役人たちが駅前の広場に集ってきた。最初に八人の警官が、壮麗なセレモニーの後には別の八人が棺を運び、最終的に六頭立ての馬車に載せて、ゲーリングの湖畔にある霊廟へと向かった。墓には、炎が立ちのぼる大きな容器がいくつも置かれていた。狩猟の角笛が不気味な、奇妙な共鳴音となって森から鳴り響き、炎は空へと上がっていった。

ヒムラーが到着した。彼は興奮していた。ヒトラーとゲーリングを連れ出して、不穏なニュースを伝えた。真実ではないことをヒムラーは気づいていたが、ヒトラーをレームに対抗して行動させるのには十分利用できるものだった。ヒムラーは、誰かが自分を殺害しようとしたことに怒っていた。弾丸が彼の車のフロントガラスを貫通したのだ。彼は、レームと突撃隊を責めた。一刻の猶予もない。突撃隊は反乱を企てている、と言った。

フロントガラスの穴は、銃弾によってできたものではなかった。ハンス・ギゼヴィウスは最終報告書にそう書いた。近くを通る車がはじいた石が当たったからできた損害だと推測された。「突撃隊による暗殺計画を非難する［ヒムラーの］冷徹な計算だった」とギゼヴィウスは書いた。

その翌日、一九三四年六月二一日、ヒトラーはパーペンを連れずに、ヒンデンブルクの領地へ飛行機で行った。計画通りだった。ノイデックではまず、国防大臣のブロンベルクに会った。将軍は制服を着用し、ヒンデンブルクの城に向かう途中でヒトラーと面会した。

ブロンベルクは、厳しい様子で、単刀直入だった。彼はヒトラーに、ヒンデンブルクはドイツで緊張が増していることを憂慮していると伝えた。ヒトラーが事態を掌握していなかったら、ヒンデンブルクは戒厳令をしいて、政府を軍の支配下に置くつもりだとブロンベルクは言った。

ヒンデンブルク本人と会談すると、同じことをヒトラーは伝えられた。ノイデックへの訪問は半時間ほどだった。その後、ベルリンに飛行機で戻った。

その一週間は常に、副首相パーペンとその演説、そして彼が奇跡的に生き延びていることについてドッドは耳にすることになった。記者や外交官はパーペンの行動について、どんな昼食会に行ったか、誰と話したか、誰が彼を避けたか、どこに車を停めたか、ティーアガルテンの散歩をしていたか、などを記録し、彼自身とドイツの将来に関する兆しを知ろうとした。六月二一日木曜日、ドッドとパーペンは、ドイツ帝国銀行総裁ヒャルマル・シャハトの演説会に参加した。後でドッドは、パーペンが講演者よりも注目を集めていたことに気づいた。ゲッベルスもいた。パーペンは彼のテーブルに行って握手を交わし、お茶を共にした。ドッドは驚いた。ゲッベルスは「ヒトラーとヒンデンブルクが会談しなかったならば、マールブルク演説の後、パーペンの迅速な処刑を指示したであろう」人物だったからだ。

ベルリンの空気は張り詰めていた。六月二三日土曜日のドッドの日記には、「その週は穏便に終わった。しかし、大きな不安は変わることはなかった」。

第44章　バスルームのメッセージ

パーペンは、ベルリンでの移動を妨害されることはなかった。一九三四年六月二四日、ヒンデンブルクの特使としてドイツダービーに行くためにハンブルクまで旅をした。そこで多くの人々から熱烈な歓迎を受けた。ゲッベルスが到着し、親衛隊の後ろから群衆をかき分けると一斉に非難の声が巻き起こった。二人は握手をし、カメラマンは一斉にシャッターを切った。

パーペンのスピーチライターであるエドガー・ユングは目立たないようにしていた。今になって、マールブルクの演説で自分の命が危なくなったことを感じていた。歴史家のウィーラー・ベネットは、ベルリン郊外の森林地区で彼と秘密の会談を準備した。「ユングは落ち着いていて、運命を諦観していた。何も持たない人間の自由について話し、それゆえ失うものもないとして、多くのことを語った」と記憶している。

政権の物言いが次第に脅迫的になってきた。六月二五日月曜日、ルドルフ・ヘスが「信頼を破壊した者には災いがある。反乱によって革命を起こそうとする者には災いがある」と警告した。党は「打つならば強く打て」の原則に従って、絶対的な力で反乱に対抗すると言った。

明くる六月二六日火曜の朝、エドガー・ユングの使用人が彼の家に出勤すると、家の中が荒らされ、家具や衣服や書類が散乱していた。バスルームの薬棚に、ユングが書いた一語が残されていた。「ゲシュタポ」。

ディールスは、ケルンの地方長官として宣誓をするところだった。ゲーリングが所用があって、この都市に飛行機で来た。彼の乗った白い飛行機が濃青色の空から、ディールスの言葉によると「美しいラインラントの夏の日のように」現れた。儀式でディールスは親衛隊の黒い制服を着ていた。ゲーリングは自分がデザインした白い制服を着ていた。その後でゲーリングはディールスを脇に呼び、「数日間は注意するように」と言った。

この言葉は深く胸に刻まれた。時機を見ての脱出に慣れていたディールスは、街を離れ、近くのアイフェル山地に隠遁した。

第45章　セルッティ夫人の苦悩

一九三四年六月二八日木曜日の日記にドッド大使は、「私がドイツに来て以来、この五日間はあらゆる話がベルリンの空気を、一番緊張したものにしていた」と書いた。パーペンの演説は、日常会話の話題にいつも登場した。ヒトラー、ゲーリング、ゲッベルスは残忍さを増しつつ、政府に対抗しようとする者には恐ろしい報いがあると警告していた。国務省への電報でドッドは、フランス革命の頃の恐怖に覆われた雰囲気にたとえていた。「事態は、ジロンド派とジャコバン派が勢力を争い合った一七九二年のパリのようだった」。

家庭内でも、気候や政治情勢とは関係はないものの深刻な問題が起きていた。両親の反対にもかかわらず、マーサがロシア行きを計画していたのだ。マーサは、自分の興味は共産主義にあるのではなく、あくまでボリスへの愛とナチ革命に対して深まる幻滅のためだと言った。ボリスが忠実な共産主義者であることは知っていたが、自分の政治的思考に関する彼の影響は、「個人的な魅力と単純さと国への愛」からに限られると説明した。「ボリス自身、そして彼の信念、彼の国の政治組織、二人の将来」に深い分裂があることも感じていると告白した。旅行はボリスと一緒ではない、と言った。

マーサはロシアをできるだけ見てみたかった。いくつかの都市だけに絞るようにというボリスのアドバイスも無視した。ボリスは、旅行者が喜ぶところを見るのではなく、マーサに自分の祖国を深く理解してもらいたかった。もちろんボリスも、ロシアへの旅は西ヨーロッパのように迅速でも快適でもないし、都市は、街並みもドイツやフランスのように、絵画のような美しい魅力があるわけではないことはわかっていた。ソ連は、左翼の外部の者が想像するような労働者のパラダイスではなかった。スターリンの下、農夫は集団農場に入れられた。多くは抵抗したものの五〇〇万人ほどの人間が——男も女も子どもも——いなくなり、ほとんどが遠く離れた労働キャンプへと連れて行かれた。飢饉がウクライナを襲った。家畜に大きな被害があった。一九二九年から三三年の間に、畜牛の数は六八一〇万から三八六〇万頭に、馬は三四〇〇万から一六六〇万頭に減った。たまたま訪れた人には実際の社会の様子、とりわけロシアのぱっとしない労働者の格好は魅力的とは言いがたく、特に旅行自体の困難さや強制的に付けられるインツーリスト〔ソ連の海外旅行代理店〕にはうんざりしてしまうことも、ボリスはよく知っていた。

にもかかわらずマーサは、ナンバー9の旅行コース、ボルガ、コーカサス、クリミアを回るルートを選び、七月六日のフライト――彼女にとって初飛行だった――でベルリンからレニングラード〔現サンクト・ペテルブルク〕に向かった。レニングラードで二日間を過ごし、列車でモスクワへ行って四日間滞在し、夜行列車でゴーリキー〔現ニジニ・ノヴゴロド〕に向かい一〇時〇四分に到着すると、その二時間後にはボルガ川の蒸気船で四日間のクルーズに出掛け、カザン、サマラ、サラトフ、スターリングラード〔現ヴォルゴグラード〕に寄った。そこでの見学コースにはトラクター工場が入っていた。スターリングラードから列車でロストフ・ナ・ドヌに行った。ここでは国営農場を訪ねるオプションがあったが、資本主義の影響が滲み出たのか、この農場ツアーには追加料金が掛かった。次にオルジョニキーゼ〔現ウラジカフカス〕、ティフリス、バトゥーミ、ヤルタ、セヴァストポリ、オデッサ、キエフに行って、最後は列車でベルリンに戻り、八月七日、三二日間の旅行の後、うまく行けば午後七時二二分に到着する予定だった。

マーサとボリスの関係は深さを増していった。情熱と怒りの間を激しく振幅し、雪崩のように詫び状と生花が届けられた。ある時マーサは、彼からの贈り物である「三猿」の陶器を返したことがあった。ボリスはそれを送り返してきた。

「マーサ！」と感嘆符を付け、激情に任せた手紙だった。

「君の手紙と、君が「忘れていない」ことに感謝する。三猿は成長（大きくなっていた）

し、あなたと一緒にいたがっている。はっきり言おう。三匹の猿はあなたを欲しがってい
る。もちろん、三匹の猿の他に、ハンサムでブロンドの（アーリア系だ!!）若い男が君といたがっていることも知っている。このハンサムな男は（三〇は越えていない）――私だ」。「マーサ！　君に会いたい。私は言いたい。私の可愛い、愛しいマーサを忘れたことなどないと」。

「愛している、マーサ。どうしたら信用してもらえるのだろう」。「ボリスより」。

どんな時節にも二人の関係は外部の者の注意を引いていたが、六月のベルリンは、あらゆることが厳粛に受け取られていた。誰もが誰かを監視していた。この頃マーサは、他の人間の思惑など考えていなかった。しかしのちに、文通相手のニックの妻アグネス・ニッカボッカーへの手紙では、思い込みが現実を歪めることも認識していた。「私は、アメリカ合衆国を倒したり転覆したりする計画などしたことはなかった！　ドイツにいる時も、アメリカにいる時もだわ」と書いている。「でも、ボリスを知って愛したことが、他の人には最悪のことを想像させたのだと思う」。

その時疑われるようなことは何もなかった、とマーサは言っている。「むしろ、彼を通してソ連について何か知るようになったことを除いて、全く政治的な意味合いのないこと

が、夢中になっていたものの一つでした」。

一九三四年六月二九日金曜日、先週と同じような嵐が迫っている雰囲気があった。「その夏の一番暑い日だった」と、イタリア大使の妻エリザベータ・セルッティは書いている。「湿気で暑く、息もできないくらいだった。黒い雲が地平線に垂れ込め、容赦なく照りつける太陽が頭上にあった」。

その日ドッド一家は家で昼食をとった。そこに副首相パーペンと外交官、政府の役人を招いた。その中にセルッティ一家と、たまたまベルリンにいたドイツの駐米大使ハンス・ルターがいた。

マーサも同席し、父とパーペンが他の客から離れ、書斎にある新しくてまだ使っていない暖炉の前で話しているのを見た。「パーペンは自信に満ち、いつものように穏やかだった」とマーサは書いている。

その後ドッドは、パーペンとルターが「何か緊張した様子で」お互いに向き合っているところに出くわした。ドッドは二人の間に入り、常緑樹に覆われた美しい庭を見せた。そこで他の客が会話に加わってきた。ドッドは、ダービーの時に撮られた写真の話題を出してパーペンに、「先日ハンブルクで、あなたとゲッベルス博士は大変親しげに見えました」

と言った。

パーペンは笑った。

昼食の時、セルッティ夫人はドッドの右側、パーペンの向かいに座った。隣はドッド夫人だった。セルッティ夫人の不安な様子は明らかで、遠くから見ていたマーサにもわかった。マーサは、「夫人は父の隣に、ほとんど倒れそうな様子で座っていた。あまり話をせず、青白い顔で、何かに気を取られ、びくびくしていた」。

セルッティ夫人はドッドに、「大使、何か恐ろしいことがドイツで起こります。そんな感じがするのです」と言った。

その時セルッティ夫人は何が起こるのか知っていたのだ、という噂が流れた。それを聞いて彼女は驚いた。ドッドに言ったのは天気のことだけだった、と彼女はのちに主張した。

アメリカでは、その金曜日は「熱波」がさらに酷くなった。ワシントンのような湿気の多いところでは、働くことができなくなった。モファットは日記に、「今日は日陰でも三九度だ」と書いている。

暑さと湿気は耐えられないものだったので、夕方になると、モファットとフィリップス、三等書記官は、モファットの友人の家のプールに入りに行った。その時友人はいなかった。

三人は服を脱いで、プールに入った。水は生暖かく、涼しさを与えてくれなかった。誰も泳がなかった。その代わりに、プールの中に座って静かに話をしていた。頭だけが浮かんでいた。

ドッドが話題になったことは大いにありえた。数日前、フィリップスは日記に、外交官や領事館の者たちの財産についてドッドが手加減なく攻撃したことを書いていた。「おそらくドッドは、大統領にも文句を言っているだろう」と日記にこぼしていた。ドッドは「いつも不平を言っている。なぜなら、彼らがベルリンで収入以上の暮らしをしているからだ。ドッドが強硬に反対するのは多分、自分は収入以上に使うお金がないという単純な理由からだ。もちろんこれは、田舎者がとる態度だ」。

奇妙なことに、モファットの母親エレン・ロウ・モファットが、娘（モファットの妹）を訪問しに金曜日にベルリンに滞在していた。娘は、大使館の書記官ジョン・C・ホワイトと結婚していた。その夜、母親は晩餐会に出席した。席はパーペンの側だった。彼女がのちに息子に言ったのは、「副首相はすこぶる機嫌がよかった」ということだった。

第46章　金曜の夜

一九三四年六月二九日金曜日の夜、ヒトラーはドレーゼン・ホテルに到着した。ボン郊外のライン川沿いにある、バート・ゴーデスベルクのリゾート地でヒトラーのお気に入りだった。問題含みの知らせを聞いた後、エッセンからここまで移動してきたのだった。知らせは、副首相パーペンが言っていた脅しを実行しようと、翌日六月三〇日土曜日に大統領ヒンデンブルクと面会し、この紳士にヒトラー政権と突撃隊を支配する行動を起こすよう説得しようとしているというものであった。

ヒトラーは、ヒムラーとゲーリングからは、レームが反乱を計画しているという報告を既に山のように聞いていた。事を起こす時だと思った。ゲーリングは準備のためにベルリンへ発った。ヒトラーは帝国国防軍に警戒態勢を発した。しかし、彼が配備しようとした軍隊はほとんどが親衛隊の部隊だった。ヒトラーはレームの主要な部下の一人に電話を掛けて、土曜朝の会議に出席するため、幹部はミュンヘン近くのバート・ヴィーゼに来るよう指令を出した。レームは既に、そこのホテル・ハンゼルバウアーに落ち着いていた。療養目的だったが、金曜の夜にしたたか飲んで休息していたのだ。補佐官のエドムント・ハイネスは、一八歳のハンサムな突撃隊員と一緒にベッドで眠り込んでいた。

ゲッベルスは、バート・ゴーデスベルクでヒトラーと合流した。パレードが下を通るホテルのテラスで会話を交わした。ボンの上空には青い稲妻が走り、雷があちこちで聞かれた。その音はラインの谷間に反射し、奇妙な音を響かせた。

ヒトラーが最後の決断を下す直前の高揚した瞬間をゲッベルスは悲劇調で回想している。遠くの嵐が近づいてくるにつれ、部屋の中は静かになった。突然、雨が落ち始めた。ゲッベルスとヒトラーはどしゃ降りの雨がほこりを洗い流すのを喜びつつ、しばらく留まっていた。ヒトラーは笑った。そして中に入った。嵐が過ぎるとテラスに戻ってきた。「総統は考え込んでいるようだった」とゲッベルスは書いている。「夜の闇を見つめていたが、闇は、嵐が拭き清め、広く、調和した風景の上に広がっていた」。

通りの群衆は嵐にもかかわらず留まっていた。「下に集っている群衆の誰一人たりとも、次に何が起こるか知らなかった」とゲッベルスは書いている。「テラスの指導者の周りにいる者でも、何人かにしか知らされていなかった。この時、ヒトラーはかつてないほど賞賛を受けることになる。その顔には何ら震えも見られず、心の中を知られるものはなかった。しかし私たちは、彼の側にいて難しい時間を過ごした。どれほど苦悩しているかを知っていたからだ。しかし、自分への忠誠の誓いを破って、第二の革命を実行するというスローガンを掲げた反動分子は、容赦なく鎮圧されなければならないことを固く決心していた」。

深夜にヒムラーが、さらに悪い知らせを電話で伝えてきた。突撃隊のベルリン隊長カール・エルンストが、自分の隊に警戒態勢を発令したというものだった。ヒトラーは「反乱だ」と叫んだ。しかし実際には、ヒムラーが知っていたように、エルンストは最近結婚して、ハネムーンクルーズのためブレーメンの港に向かうところだったのだ。

一九三四年六月三〇日土曜日深夜二時、ヒトラーはドレーゼン・ホテルを出発し、フルスピードで空港に向かった。そこで専用機ユンカース52に搭乗した。二人の副官と、ヒトラーが信頼する突撃隊幹部ヴィクトール・ルッツェ（一九三四年二月のヒトラーの演説後に、軍隊と突撃隊にレームが痛烈な言葉を吐いたことをヒトラーに報告した人物だった）と合流した。ヒトラーの運転手も同乗した。二番目の飛行機には武装した突撃隊員が乗り込んだ。二機はミュンヘンへ飛び、朝四時半、太陽が昇る頃に到着した。ヒトラーの運転手の一人エーリヒ・ケンプカは、朝の美しさと雨に洗われた空気の新鮮さ、「朝日で煌めく」草の美しさに感動していた。

到着してまもなく、最後の争乱を臭わす報告を聞いた。前日にミュンヘン通りで、三〇〇〇人ほどの突撃隊員が行進していたというものだった。ヒトラーには知らされていなかったが、これは偶然のものだった。ヒトラーに忠実な者たちが、自分たちの立場が脅かされていることを感じ取り、国防軍から攻撃されるのを恐れての行動だった。

ヒトラーの怒りは頂点に達した。「最悪の日だ」と叫んだ。バート・ヴィーゼでその朝行われる予定だった、突撃隊幹部との会談まで待つ余裕はないと決断した。「ヴィーゼへ、急げ」と運転手に言った。

ゲッベルスがゲーリングに電話をし、ベルリンの作戦を開始する暗号を伝えた。「ハチドリ《コリブリ》」。無邪気な言葉だった。

ベルリンでは、北部の遅い夕陽が地平線に残っていた。ドッドは、平和な金曜の夜を静かに過ごそうとしていた。本を読みながら、消化を良くするために甘く煮詰めた桃とミルクを口にしていた。ドッド夫人は、いよいよ一週間前となったアメリカの独立記念日を祝う大野外パーティのことを考えていた。これは、大使館員全員と他の何百という客を招待するものだった。ビルはこの晩は家にいた。マーサは次の日、ボリスと別の田舎にドライブに行く予定だったので、朝を楽しみにしていた。ピクニックとヴァンゼー湖での日光浴を計画していた。七日後には、ロシアに旅立つ予定だった。

外では公園に、煙草の火が見えた。時折、ティーアガルテン通りをオープンカーが駆け抜けていった。公園では虫が街灯の下に羽を煌めかせていた。勝利の通りにある白い彫像が幽霊のように明るく輝いていた。さらに暑く、どんよりとしていたが、その晩はマーサが初めてベルリンに来た時に似ていて、うっとりするような小さな街の静謐さと平和に満ちていた。

Ⅶ すべてが変わる時

第47章　「撃て！」

次の朝、一九三四年六月三〇日土曜日、ボリスはマーサの家にフォードのオープンカーでやってきた。二人はすぐに、ピクニック用の食事と敷物を詰め込んで、ベルリン南西のヴァンゼー地方へ出発した。密会の場所としては、そこには不穏な過去があった。小ヴァンゼーと呼ばれる湖で一八一一年、ドイツの詩人ハインリヒ・フォン・クライストは不治の病に冒された恋人を殺した後、自殺したのだ。ボリスたちは、マーサのお気に入りで人気のない小さな湖グロース・グリーニッケを目指し、北へ向かった。

辺りの街は、暑さが増して気だるい雰囲気だった。その日は、農夫や労働者には耐え難い天気だったが、湖での日光浴を期待している者には絶好の日だった。ボリスは麓の町へ車を走らせたが、すべてがいつも通りだった。思い出してみれば、市民の側も同じように思っていた。ベルリン市民は「和やかに散歩しながら仕事に向かった」と、ホテル・アドロンの経営者の妻、ヘッダ・アドロンは観察していた。ホテルはいつもの調子で営業していたが、その日の暑さで、午後にベルヴュー宮殿で開かれる予定のシャム国王主催の宴会向けのケータリングに問題が生じていた。ベルヴュー宮殿はティーアガルテンの北の端、シュプレー川沿いにあった。渋滞と高熱の中、ホテルはカナッペと前菜をケータリング・バスで何往復も運ばなければならなかった。気温は三〇度を超えようとしていた。湖でボリスとマーサは敷物を広げた。泳いでから太陽の下で日光浴をし、暑くて耐えられなくなるまで互いの腕を巻きつかせていた。ビールとウォッカを飲み、サンドイッチを食べた。「美しくて静かな青空の日だった。私たちの目の前には湖が煌めき、太陽がその光を二人の上に輝かせた」と彼女は書いている。「静かで穏やかな日だった。政治の話や、周りに立ちこめる新しい緊張について論じるような気力も欲求も起きなかった」。

その朝、三台の大きな車が、ミュンヘンとバート・ヴィーゼ間を競うように走ってきた。ヒトラーの車と他の二台は武装した人間で満載だった。ホテル・ハンゼルバウアーに着いた時、レーム幕僚長は部屋で眠っていた。ヒトラーは武装した一団をホテルの中に入れた。彼が鞭を持っていたという者、ピストルを持っていたという者もいた。ブーツの足音を立てながら、階段を男たちが上っていった。

ヒトラー本人がレームの部屋のドアをノックして、護衛二人と共に中に突入した。「レーム、おまえを逮捕する」とヒトラーは怒鳴った。

レームは足下がふらついていて、明らかに二日酔いの状態だった。ヒトラーを見て、「総統閣下、万歳」と言った。

ヒトラーはもう一度「おまえを逮捕する」と言い、廊下へ下がった。次に、レームの部下のハイネスのところへ行くと、彼は若い突撃隊員の愛人とベッドにいた。ヒトラーの運転手ケンプカは廊下にいた。彼はヒトラーが、「ハイネス、五分で着替えないと、ここで射殺する」と怒鳴っているのを聞いた。

ケンプカが言うには、「縮こまっている一八歳の金髪の若者の後について」ハイネスが現れた。

ホテルのホールには、半ば眠そうに、そして驚いている二日酔いの突撃隊を、地下の洗濯室に連行していく親衛隊の叫び声が反響していた。こんな時でなかったらコミカルな場面もあった。ヒトラーの襲撃隊の一人が、ホテルの寝室から出てきて、きっぱりと報告した。「総統閣下、ブレスラウの警察隊長が服を着ないと言っております」。

こんなこともあった。レームの医者で突撃隊中将のケッテラーが、女性と共に現れた。ヒトラーと護衛の者が驚いたことには、女性はケッテラーの妻だった。ヴィクトール・ルッツェはヒトラーから信頼されていて、その朝ヒトラーの飛行機に乗っていた。その彼が、医者は信用できる仲間だとヒトラーを説得した。ヒトラーは医者の元に行って、丁寧な挨拶をした。ケッテラー夫人とも握手をして、二人ともホテルから出て行くようにとひそかに言った。もちろん彼らはそれに従った。

ベルリンではその朝、ニューヨーク・タイムズのフレデリック・バーチャルは、ベッドの脇の電話がけたたましく鳴って目が覚めた。昨晩遅くまで出掛けていたので、最初は電話を無視しようとした。おそらく昼食の誘いか何かで、重要なことではないと思いたかった。電話は鳴り続けた。ようやく格言に従う気持ちになった。「電話を無視すると危ない。特にドイツでは」。受話器を取るとオフィスからだった。「起きて準備するんだ。尋常でないことが起こっている」。電話の主が言ったことは、バーチャルをすっかり目覚めさせた。「どうやら、多くの人が射殺された」。

共同通信の記者ルイス・ロッホナーは、事務所にやってきたスタッフから様子を聞いた。ゲシュタポの本部があるプリンツ・アルブレヒト通りは交通が閉鎖され、トラックと武装した親衛隊に囲まれていた。親衛隊は黒い制服を着ていて、すぐにわかった。ロッホナーは何本か電話をした。状況が明らかになるほどに、すべてが困惑するような事態だった。政府が海外への国際電話を遮断する可能性もあると思い、予防策としてロッホナーは、ロンドンの共同通信に電話し、次の指示があるまで一五分おきに電話を入れるようスタッフに頼んだ。掛かってくる電話はつながるだろうと考えたのである。

シグリット・シュルツは中央政府地区に向かった。車のナンバープレートに注目した。とりわけパーペンのものに。明くる日の朝四時まで休みなく働いたので、仕事用の手帳に「死ぬほど疲れた。泣きたい」と書くことになる。

最も恐ろしい噂の一つは、いつもは静かなグロース・リヒターフェルデの囲地にある古い士官学校から、集中砲火が聞こえたというものだった。


ホテル・ハンゼルバウアーでは、レームが青いシャツに着替え、部屋から出てきた。困惑しながらも、ヒトラーの怒りとホテルの騒動をまだ深刻には受け留めていない様子だった。口の端に煙草をくわえていた。二人の護衛が彼をホテルのロビーに連れ出した。レームは椅子に座り、通り過ぎるウェイターにコーヒーを注文した。

逮捕者はもっといた。多くの者が洗濯室に押し込められた。レームはロビーに座ったままだった。ケンプカは、レームがまたコーヒーを注文しているのを聞いた。これで三回目だった。

レームは車で連れ去られた。逮捕者の残りは、特別許可を受けたバスに乗せられ、ミュンヘンに向かった。シュターデルハイム監獄だ。ヒトラーも一九二二年に一ヶ月収容されていた。救出を試みる他の突撃隊と接触しないよう裏道を行った。ヒトラーと、前代未聞の大編成となった急襲部隊は車に戻った。車の数は二〇台になっていた。途中、事件を知らず、その朝行われる予定だったヒトラーとの会談に出掛けようとする突撃隊幹部の車を停止させながら、ミュンヘンへ直行する道路を急いだ。

ミュンヘンでヒトラーは逮捕者のリストを読み上げ、その名前の横にXマークを付けた。六人を即刻射殺するよう命じた。親衛隊の部隊は発砲の際に、「総統の名によって死刑とする。ハイル・ヒトラー」と言って、彼らを射殺した。

何事もいとわないルドルフ・ヘスは、レームは自分が射殺すると申し出たが、ヒトラーはまだ射殺の指示を出していなかった。その時はヒトラーにとっても、長年の友を殺害することは嫌悪すべきことだったのだ。

ゲシュタポの記録係ハンス・ギゼヴィウスは、その朝ベルリンのオフィスに着くとすぐラジオをつけて、警察署の周波数に合わせた。広範囲の作戦を伝える報告を聞いた。突撃隊幹部も逮捕されたが、突撃部隊とは関係のない人々も同じように逮捕された。ギゼヴィウスと彼の上司、クルト・ダリューゲは詳細な情報を集めようと、ライプツィヒ広場にあるゲーリングの邸宅へ直行した。そこでゲーリングは指令を出していたのだ。ギゼヴィウスは、一人でいるよりも安全なので、ダリューゲに付いていった。それに、誰もゲーリング邸にまで自分を探しにはこないだろうとも考えていた。

ゲーリング邸までは歩いて行けたが、車に乗った。驚いたことに、何事も起きていないかのように、辺りは完全に静まりかえっていた。しかし、突撃隊員がまったくいないことに気がついた。

通りを曲がってゲーリングの邸宅に着くと、日常の雰囲気は一気に消え失せた。マシンガンが高台に配備されていた。中庭は警察官で一杯だった。

ギゼヴィウスは書いている。「護衛の中をダリューゲについて、階段を上ると大きなホールに出た。息苦しかった。切迫した緊張感と流血を感じさせる邪悪な雰囲気が、私の頬を打った」。

ギゼヴィウスはゲーリングの書斎の隣の部屋に入った。副官や伝令官が急いで通り過ぎていった。突撃隊の者は恐怖で震えていた。ゲーリングから射殺されると言われていた。使用人がサンドイッチを持ってきた。部屋は人で溢れていたが、とても静かだった。「誰もが、死体置き場にいるようだとつぶやいていた」とギゼヴィウスは書いている。

出入り口から、ゲーリングがヒムラーと、新しいゲシュタポ局長ラインハルト・ハイドリヒと相談しているところが見えた。ゲシュタポの使いが到着し、白い紙の束を持ってきた。ギゼヴィウスは、そこに死亡した、あるいは殺される予定の者の名前が書いてあるのだと思った。事態の深刻さにもかかわらず、ゲーリングの部屋はまるで競馬レース直前の雰囲気がした。ギゼヴィウスは、荒っぽい騒々しい笑い声と、「行け」という叫び声を聞いた。

「それ！」

「射殺だ！」

「一団の者たちは上機嫌だった」とギゼヴィウスは回顧している。

時々ゲーリングを見ると、彼はざっくりとした白いシャツ、青灰色のズボンに膝までのブーツを履いて、部屋を歩き回っていた。ギゼヴィウスは『長靴をはいた猫』を突然思い出した。

しばらくして紅潮した顔の警察長官が書斎に入ってきた。そして、やはり怒りで真っ赤になったゲーリングが続いた。重要人物が逃げたようだった。

ゲーリングが指示を出した。

「射殺せよ！　みんな連れて行け。全員撃ち殺すのだ。すぐにだ！」

筆舌に尽くしがたい恐ろしさがあった、とギゼヴィウスは書く。「そこに広がった、血に飢えた怒り、邪悪な復讐心、そして同時に恐れ、恐怖そのものを言葉では伝えることはできない」。

ドッドは土曜の朝まで、市内で起こった大事件について何も聞いていなかった。彼は妻と庭で昼食をとっていた。そこへ、息子のビルがドライブから帰ってきた。困惑した様子だった。政府機関のあるウンター・デン・リンデンも含めて多くの通りが封鎖され、親衛隊が完全武装してパトロールをしているという。検挙は突撃隊の本部で行われており、この家から一ブロック離れているだけだった。

ドッドと妻は、ボリス・ヴィノグラードフと出掛けているマーサのことがひどく心配になった。外交官の地位があるとはいえ、ボリスはナチが平素から国家の敵とみなしていた人物だからだ。

第48章　公園内の銃

マーサとボリスは一日中砂浜にいた。太陽が照りつけると日陰に引っ込み、そしてまた日なたに戻った。五時になって、名残惜しかったが荷物を片付け、市内へ帰った。「頭はクラクラして、体は日焼けでほてっていた」とマーサは書いている。なるべく時間を掛けて戻った。一日が終わるのを惜しみ、水面に当たる太陽の光の余韻にひたっていた。その日はますます暑くなり、地面は吸収した熱を大気へ放散していた。

野原や森から立ち昇る熱波に揺らぐ田舎の景色を通って運転していった。自転車に乗った人々は彼らを追い越したり、すれ違ったりした。子どもを前の籠に乗せている者や脇にワゴンを付けて引いている者もいた。女たちは花を持ち、男たちはナップサックを背負い、ドイツ人が好む早歩きをしていた。「素朴で、暑く、どこか安らぐ日だった」とマーサは書いていた。

オープンカーで午後の遅い日の光とそよ風を受けようと、マーサはスカートの裾を腿の上までたくし上げた。「幸せだった。素敵な一日、私の恋人、真面目で親切なドイツの人々への共感がこみ上げた。長い間働いて、休む。ここの人たちは自分たちが楽しむために田舎の風景を美しくしているのだ」。

二人は六時に市内に入った。マーサはまっすぐに座り直し、大使の娘にふさわしいようにスカートを膝まで戻した。

市内は一変していた。ティーアガルテンに近づくほど、その変化を感じた。普段と比べ、歩いている人は少なかった。いたとしても、マーサによれば「奇妙な一団」となって集まっていることが多かった。交通は緩慢だった。ティーアガルテン通りにさしかかった時、車の流れが急に止まった。軍のトラックとマシンガンが見えた。そこで初めて、周りにいるのが黒の親衛隊と緑色の制服を着たゲーリングの警察隊であることに気がついた。顕著なことは、突撃隊の褐色の制服を着ている者がいないことだった。突撃隊本部とレーム幕僚長の家がすぐ近くであることを考えると、これは特に不思議に思われた。

検問所に来た。ボリスの車のナンバープレートは外交官であることを示していた。警官は行ってよいと合図した。

ボリスはゆっくりと、よそよそしく不吉な市内へ入っていった。公園近くのマーサの家の反対側の通りに、軍人と武器、そして軍のトラックが列をなしていた。ティーアガルテン通りとシュタンダルテン通りが交わるところに、レーム通りと呼ばれるところがあった。そこにはさらに多くの兵士と、通りを閉鎖するためのロープが見られた。

　息苦しかった。茶色のトラックが公園の眺めを遮っていた。熱気があった。夕方、六時を過ぎていたが、太陽は高く、暑かった。それまで魅惑的だった太陽は「焼け付く」ように思われた。マーサはボリスと別れた。玄関に走っていき、素早く中に入った。突然の暗闇とホワイエの冷たい石のような空気で目眩がした。「私の目はしばらく明かりを感じられなかった」。

　階段を上ってメインフロアに行った。そこに兄がいた。「心配していたよ」と兄は言った。シュライヒャー将軍が射殺されたことを知った。父は国務省への報告の準備をしに大使館に行った。「何が起きているのかわからない」とビルは言った。ベルリンに戒厳令が敷かれている。

　その瞬間、「シュライヒャー」という名前を聞いてもマーサはピンと来なかった。それから思い出していった。シュライヒャーは将軍で、軍の身のこなしと高潔さを持った前首相であり、元国防大臣だった。

「私は座り込んだ。混乱してひどく落ち込んだ」ことをマーサは思い出す。なぜシュライヒャーが撃たれたのか、理解できなかった。彼女の記憶では、シュライヒャーは「礼儀正しく、魅力的な人物だった」。

シュライヒャーの妻も射殺された、とビルが言った。二人とも庭で後ろから撃たれた。何度も撃たれた。その後数日の間、話はどんどん変わっていったが、動かしがたい事実は二人とも死んだということだ。

ドッド夫人は下の階にいた。夫人、ビル、マーサはレセプションルームに集った。互いに近くに座り、声をひそめて話した。フリッツは、友人や記者からの電話を伝えにきた。彼もいた。そこで、ドアを閉めた。フリッツがいつもより頻繁にやってくるのに気がついた。

ビルの話は凍りつくようなものだった。噂の靄が新たな発見を曇らせたが、事実が明らかになってきた。シュライヒャー夫妻の死は、何十、いや何百という役人がその日殺された中の一つにすぎず、殺害はまだ続いているということだった。レームは逮捕され、その運命はわからなかった。

「蒼白でおどおどしていて」、恐れていた、とマーサは書いている。

電話のたびに新たなことが知らされたが、とても信じられない残酷なものもあった。暗殺者たちは国中を歩き回り、獲物を探した。ベルリン突撃隊長のカール・エルンストはハネムーンの船から引きずり出された。カトリック教会の著名な指導者が仕事場で殺された。軍隊の第二隊長も殺された。新聞の音楽評論家もだ。殺しは、無作為で気紛れに行われているようだった。

どうしようもない行き違いも起こった。ドッドはレームのオフィスから、「残念ながら」で始まる断りの手紙を受け取った。今度の七月六日金曜日に行われるドッド邸でのパーティの招待状への返答だった。「病気治療のため休暇に出るので」という理由だった。「事態の不透明さから考えて、断ったほうがいいとレームは判断したようだ」とドッドは日記に書いている。

騒動の余韻にさらに事故が加わった。ドッド邸のすぐ外で、ピックフォードという名の大使館の運転手がオートバイをはね、乗っていた人の足を切断してしまうという事故だった。切断したのは木の義足だった。

事件のまっただ中で、切迫する問題がドッドの頭を去来した。「マールブルクの英雄、パーペンはどうなっただろうか？　ヒトラーは彼を嫌っているのだろうか？　報告書によると、パーペンの演説を書いた中心人物だったエドガー・ユングは射殺され、パーペンの広報官も射殺された。血の匂いのする事態の中で、パーペンだけが生き残ることができるのか？」

第49章　死　者

ベルリン駐在の外国人記者たちは土曜の午後三時に、ヘルマン・ゲーリングが開く記者会見のために、ヴィルヘルム通りにある首相官邸に集った。その証人がハンス・ギゼヴィウスである。彼はその日、あらゆる場にいた。

ゲーリングは遅れて現れた。制服を着て、大きくて、傲慢な態度だった。部屋は暑く「絶えられない緊張」が燻《くすぶ》っていた、とギゼヴィウスは述懐している。ゲーリングは演台に立った。芝居掛かった様子で、集った群衆を見た。そして、何度も練習したと思われる仕草で顎に手を添え、眼をぐるりと回した。これから言うことは自分にとっても重要なことだという様子だった。ゲーリングは、「葬儀の追悼演説をする者のような悲しげな調子で、抑揚を抑えた声で」話したのをギゼヴィウスは覚えている。

ゲーリングは、いまだ進行中の作戦について簡単に述べた。「数週間にわたって、我々は調査観察をしていた。突撃隊の幹部の何人かは、本来の目的やゴールから外れて、自分たちの利益と野心を優先し、常軌を逸脱した欲望に耽っていたのだ」。レームを逮捕した、といった。彼は「外国」と共謀している。部屋にいた者たちは、フランスのことだと捉えた。「ミュンヘンの最高指揮官とベルリンでの彼の代理責任者である私は、電光石火、躊躇なしに攻撃をした」。

ゲーリングは質問を受け付けた。一人の記者が、副首相パーペンのスピーチライターであったユングと報道官のヘルベルト・フォン・ボーゼ、カトリックの著名な批評家エーリッヒ・クラウゼナーの死について尋ねた。突撃隊の反乱と彼らがどのような関係があるのか、と聞いた。

「私の仕事は反動分子の取り締まりにも及んでいる」とゲーリングは言ったが、その声は電話帳を読みあげているように淡白だった。

「では、シュライヒャー将軍は？」

ゲーリングは止まって、にやりと笑った。

「君たちジャーナリストは特別な見出しが必要なようだ。では、言おう。シュライヒャー将軍は政権への反乱を企てた。そこで逮捕を命じた。愚かにも抵抗したので死んだ」。

ゲーリングは演台から歩いて去った。

何人が粛清されたのか、誰も正確には知らなかった。ナチの発表は一〇〇人以下としていた。例えば、外務大臣ノイラートはイギリスのエリック・フィップス卿に、「四三から四六人」の処刑があり、他の数字は「信憑性のない誇張した」憶測にすぎないと言った。ドッドは友人のダニエル・ローパーへの手紙で、ドイツの他の都市にある領事館から入ってくる報告によると、全体で二八四人の死者が出たと書いている。「犠牲者のほとんどは反逆罪の謂れのない者で、これは政治的宗教的な弾圧だ」。アメリカの公式発表はもっと多かった。ブランデンブルクの領事は親衛隊の高官から、五〇〇人が殺され、一五〇〇人が逮捕されたと聞いた。ルドルフ・ディールスも粛清の対象だったが、ゲーリングの要請で免れたと聞いた。ベルリンのドッドの大使館秘書の一人のメモには、処刑者の数を五〇〇人とし、リヒターフェルデの兵舎の近隣では「一晩中発砲音が聴こえていた」とあった。ディールスはのちに、死者は七〇〇人だったとしているが、別の内部の者は一〇〇〇人以上としており、正確な数字は残っていない。

シュライヒャー将軍の死が確認された。七発撃たれており、一六歳の娘が彼と妻の遺体を発見した。もう一人の将校、シュライヒャー内閣の一員であったフェルディナント・フォン・ブレドウも射殺された。こうした殺害にもかかわらず、軍部は距離を置いていた。軍の組織の二人が殺害されたことへの嫌悪を吹聴する突撃隊のやり方を嫌っていたからだ。

シュライヒャーと過去に関係のあった、ナチのかつての中心人物グレゴール・シュトラッサーは、家族と昼食をとっていた。その時、二台のゲシュタポの車が家の外に停まって、そこから六人の男が出てきた。シュトラッサーは連行され、ゲシュタポ本部の地下の部屋で射殺された。ヒトラーは、彼の双子の子どもの名付け親だった。シュトラッサーの友人、突撃隊幹部のポール・シュルツは森に連れていかれて、撃たれた。彼の狙撃者が遺体に掛けるシーツを取りに車に戻った時、彼は立ち上がり、走って逃げた。この逃亡が、ゲーリングの血に飢えた激怒を引き起こしたと思われる。グスタフ・リッター・フォン・カールは、七三歳でもはやヒトラーの脅威になるとは思われなかったが、「めった切りにされた」。歴史家のイアン・カーショーによると、一〇年前にナチ反乱の企てを妨害したことへの復讐だと推測された。二日前に結婚したばかりのカール・エルンストは、ハネムーンのクルーズから戻ったブレーメンで逮捕された。彼は、何が起こっているかまったく知らなかった。ヒトラーは、彼の結婚式の招待客だったのだ。自分が殺されることがわかって、エルンストは叫んだ。「私は無実だ。ドイツ万歳。ハイル・ヒトラー」。少なくとも五人のユダヤ人が、ユダヤ人という理由で殺害された。無数の名もない人々が、リヒターフェルデの兵舎で銃撃隊に撃たれて死んだ。殺された突撃隊員の母親は息子の死の六ヶ月後、公式な通知を受け取った。国家防衛のために射殺されたのであり、それ以上の説明はない、という簡単な数行の手紙だった。手紙は「ハイル・ヒトラー」で終わっていた。新生ドイツの手紙のすべてが、そのように結ばれていた。

またもや、暗い珍事があった。標的はゴットフリート・ラインホルト・トレフィラヌス、シュライヒャーが首相時代の大臣だった。外に四人の親衛隊の男がいるのに気がついた時、彼はヴァンゼー・テニスクラブでテニスの試合をしている最中だった。嫌な予感がしたので、途中で試合を止めて逃げ出した。壁を登り、タクシーをつかまえて、結局彼はイギリスまで逃げたのだった。

ベルリンの中心部では、夜間アルバイトにホテル・アドロンのケータリング車の運転手をしていた突撃隊員が、ブランデンブルク門近くの検問所で親衛隊員に止められた。ホテルのすぐ側だった。不運な運転手は、スーツの下に突撃隊の褐色の制服を着るという不幸な選択をしていた。

親衛隊は、どこに行くのか尋問した。

「シャム王のところです」と、運転手は笑顔で答えた。

親衛隊はこれを冗談だと思った。運転手の図々しさに腹を立て、仲間と共に彼を車から引きずり出した。後ろのドアを開けさせた。荷台には食事の皿が満載だった。

まだ疑わしいと思った親衛隊は、レームの騒ぎに食事を持っていくのではないかと責めた。

運転手は笑うのを止めて、「違います。シャムの王様です」と言った。

親衛隊はそれでも、運転手がしらを切っていると思った。二人の親衛隊がバンの上に登って、パーティが開かれている宮殿へ運転していけ、と言った。予想に反して、シャム王の晩餐会があるのは本当で、ゲーリングが招待客の一人だった。

ヴィリー・シュミットも哀れだった。ヴィルヘルム・エドゥアルト・シュミットは、ミュンヘンの新聞の敬愛される音楽評論家だった。家で、妻と三人の子どもたちのためにチェロを弾いていた。その時、親衛隊が戸口にやってきて、彼を引きずり出して撃ち殺した。親衛隊は誤りを犯していた。狙った人物は別のシュミットだった。いやむしろ、違うスペルのシュミットという人物だった。

ヒトラーはルドルフ・ヘスを遣わして、殺害された評論家の妻に個人的に詫びた。

プッツィ・ハンフシュテングルは、ヒトラーとの関係が悪化しており、粛清リストに入っていると噂されていた。その時は、ハーヴァードの二五年目のクラス会に出席していて、アメリカにいた。出席するという招待状はアメリカでは、騒ぎとなっていた。最後までハンフシュテングルは、実際に出席する素振りも見せていなかったからだ。一九三四年六月一〇日、彼はディナーパーティを開いた。後から考えると、タイミングは絶好だった。粛清があるであろうことを彼は知っていた。食事の途中で、レインコートとサングラスをつけて変装し、食堂から外に出た。ケルン行きの夜行列車に乗った。ケルンで郵便用飛行機に乗り、フランスのシェルブールに直行した。そこでエウロパ号という船に乗ると、ニューヨークへ向かった。スーツケース五つと、贈り物として彫像を入れた木箱三つを持っていった。

ニューヨーク市警察は、怒った抗議者からのハンフシュテングルに対する脅しを恐れ、船から彼を案内するために六人の若い警官を送った。彼らはハーヴァードのジャケットとネクタイをしていた。

一九三四年六月三〇日、粛清が起きた日、プッツィはロードアイランドのニューポートで、エレン・タック・フレンチとアメリカ一の裕福な独身者と言われていたジョン・ジェイコブ・アスター三世の結婚式に出席した。彼は、父をタイタニック号の事故で亡くしていた。およそ一〇〇〇人の群衆が教会の外で、花嫁と花婿、そして招待客たちを一目見ようと集まっていた。「最初に群衆から興奮して迎えられたのは」、ニューヨーク・タイムズの社交界のコラムを書く記者が言うには、「ハンフシュテングルだった」。彼は「シルクハット、黒いコート、ストライプのズボンを身に着けていた」。

ハンフシュテングルは、記者から聞くまで自国で起きた出来事を知らなかった。「コメントはありません」と言った。「友人のお嬢さんの結婚式に出席するために来ました」。後で詳細を知って言った。「私の指導者アドルフ・ヒトラーは、やらなければならない時には必ず行動する。この四八時間というもの以上に、彼が偉大な人間であった時はないだろう」。

しかし内心では、ハンフシュテングルは自分の身の安全と、ベルリンにいる妻と息子の心配をしていた。外務大臣のノイラートに慎重に照会を求めた。

ヒトラーはその晩ベルリンに戻った。ギゼヴィウスが再び証人となった。ヒトラーの飛行機が「真っ赤な空から現れた。誰にも演出できない光景だった」と彼は書いている。飛行機が駐機場に来た時、軍隊の小隊がヒトラーを迎えるために前に進んだ。その中にゲーリングとヒムラーがいた。ヒトラーは最初に飛行機から現れた。褐色のシャツに焦げ茶のレザー・ジャケット、黒の蝶ネクタイ、黒いハイブーツという格好だった。顔色は悪く、疲れているようだった。髭を剃っていなかったこと以外、他はきちんとしていた。「友人を殺害したことが、彼にはそれほど労力のいるものではないことが明白だった」とギゼヴィウスは記録している。「何にも感じていなかった。ただ怒りに任せて行動していた」。

ラジオの演説で、宣伝相のゲッベルスは国民に約束した。「ドイツに、完全な平和と秩序が戻りました。公共の安全が回復されました。総統は完璧に事態を掌握しています。よりよい運命が私たちを祝福しています。アドルフ・ヒトラーと共に、目的に向かって行動していきましょう！」

しかし、粛清がまだ継続しているという報告をドッドは受けていた。レームとパーペンがどうなったか、確かな情報はなかった。銃撃音の共鳴がリヒターフェルデの田舎からまだ轟いていた。

第50章　生きている者の間で

日曜の朝は、涼しくて明るく、爽やかな日だった。過去二四時間のうちに起こったことを思い出させるものがないことに、ドッドは驚いていた。「奇妙な日だった」と書いている。「新聞には、普段と変わらないことが書いてあった」。

パーペンは生きていると言われていたが、家族と共にアパートで自宅軟禁されていた。ドッドは、彼が生き残るよう、小さくとも何らかの影響があることをしようと考えた。パーペン生存の報告が本当に正しければ、だが。副首相には処刑の印が付けられていて、それがいつ実行されてもおかしくないと噂されていた。

ドッドとマーサは家の車のビュイックで、パーペンのアパートまでドライブした。ゆっくりと入り口の前を通った。建物の入り口を監視している親衛隊は車を認め、どこの車か把握した。

パーペンの息子の青白い顔が、カーテンで半分身を隠しながら窓辺に現れた。車が通りすぎる時、親衛隊の一人の将校が車をじっと見た。外交官のナンバープレートだと将校が気づいたことが、マーサにもわかった。

午後に再びパーペンの家までドライブした時には、車を停めて護衛の一人に名刺を渡した。「すぐに訪問できるよう願っています」とそこに書いていた。

ドッドは、パーペンの権謀術数とアメリカでの振る舞いを評価していなかったが、報道関係の小さなパーティの時に夕食の間中彼と論じ合って以来、人間として好きになったし、彼と議論するのも楽しかった。ドッドを駆り立てたものは、ヒトラーの気紛れで、裁判もなく人が処刑されていくことへの怒りだった。

ドッドは家に戻った。のちにパーペンの息子が、あの致命的な午後に、ドッドが飾り気のないビュイックでやってきてくれた行為に、彼と家族がどれだけ感謝したかをドッド一家に告げることになった。


新たな逮捕と殺害の報告が、ドッドのもとに続々と届いていた。日曜の夜までに、レーム幕僚長の死亡が確実であることを知らされた。

断片を合わせると、経緯はこのようだった。

最初ヒトラーは、シュターデルハイム監獄の独房に監禁した古くからの盟友の処刑を決めかねていた。しかし、ついに、ゲーリングとヒムラーの圧力に屈した。その時ですらヒトラーは、レームにまず自殺の機会を与えるべきだと言った。

レームに自殺の機会を与えることを伝える役目を負ったのは、ダッハウ収容所の指揮官テオドール・アイケだった。日曜に、副官のミヒャエル・リッペルト、そして収容所のもう一人の親衛隊員と共に監獄にやって来た。三人はレームの独房に案内された。

アイケはレームに、ブローニングの自動小銃と最新のフェルキッシャー・ベオバハター紙を渡した。そこには「レームの反乱」と題された記事が書かれていた。万事休すであることをレームに知らせるためだった。

アイケたちは部屋を出た。一〇分が経過したが、銃声はなかった。アイケとリッペルトは独房に戻って、ブローニング銃を取り上げ、自分たちの銃を持って戻った。レームは彼らを前に立っていた。シャツは脱いでいた。

その後に何が起きたかについては諸説ある。アイケとリッペルトは何も言わずに発砲したという者もいる。また別の話では、アイケが「レーム、覚悟しろ」と叫び、リッペルトが二発撃ったことになっている。別の話では、レームが勇敢なところを見せ、「私を殺すなら、アドルフ自身にさせろ」と言ったとされる。

最初の一発でレームは死ななかった。床に倒れ、うめいた。「我が総統、我が総統」。最後の銃弾はこめかみに向けられた。

報賞としてアイケは、ドイツ中の収容所を監督する地位に昇進した。ダッハウで行われている過酷な規則が、彼の監督下のすべての収容所に適用された。

その日曜日、恩義を感じた国防軍は、ドイチュラント号上でかわした取引に報いる行動を取った。国防大臣ブロンベルクは七月一日日曜日の会見で、「総統は軍人にふさわしい決断と模範的な勇気をもって、反逆者と殺人者を攻撃し粉砕しました。すべての人々の防備を司る軍は、国内の対立から解放され、献身と忠心によって感謝の意を表します。総統が望まれる新たな突撃隊との良好な関係は、双方の理想が共通であるという認識の下、軍隊によって築かれるでしょう。非常事態はすべての地で終わりました」。

週末にドッド一家は、新しい言い回しがベルリンで流行っているのを知った。通りで友人や知人に会ったら、できるだけ眉を冷笑的に動かして言うのだ。「Lebst du noch? 」その意味は、「まだ生きている人の側にいるね」。

第51章　同情の限界

流血の粛清の恐ろしい局面を伝える噂の中、ドッド大使夫妻は、アメリカ独立記念を祝う大使館のパーティを中止せずに行う決断をした。およそ三〇〇人を招待するものだった。今行う理由があるとすれば、アメリカ的自由を象徴的に示し、恐怖からの休息を訴えることだった。週末以来、アメリカ人とドイツ人が顔を会わせる最初の公式の機会となった。一家はマーサの友人もたくさん招待した。ミルドレッド・フィッシュ・ハルナックとその夫、アーヴィドもいた。ボリスは出席しなかったようだ。別の招待客ベラ・フロムは、「電気が走るような緊張」がパーティを覆っていたと書いている。「外交官はビクビクしていた」。そして「ドイツ人はピリピリしていた」。

ドッド夫妻は、招待客が到着する度に玄関で迎えた。マーサは、父親がこうした機会に外見上示すいつも通りのやり方で振る舞っているのを見た。皮肉な軽口で退屈を隠しながら、その表情は今にも笑い出しそうな懐疑論者といった様子だった。母親は、青と白のロングドレスに身を包み、いつもと変わらぬ控えめな態度で招待客を迎えていた。銀髪と、穏やかな話し方で南部女性の優雅さを示していた。しかしマーサは、母親の、いつにない頬の赤みと黒い眼の輝きに気がついていた。

広間と庭のテーブルは赤、白、青の花々と小さなアメリカ国旗で飾られていた。オーケストラはアメリカの歌を静かに演奏していた。暖かで曇りがちの天気だった。招待客は家の中や庭を歩いた。七二時間前の流血と比べると、平和で現実離れした光景だった。マーサと兄にとってこの対照は、あまりにどぎつく、知らない振りをすることができなかった。そこで若いドイツ人の客に「生きている人の側にいる?《リーブスト・ドゥー・ノホ》」と聞いてみた。「私たちは諧謔的に、ドイツ人に対して感じているある種の怒りを示そうとしたのだ」とマーサは書いている。「間違いなく、多くの人々はこの質問を悪趣味だと思っていた。ナチの者はかなりの苛立ちを示した」。

新しいニュースを持ってくる者もいた。時々記者あるいは大使館の職員がドッドを脇へ呼び、何か話をしているのを見た。そのうちの一つは、すべての殺人を合法化するために、ヒトラー内閣が一昨日出した法案についてだった。「国家防衛のため」に取られた行為を正当化するものだった。ベルリンの友人たちの最悪の事態を恐れて、青白い顔をして震えながら来る者もいた。

執事のフリッツはマーサに、階下で訪問者が待っていると言った。「デア・ユング・ヘル・フォン・パーペン」。若いパーペン氏、副首相の息子フランツ・ジュニアだった。マーサは彼を待っていて、彼がやってきたら中座すると母親に言ってあった。母親の腕をそっとつかんで、挨拶の列から立ち去った。

フランツは背が高く、金髪で細身、すっきりした骨格の顔立ちをしていた。マーサは、「独特な美しさで、金色の狐のような美しさがあった」と記憶している。とても優雅だった。彼と踊ると「音楽と生きているようだった」とも書いている。

フランツは彼女の腕を取り、素早く家から離れた。通りを渡ってティーアガルテンに行き、しばらく歩いて、尾行されていないか見た。誰もいなかったので、野外カフェまで歩き、座って飲み物を注文した。

過去数日間の恐怖が、フランツの顔と物腰に表れていた。懸念が、彼のいつもの気楽なユーモアを奪っていた。

自分たちの家の外にドッド大使が来てくれたことを彼は感謝したが、父親の命を救ったのは、ヒンデンブルク大統領との関係にあることを承知していた。しかし、その緊密な関係ですら今は、パーペンと家族を親衛隊が脅かすのを防ぐものでないことを、フランツは明らかにした。土曜日に、親衛隊が家族のアパートと玄関を占拠した。彼らは二人の部下を射殺したこと、パーペンに同じ運命が待っていることを告げた。その指令はすぐにも来ると言った。家族は孤独で恐ろしい週末を送った。

マーサとフランツはしばらく話しこみ、彼は公園の出口までマーサを送った。そこからマーサは一人でパーティへ戻っていった。

その週の午後遅く、イタリア大使夫人のセルッティは、自宅の窓から外を見ていた。その窓は通りを隔ててレームの家と面していた。大きな車が停まった。二人の男が車を降り、家の中に入った。腕一杯にレームのスーツと他の衣服を持って出てきた。運び出すのに何回か掛かっていた。

この光景は、先週起きたことを鮮明に思い出させるものだった。「所有者がいなくなった衣服を見るのは気分を悪くさせるものだった」と回想録に書いている。「これらは「処刑された者の衣類」であることは明らかだった。私は顔をそらした」。

夫人は「恒常的な神経の発作」を患っていた。二階に駆け上がり、ベルリンからすぐに脱出すると言った。翌日、彼女はベニスに向かった。

銀行家のヴィルヘルム・レーゲンダンツは、レーム幕僚長とフランス大使フランソワ・

ポンセのために運命的な晩餐会をダーレムの自宅で催したが、粛清の日には、ベルリンを出て無事にロンドンに着いたことをドッドは知った。しかし、今となってはもう戻ってこられないことを心配した。さらに悪いことには、彼の妻がまだベルリンにおり、晩餐会に出席した、成人した息子アレックスはゲシュタポに逮捕されていた。七月三日、レーゲンダンツはドッド夫人に、ダーレムに行って、妻と小さな子どもたちに「心から心配している」と伝えてほしいと、手紙を書いてきた。彼は、「私も容疑者だと思う。なぜなら、多くの外交官が私の家に来ていたし、私はシュライヒャー将軍の友人だったから」。

ドッド夫人とマーサは、レーゲンダンツ夫人に会いにダーレムまで車で出掛けた。使用人の女性が玄関で迎えたが、その目は真っ赤だった。まもなくレーゲンダンツ夫人が現れた。ほっそりとして暗い印象だった。目は深く窪み、身振りはぎこちなく不安定だった。彼女はマーサとマッティを知っていたが、二人が玄関にいることに困惑した。すぐに中に入れた。しばしの会話の後、ドッド家の二人はレーゲンダンツ夫人に、彼女の夫からのメッセージを伝えた。彼女は手で顔を覆い、静かに泣いた。

家が捜索され、パスポートを没収されたことを語った。「息子のことを話す時に」と、マーサは書いている。「自制心は崩れ、恐怖のあまりヒステリックになった」。彼がどこにいるのか、生きているのか、死んでしまったのかもわからなかったのだ。

アレックスの居場所を調べてもらいたいと、夫人はマーサと母に頼み込んだ。そして彼を訪ね、煙草を持っていくなどして、彼がアメリカ大使館の注意を引いていることを知らしめてほしいというのだ。マーサと母親は、やってみると約束した。ドッド夫人とレーゲンダンツ夫人はこれ以降、レーゲンダンツ夫人がドッド家の者または大使館と連絡したい時には、キャリーという暗号名を使うことにした。

それから数日間、ドッド一家は有力な知人、外交官、友好的な政府高官に状況を尋ねた。彼らの詮索が功を奏したかどうかはわからないが、アレックスは一ヶ月の監禁ののち解放された。即刻ドイツを離れ、夜行列車に乗って、ロンドンにいる父親と合流した。レーゲンダンツ夫人もコネクションを使って別のパスポートを手に入れ、飛行機でドイツを後にした。彼女は、自分と子どもたちがロンドンに着くと、ドッド夫人に宛てて葉書を書いた。「無事に到着しました。深く感謝します。愛を込めて。キャリー」。

ワシントンでは西欧局のジェイ・ピアポント・モファットが、ドイツに行くのは安全かという旅行者からの山のような照会に追われていた。モファットは、「現在までのところ、外国人が被害を受けた記録はありません。他人の邪魔をせず、問題となるようなことをしない限り心配はありません」と回答したと書いている。

彼の母親もそんな一人で、粛清の期間、被害を受けることなく生き延び、それは「刺激的な経験だった」と母が言っていたことをモファットはのちに記録している。彼の妹の家はティーアガルテン地区にあって、道路が閉鎖され、自宅に行くのに遠回りしなくてはならなかった。そのような中でも、彼女と母親、祖母は計画通り、運転手同伴で車でのドイツ旅行に出掛けた。

国務省のもっぱらの関心は、アメリカの債権者に対するドイツの負債のことだった。奇妙に対照的なことが起きていた。ドイツでは流血、暴露、銃撃があった。ワシントンの国務省では白いシャツ、ハルの赤ペンが目立ち、そしてアメリカの要求を通せないドッドに対する不満があった。七月六日金曜日付けのドッドからの電報によると、ドッドは外務大臣ノイラートと債権について話すために会った。ノイラートは、できる限りの方策で利子の支払いをするが、「大変困難な状況にある」と言ってきた。ドッドがノイラートに、少なくとも他の国際的な債権者と同じ扱いを合衆国は期待できるかと尋ねたところ、彼は「可能であろうという希望だけ述べた」。

この電報は、国務長官ハルとプリティ・グッド・クラブの長老たちを激怒させた。「ドッドは、訪問しただけで交渉の努力をせず、ノイラートを逃げるがままにした。彼は我々の財政上の利益に関心を持っていない。電報にはうんざりした」とモファットは書いている。

ハルは怒って、厳しい返信を書くようモファットに命じた。ただ引き下がるのではなく、我々の要求に対して正義を引き出すためにあらゆる機会を作り出すことを命じるものだった。

その結果が、七月七日午後四時の電報となった。国務長官ハルの名前でドッドに詰問するものだった。「推定約六万人のアメリカの、罪なき債権者に関わる論理、公平、影響の観点から」、ドイツが債務を支払わないことに対して、力の限り抗議したかを問うものだった。

モファットが言うには、「かなり激しい調子の電報だったが、ある一文は、ハルが親切心から、ドッドの気持ちを和らげようと修正された」。モファットは次のように記している。国務省の中でも「失礼な者」は、ドッドを「大使ダット〔ダメ男〕」と呼んでいた。

その週の後半、債権に関する別の会談の間、ハルはドッドに対する不満を述べ続けた。「国務長官は、ドッドは多くの点で素晴らしい人物だが、自分の説に偏りすぎるところがあると繰り返し言い続けた」とモファットは書いている。

モファットは裕福な友人――プールを持っている友人――のガーデン・パーティに出席した。彼は「国務省ごと」招待していた。テニスの招待試合と水泳のレースがあった。モファットは早めに帰らなければならなかった。「道楽者を喜ばせる贅沢な」パワーヨットでポトマック川を下るクルーズがあったからだ。

ベルリンでは、ドッドは平然としていた。全額返済を求めるのは意味がないと考えていた。ドイツにはお金がないし、もっと大変な問題を抱えていたからだ。数週間後のハルへの手紙で、私たちは債権を失うことになると書いた。

七月六日金曜日の朝早く、マーサは父親の寝室に別れを告げに行った。ロシア行きを父が反対していたのは知っていたが、抱きついてキスをすると、心が安らいだようだった。父は彼女に注意はしたが、「楽しい旅」をしてくるよう願った。

母と兄が、テンペルホーフの空港まで送ってくれた。ドッドはベルリンに残った。彼が空港に行き、敵国ソ連に旅立つ娘に手を振ったなら、それをナチの新聞が一面に書くだろうことがわかっていたからだ。

マーサは、三気筒のユンカー機へと鉄製のタラップを上がった。これが旅の始まりだった。カメラマンが階段の上で、帽子を斜めにして軽快な姿の彼女を撮った。水玉のブラウスにシンプルなジャケットを着て、色を合わせたスカーフをしていた。この暑さにはありえないことだが、腕に長いコートをかけ、白い手袋を持っていた。

自分の旅がマスコミの関心を呼ぶことも、その後、外交上のスキャンダルとなることも、その時には思いもよらなかった、と書いている。しかし、この記述は言葉通りに信用はできない。ルドルフ・ディールスやプッツィ・ハンフシュテングルのような策士を深く知るようになって一年が経っていながら、ヒトラーのドイツではどんな小さなことも強調され、象徴的な意味をもつようになることを知らないはずがなかった。

個人のレベルでは、マーサの旅立ちは、奇妙だが壮大なナチ革命に彼女が抱いていた最後の共感が消滅した事実を表していた。そして、彼女が気づいているかどうかにかかわらず、新聞社のカメラマンによって撮影され、大使館の役人とゲシュタポの監視者が公式に記録したように、その旅立ちは公的にも、マーサのドイツへの最終的な幻滅を示すものとなった。

マーサは、「死ぬまで消えることのないほど十分に、血と恐怖を経験した」と書いている。

マーサの父親も、同じような変化の瞬間を迎えていた。ドイツに来て最初の一年の間、ドッドは何度も驚くことがあった。国中に広がる残酷な出来事に人々が奇妙に無関心で、大衆と政府の穏健な人物までもが新しい抑圧的な法令を積極的に受け入れており、さらに暴力的な出来事を抵抗なく容認しているからだ。まるで正邪が逆さまになった、おとぎ話の暗い森へ入ってしまったようだった。友人のローパーに、「貿易が落ち込んで、誰もが何かしらの苦境に陥っているという時に、ユダヤ人への迫害が起こることが理解できなかった。また、六月三〇日のようなテロ行為が現代で起こりうることも想像できなかった」と書いている。

ドッドは、殺人がドイツの民衆を怒らせ、政権が崩壊することを期待し続けた。しかし、何日経っても、そのような怒りの勃発の証拠を見ることはなかった。二人の将校が殺されたにもかかわらず、軍でさえ、この殺戮を支持しているようだった。ヒンデンブルク大統領はヒトラーに賞賛の電報を送った。「私の手元に来る報告によると、あなたは、徹底した行動と勇敢な介入で反逆を蕾《つぼみ》のうちに摘み取った。あなたはドイツを深刻な危険から救ったのだ。よって、あなたに心からの感謝を述べるものである」。また別の電報でヒンデンブルクはゲーリングに、「大きな反逆の粉砕を、精力的に成功裏に遂行した」ことに感謝した。

ドッドは、ゲーリングが七五人に対する処刑を個人的に指令したことを知った。七月六日金曜のドッド主催のディナーパーティについて、ゲーリングが彼より以前にレームがしたように、欠席の知らせを送ってきていたのでドッドは安堵していた。「ゲーリングが来ないことがわかって、ほっとした。もし彼が来たら何をしたか、自分でもわからない」と書いている。

持って生まれたものではなく偶然によって外交官になったドッドにとっては、すべてが恐るべきことだった。彼は学者であり、ジェファソン的民主党員であり、歴史を愛し、若い時分に勉強した地である古きドイツを愛する農夫だった。今、公権力による殺人が驚くべき規模で行われていた。友人、知り合い、家に夕食やお茶に来たことのある人々が射殺されたのだ。ドッドのこれまでの経験は何の助けにもならなかった。大使としてできることが何かあるのだろうかという疑念がこれまでになく激しく彼の心を占めた。できないならば、ベルリンに留まる意味があるのだろうか？　最も愛情を注いでいる仕事である『旧南部』が、机の上で朽ち果てんとしているのに。

何かが失われた。最後の希望の輝きが失われたのだ。七月八日は、粛清が行われて一週間目、そして彼がベルリンに来て一年目となる直前だったが、その日の日記に、「私の仕事は、平和とよりよい関係のために働くことだ。ヒトラー、ゲーリング、ゲッベルスがこの国を指揮する時代に、何ができるのだろうか。この三人ほどに国を指揮するのにふさわしくない人物について、読んだことも聞いたこともない。私は辞めるべきだろうか」。

ヒトラー、ゲーリング、ゲッベルスを招待客として大使館や私邸に決して呼ばないこと、さらに「総統の演説に出席したり、公式の要請以外には、自分から会談を申し込まないことを決意した。あの男を見ると恐怖に駆られた」。

第52章　馬だけ

ベルリンの他の誰もと同じように、ドッドは、粛清についてヒトラーが言うはずのことを聞きたかった。政府は、七月一三日金曜日の夕刻に、クロール・オペラハウス近くにある帝国議会下院前の臨時ホールでヒトラーが演説を行うと発表した。ドッドは出席せずに、ラジオで聞くことにした。その場に身を置いてヒトラーの言葉を聞くのは、繰り返し腕を上げる何百という追従者と同様に、大量殺人を認めることになると思うとあまりにおぞましかった。

金曜の午後、彼とフランソワ・ポンセは、盗聴を避けるため、以前していたように、ティーアガルテンで会う約束をした。ドッドは、彼が演説会に出席するかどうかを知りたかったのだ。しかし、もしフランス大使館を訪れたならば、ドッドが有力者に演説をボイコットするよう画策しているとゲシュタポの監視者に受け取られることを恐れたのだ。実際、ドッドはそうしようとしていた。その週の早くに、イギリス大使館にエリック・フィップス卿を訪ねた時にもやはり、演説会に行かないことを聞いてきていた。主要大使館をたて続けに二つ訪れるのは、彼らの注意を引くと考えた。

その日は、晴れて涼しい日だった。そのため公園には多勢の人がいた。ほとんどが散歩していたが馬に乗っている人もいた。彼らは木陰を通ってゆっくり動いていった。笑い声と犬の鳴き声が時々響いた。煙草のけむりは静けさの中にゆっくり消えていった。二人の大使は一時間歩いた。

別れ際にフランソワ・ポンセは、「演説会には行かない」と自ら言った。さらに、ヨーロッパの偉大な首都で、現代の外交官が言うとは思えないようなことを話してくれた。「自分がベルリンの街頭でいつ撃たれても驚かない」と彼は言った。「だから私の妻はパリにいる。ドイツ人は私たちを嫌っていて、その指導者たちは狂っている」。

その夜八時に、ティーアガルテン通り27ａの書斎でドッドはラジオをつけた。ヒトラーは帝国議会で演説するため、演壇に上がった。多くが粛清で殺され、代表者たちは欠けていた。

オペラハウスは、ドッドが今ラジオを聞いているところから、ティーアガルテンを横切って二〇分ほどのところにあった。公園の彼のいる側は、平和で静かだった。夜の花の匂いが香《かぐわ》しい夜だった。ラジオからは、聴衆からしばしば起こるハイルという声が聞こえてきた。

「代表者諸君」とヒトラーは言った。「ドイツ帝国議会の諸君！」

ヒトラーは、政府転覆を目論むレーム幕僚長の計略について詳しく述べた。彼は、外国の外交官の援助を受けていたが、それを特定はしないと述べた。粛清を命じたのはドイツの利益のためであり、国家を争乱から守るためであると言った。

「非情な流血の制圧だけが、反乱を蕾のうちに摘み取ることができる」とヒトラーは聴衆に語った。彼自らがミュンヘンでの攻撃を指揮し、ゲーリングは「その鉄拳」でベルリンの指揮を執った。「なぜ我々が通常の裁判という方法を取らなかったか聞く者がいれば、私は答えよう。その時私はドイツ国家の責任を負っていた。したがって、あの二四時間の間、私だけが、ドイツ国民の最高裁判所裁判官だったのだ」。

ドッドは、聴衆が立ち上がって拍手喝采するのを聞いた。

ヒトラーは再び始めた。「私は、罪ある指導者を射殺するよう命令した。また私は、内と外にある毒によって生まれた膿が、燃え殻もろとも消滅するまで焼灼するよう命じた。さらに、逮捕に抵抗する者は直ちに殺すよう命じた。国家はその存在が脅かされることがあってはならない。そして、国家に反対してその手を上げる者は死ななければならない」。

「外国の外交官」とレームが、他の陰謀者と共にした会合について言及し、会合は「まったくの無害の」ものであると外交官が確認していると述べた。これは、ヴィルヘルム・レーゲンダンツ邸で五月に開かれ、フランソワ・ポンセが出席した晩餐会のことを明らかに意味していた。

「しかし」、とヒトラーは続けた。「反逆を計画しうる三人の男がドイツで外国の政治家と会合をする時、「仕事の」会合と称して使用人を外に出し、この会合について私に知らせてはならないと厳しく命じていたなら、たとえその秘密の会合での話題が単に、天気や古いコインやそれに類したものであったとしても、私はその男たちを射殺する」。

ヒトラーは粛清の代償が「高いものだった」ことを知っていたので、聴衆に、死者の数を七七人と嘘を伝えた。さらに、被害者の二人は自殺によるものであり、ばかばかしく聞こえるが――三人の親衛隊が「囚人を虐待した」ため射殺されたと述べて、その数字の影響を和らげようとした。

ヒトラーは演説を、「人生で最も厳しい決断をしたこの二四時間に対して、私は歴史上の責任を負うつもりである。その間、運命は再び私に、最も大切なものに自分を捧げることを教えてくれた。その大切なものとは、ドイツ国民とドイツ帝国である」と締めくくった。

ホールは嵐のような喝采で一杯になった。多くの声が「ホルスト・ヴェッセルの歌」を歌った。ドッドがその場にいたなら、二人の少女がヒトラーに花束を渡すのを見たことだろう。少女たちはヒトラー・ユーゲントの女性部であるドイツ女子同盟の制服を着ていた。そして、ゲーリングが颯爽と演壇に上がってヒトラーの手を取るところ、祝辞を述べるために多くの者が続くのを見たことだろう。ゲーリングとヒトラーは近くに立ち、近寄ってくるカメラマンにポーズを取った。ニューヨーク・タイムズのフレデリック・バーチャルはこれを見ていた。「二人は演壇で向き合って、一分間ほど互いの手を握りながら、フラッシュライトに照らされる中、お互いの目を見つめていた」。

ドッドはラジオを消した。家の隣の公園は、冷たい静寂に満ちていた。翌日の七月一四日土曜日、国務長官ハルに暗号の電報を送った。「ゲーテとベートーベンの国が、スチュアート朝イングランドやブルボン朝フランスの残虐さに戻ってしまうのを見ることほど、嫌悪を感じるものはない……」。

その日の午後、ドッドは自分の『旧南部』を静かに執筆するために二時間を掛けた。もう一つの騎士道的時代に自分を埋没させたのだった。

　プッツィ・ハンフシュテングルは、ノイラートからその身柄の安全を保障され、故国に帰った。自分のオフィスに戻った時、周囲の様子が陰鬱で麻痺したようになっているのに驚いた。彼らはまるで、「麻酔が掛かっている」かのように振る舞っていた、と書いている。

　ヒトラーのこの粛清はやがて「長いナイフの夜」として知られるようになり、ヒトラーの地位の上昇において最も重要な出来事の一つになった。宥和政策はやがて大きな悲劇を生む第一章にすぎなかった。事の重大さを初期には理解できなかったのだ。どの国の政府も大使を召還しなかったし、抗議もしなかった。大衆も反対して立ち上がらなかった。

　アメリカで一番まともな公式の反応は、全国復興庁の長官ヒュー・ジョンソン准将のものだった。彼は、これまであらゆる問題に非寛容なスピーチを行って悪名高い人物だった（七月に港湾労働者のストライキがサンフランシスコで起きた時、首謀者がオーストラリアからの移民だったので、彼は全移民の強制退去を求めた）。「数日前、ドイツで世界を震撼させる事件が起こった」とジョンソンは人々に訴えた。「あなた方がどう受け取ったかわからないが、私は気分が悪くなった。決して比喩でなく、本当に病気になった。責任ある大人が家から連れ出され、壁に向かって立たされ、背中から銃で射殺されるとは、言葉がない」。

　ドイツ外務省は抗議した。国務長官ハルは、ジョンソンは「個人的な意見を述べたのであって、国務省とも政府とも関わりはない」と答えた。

反発が起きなかったのは一つには、ドイツ、そして世界の至るところで多くの人が、放置したならばさらなる流血を呼んだであろう、差し迫っていた反乱を抑えたのだというヒトラーの言葉を信じたからである。しかし、証拠がすぐに明らかになって、ヒトラーが言ったことは嘘であったことが示された。ドッドも最初、陰謀の存在を信じていたが、やがて懐疑的になった。ドイツ政府の公式発表を覆すのに明らかな事実があった。突撃隊のベルリン地区隊長カール・エルンストが逮捕されたのは、彼がハネムーンのクルーズに出発する時であって、同じ週に政変を計画している男の振る舞いではなかった。ヒトラーが、自分自身のストーリーを信じていたかどうかは不透明だ。ゲーリング、ゲッベルス、ヒムラーはヒトラーを信じさせるために、あらゆる手段を講じた。イギリスのエリック・フィップス卿は最初、公式発表を認めていた。策謀など事実無根であることを彼が知ったのは、六ヶ月後だった。数ヶ月後、フィップスがヒトラーと面会した時、彼の考えは粛清のことに戻っていった。「それは、ヒトラーの魅力やカリスマ性を増すものではなかった」とフィップスは日記に書いている。「私が話している間、彼の目は虎のように飢えて私を見ていた。もし私の国籍と地位が違ったものだったら、私は彼の夕食になっていただろうという印象を抱いた」。

この評価においてフィップスは、レーム粛清の真意に肉薄しているが、世界はそれを把握しかねていた。殺戮は、無視すべきでない規模で行われて、そこにどこまでヒトラーが権力を広げたいかが現れていた。しかし、外部の者は、暴力を内部抗争だと間違って解釈し続けた。「アル・カポネのバレンタインデーの虐殺を思わせる、暗黒街の大殺戮のようなものだ」と歴史家イアン・カーショーは述べる。「彼らは外交上、ヒトラーを責任ある政治家として扱えると思っていた。その後数年は苦い経験となった。外交を行うヒトラーは、一九三四年六月三〇日に自国で残虐かつ人を嘲《あざわら》うかのような暴虐を働いたのと同じ人物であった」。ルドルフ・ディールスは回想録で、当初は理解していなかった、と書いている。「私は、この稲妻の間に来るべき雷雨の予告があったことに最初気づかなかった。その暴力は、ヨーロッパ・システムという腐ったダムを破壊し、世界中を炎に包むことになる。それが一九三四年六月三〇日の出来事の意味だった」。

統制下にある報道がヒトラーの決然とした行動を誉め称え、大衆の間でその人気は高まった。ドイツ人は、突撃隊が自分たちの生活に入り込んでくることに疲れきっていたので、この粛清は神からの使命のように感じられていた。追放された社会民主党員の秘密の報告によって、いかに多くのドイツ人が「ヒトラーの無慈悲な作戦を誉め称えた」かがわかる。また、多くの労働者が、「ヒトラーを無批判に神格化することにとらわれていった」。

ドッドは、政権崩壊を誘発してくれるものを期待した。ヒンデンブルクの死が——彼を現代ドイツの「唯一の傑出した魂」と呼んでいた——その引き金となるであろうことを信じていた。しかし、再び失望させられる。八月二日、ヒトラーの演説の三週間後、ヒンデンブルクは自分の領地で亡くなった。ヒトラーは素早く行動した。その日のうちに、大統領の職務と首相の職務を引き継ぎ、ついにドイツで絶対的な権力を握ったのだ。「大統領」は長くその地位にあったヒンデンブルクだけにふさわしいと偽りの謙遜を示し、自分のこれからの公式の役職名は「総統兼第三帝国首相」だとした。

国務長官ハルへの手紙でドッドは、「六月三〇日に我々が耐え忍んだものより、さらに暴力主義的な政権が始まる」だろうと予測した。

ドイツは無抵抗に変化を受けいれた。ユダヤ人の文献学者ヴィクトール・クレンペラーも失望していた。彼もまた、流血の粛清によって軍部が蜂起し、ヒトラーを排除することを期待していた。しかし何も起こらなかった。新たな怒りが生まれた。「人々はまったく、これがクーデターであることを理解していない」と日記に書いている。「すべては沈黙の中で行われ、亡くなったヒンデンブルク大統領に捧げる賛美歌にかき消された。何百万の人がどんな恐ろしいことが起きているのか理解していないと断言しよう」。

ミュンヘンの新聞ミュンヒナー・ノイエステン・ナハリヒテンは、「今日ヒトラーは、ドイツのすべてになりました」と書き立てた。一ヶ月前に自分たちの音楽評論家が誤って射殺されたことは、あえて無視されたのだ。

週末は雨になった。三日間の大雨は街を水に浸した。突撃隊は沈黙したままで、褐色の制服は一時的とはいえ慎重になりを潜め、国家はヒンデンブルクの死を悼んだ。今までにない平和がドイツ中に広まった。ドッドにも、皮肉ながらも、ヴァージニア出身の農夫の残滓を持つ自分には身近に感じられるあるテーマについて考えを巡らす時間が与えられた。一九三四年八月五日日曜日のドッドの日記に、ライプツィヒ時代に観察したもので、ヒトラーの時代にも続いているドイツ人の気質について書いている。動物を愛すること、とりわけ馬と犬である。

「ドイツの人は、親しい友人以外には、近くの人にも話をするのを恐れている時でも、馬や犬にだけは話しかけたがっていた」と書いている。「近所の人の背信行為を報告して、その人の人生を台無しに、さらには死に至らしめることになった女性が、とても親切そうに、犬を連れてティーアガルテンを散歩していた。彼女は犬に話しかけ、ベンチに座って可愛がると、犬は甘やかされるままになった」。

ドイツでは犬を虐待する者はいないので、犬は人を恐れることがなくなる。どの犬も丸々と太り、よく手入れされている。「犬と同じように幸福なのは、馬だけだった。子どもや青年はそうではなかった」とドッドは書いている。「オフィスまで歩く途中よく足を止めて、馬車から荷が降ろされるのを待っている、美しい二頭の馬に話しかけたものだ。とても美しく太っていて幸せそうだった。今にも話し出しそうに思われた」。ドッドは「馬の幸福」と呼んだ。ニュルンベルクでもドレスデンでも、同じ現象に気づいた。これは、ドイツの法律が作り出したものであることを知っていた。その法律は、動物への残酷な扱いを禁じ、違反者を牢獄に送る。ドッドはこれに深い皮肉を感じた。「何百という人々が、裁判もされずに、罪の証拠もなく死ぬことになっている時、人々が文字通り恐怖で震えている時、動物たちには人間が望めない権利を保障されていた」。

ドッドはつけ加えた。「自分が馬だったらよかったと思う人もいるだろう」。

第53章　ジュリエットNo．2

ボリスは正しかった。マーサは日程を詰めすぎた結果、その旅は霊感を与えてくれるようなものにはならなかった。その旅行によって、ボリスに対してもロシアに対しても怒りを覚え、批判的になった。ロシアは単調でつまらない土地に感じられた。ボリスはがっかりして、「あなたがロシアのどこも好きになれなかったと聞いて、とても悲しい」と書いた。一九三四年七月一一日の手紙には、「アメリカとは違った目で見てみるべきです。表面的な見かけ（酷い衣服や不味い食事など）で判断しないでください。お願いです、お嬢さん、「内側」をもっと深く見てください」とある。

マーサを当惑させたのは、不当にも、ボリスが旅行に同行してくれないことだった。彼女の出発の後、ボリスもロシアに行った。最初にモスクワ、そして休暇にコーカサスのリゾートに行っていた。八月五日、リゾートからの手紙でボリスは彼女に、「ロシアでは会わないと言ったのはあなたです」と思い出させた。しかし、ボリスには他の障害があったのだ。それが何かは明かされなかったが。「休暇をあなたと一緒に過ごすことはできません。理由は色々あります。最も重要な理由は、私がモスクワに留まっていなければならないためです。モスクワ滞在は幸せなものではありませんでした。私の運命は定まっていないのです」。

ボリスは、彼女の手紙に傷ついたことを告白した。「あんなに怒った手紙を私に書かないでください。どうしてこんな目に遭わなければならないのですか？　あなたがとても遠くにいて手が届かないことだけでも悲しいのに、モスクワでのあなたの手紙で既に悲しい気持ちになっていたのです。あの怒った手紙でもっと悲しくなりました。マーサ？　何があったのですか？　私なしで二ヶ月もいられるのですか？」

他の恋人のことで前夫バセットを傷つけたように、フランス大使館のアルマン・ベラールとまた付き合い始めたことをボリスに匂わせたのだ。「またアルマンとですか！」とボリスは書いた。「あなたに何も指図はできません。でも馬鹿な真似はしないでください。落ち着いて、そして、二人で築いたよい関係を壊さないでください」。

旅の途中、ソビエトの内務人民委員部ＮＫＶＤの諜報員が、よい情報源だとして彼女にスパイにならないかと持ちかけてきた。ボリスは、このプロセスを邪魔しないように、マーサに近づかないよう命じられていたようだった。しかし、ソビエトの情報組織の記録によると、彼自身も彼女のリクルートに一枚嚙んでいたのだった。このことは、KGB史の第一人者（KGB〔ソ連国家保安委員会〕のスパイでもあった）アレクサンドル・ヴァシリエフによって暴露され、学者に公開されている。ボリスの上司は、ボリスがマーサの役割を設定するのに不熱心だと感じていた。そこでボリスをモスクワに戻し、ブカレスト〔ルーマニア首都〕の大使館に送った。その着任を彼はいやがっていた。

その間に、マーサはベルリンに帰った。ボリスを愛していたが、離れたきりだった。アルマン・ベラールを含む他の男たちとデートした。一九三六年の秋、ボリスは再び異動になった。今度はワルシャワだった。NKVDは別のスパイ、同志バクハーツフにマーサのリクルートを引き継がせた。NKVDの中間報告には、「ドッド一家は皆、国家社会主義ドイツ労働者党を嫌っている。マーサは、父親のための情報収集に興味深いコネクションを使う。知人の幾人かと親密な関係になっている」。

二人は離れたままで感情の葛藤が残っていたが、マーサはアルマンや他の愛人と時折遊び歩いていた。しかし、ボリスとの関係は進んで、一九三七年三月一四日、モスクワへの二度目の訪問の際、彼女は公式に、スターリンに結婚の許可を申請した。スターリンがこの申請書を見たか、あるいは応じたかは定かでない。しかし、NKVDは二人のロマンスに賛否両論だった。ボリスの上司たちは結婚に反対ではなかったが、マーサに焦点を絞るために、あえて時々ボリスを作戦から外すことがあった。ある時、組織は二人に、六ヶ月「仕事のため」離れているよう命じた。

なんと、ボリスの方は、マーサが思っていた以上に消極的になっていた。一九三七年三月二一日、モスクワでの上司への怒りのメモには、ボリスが不満を言ったことが記されている。「私は、あなた方がなぜ私たちの結婚に執着するのかわかりません。彼女に結婚は不可能であること、数年経ってもそんなことは起こらないと知らせてください。あなた方は希望のあるように言いながら、六ヶ月だけとか一年だけとか遅らせるよう命じています」。でもその後どうなるのでしょう。「六ヶ月はあっという間に経ちます。彼女は、私やあなた方が払えないような請求書を持ってくるかもしれません。本当に彼女に約束すると言うなら、その内容を少し曖昧にするのがよいことではないでしょうか」。

同じメモでマーサのことは「ジュリエットＮｏ．２」と書かれていた。ＫＧＢ史の専門家ヴァシリエフとアレン・ワインスタインの著書 *The Haunted Wood*〔憑かれた森〕を参照すると、ボリスの人生にはもう一人の女性、「ジュリエットＮｏ．１」がいた可能性を示している。

マーサとボリスは一九三七年一一月、ワルシャワで逢い引きした。その後、ボリスはモスクワに報告書を送った。会合は「うまくいった」と書いた。「彼女は機嫌がよかった」。

彼女はまだ結婚するつもりでいて、「結婚なんてとんでもないという両親の忠告にもかかわらず、私たちの約束が実現するのを待っている」。

しかし、ボリスは再び、彼女と実際には結婚するつもりなど決定的にないと表明した。彼は警告した。「マーサを、本当の状態を知らせないで、そのままにしておくべきではありません。なぜなら、私たちが彼女を騙したら、彼女は怒って、私たちへの信頼をなくしてしまうからです」。

第54章　愛の夢

ヒトラーの権力掌握に続く数ヶ月、ドッドの空虚感は深くなった。アパラチアの柔らかな起伏や、真っ赤なリンゴとのんびりした牛のいる自分の農場に戻りたいという思いが平行して強くなっていった。ドッドは、「明白な殺人者たちと手を握ることは、私にとって屈辱だった」と書いている。彼は、ヒトラーの真の野望とアメリカの孤立主義的立場の危険を合衆国政府内で警告する数少ない声の一人だった。一九三四年八月三〇日、国務長官ハルに、「ドイツは今までにないほど結束しています。一五〇〇万人が軍備を揃え、訓練をしています。彼らは毎日、ヨーロッパが自分たちに屈することを信じるように教えられています」とドッドは書いた。さらに、「私たちは、いわゆる孤立主義政策を捨てるべきです」と加えた。陸軍の参謀総長ダグラス・マッカーサーにも手紙を書いた。「私の判断するところ、ドイツの権力者は大規模な大陸作戦を準備しています。証拠は十分あります。時間の問題です」。

ローズベルトは大枠で彼の意見に同意していたが、ほとんどのアメリカ人は、ヨーロッパのもめ事に介入しないことを望んでいた。ドッドはこのことに驚いていた。一九三五年四月にローズベルトに手紙を書いた。「もしウッドロー・ウィルソンが大聖堂〔ワシントンDCにあるワシントン大聖堂。聖公会派の教会〕の墓地で浮かばれないなら、誰も浮かばれないでしょう。何かできることはあります。しかし、議会の態度の報告から、私は深い懸念を抱いています。あまりに多くの人が、絶対的な孤立をパラダイスだと考えています」。ドッドは、「観察に徹し、注意深く何もしないという難しい仕事」と呼ぶことをするためにに引きこもった。

彼の道徳観から来る嫌悪の気持ちが、ヒトラーの第三帝国に積極的に関わる行為から身を引かせたのだ。政権のほうでは、彼を御し難い対立者として外交の場面で孤立するようにした。

ドッドの態度はフィリップスを驚かせた。彼の日記には、「派遣された国の政府との話し合いを拒む大使を一体どう使ったらいいのか？」とある。

ドイツは戦争への道を行進し、ユダヤ人への迫害は酷くなった。どれだけ長くドイツに住んでいようとも、先の大戦でどれだけ勇敢に戦ったとしても、ユダヤ人はドイツ市民ではないとする一連の法律を通過させた。ドッドがティーアガルテンを散歩していると、黄色く塗ったベンチを見た。ユダヤ人用である。他のきれいなベンチはアーリア系のベンチである。

ドッドは、一九三六年三月七日、ドイツ軍がラインラント〔ドイツ西部のライン川沿岸一帯。当時は非武装地帯〕を抵抗なく占領したのを、なすすべもなく傍観していた。ドッドは、ベルリンがオリンピックのために変貌していくのを見た。ナチは都市を磨き、反ユダヤの旗を下ろした。しかし、それも外国人たちが帰国するまでで、そのあとさらに迫害を強めたに過ぎなかった。ドイツ国内のヒトラーの彫像はまるで神のようになっていった。女性はヒトラーが通ると黄色い声を上げた。彼が踏んだ土を掘り返して土産《みやげ》にする者も現れた。ドッドは出席しなかったが、ニュルンベルクで行われた一九三六年九月の党大会では、ヒトラーは群衆を一種の恍惚状態に陥らせた。「何百という人々の中から、あなた方が私を見出したのは、我々の時代の奇跡です」と叫んだ。「そして、私があなた方を見出したのは、ドイツの幸福です」。

一九三六年九月一九日、国務長官ハル宛てに「親展」と書いた手紙でドッドは、誰も介入しようとせぬまま事態が進んでいくのを見ることに対するフラストレーションを訴えた。「軍隊は数と効力を日に日に増しています。何千という飛行機がすぐにでも爆弾を落とし、大都市に毒ガスをばらまける状態です。たとえどんな他の国でも、大国であれ小国であれ、これほど武装した国にいては、どこにいても安全ではありません」と書いた。「一九一七年から続く失敗以来、とりわけこの一二ヶ月間、外交に関わる者が何もしなかった。経済的、あるいは道徳的制裁によって、この進軍を止めるために！」

辞職という考えにドッドはとらわれた。マーサに手紙を書いた。「誰にも言ってほしくないが、次の春までこの雰囲気の中にいることができないと思う。私は、自分の国が何もしないのを放っておけない。何もしないでいるストレスは大きすぎる」。

そうこうするうち、国務省でのドッドの敵たちが、彼を追い出すキャンペーンを始めた。彼の仇敵サムナー・ウェルズが、一九三六年八月にイタリア大使に就任したウィリアム・フィリップスの後任として、次官に昇格した。すぐ近くに新しい敵が現れた。ウィリアム・ブリットである。ローズベルトが選んだもう一人の人間だった——イェール卒だが。彼は、ロシア大使の職からパリのアメリカ大使館へ移った。一九三六年一二月七日付けのローズベルトへの手紙に、ブリットは書いている。「ドッドには多くの賞賛し愛すべき特質があるが、現在の職には向いていない。ベルリンには、少なくともナチに公人として応対でき、完璧なドイツ語を話せる人物が必要だ」。

ドッドがナチ党大会への出席を断固として断り続けていることは、彼の敵を苛立たせることになった。「個人的な感想だが、どうしてドッドがあれほど気にするのか理解できない」とモファットは日記に書いている。一九三三年一〇月の、ドッドのコロンブス・デイでのスピーチを思い出して、モファットは問うている。「商工会議所のパーティでは、ドイツの聴衆に独裁的な政府に反対して抗議する話をドッドはあえてしたのに、私たちの政府に反対して抗議しているドイツ人の話を聞く方が、不都合なことだと言うのだろうか」、と。

機密の漏洩が続き、ドッド解任への公的な圧力も強まった。一九三六年一二月、コラムニストのドリュー・ピアソンはロバート・アレンと共に、ユナイテッド・フィーチャー・シンジケート社のコラム「ワシントンのメリーゴーラウンド」の主筆として、ドッドへの激しい批判を繰り広げた。ドッドによれば、「私を攻撃し、私が完全に失敗者であり、大統領も同じ意見である」というものだった。「これは私にとっても寝耳に水だった」と一二月一三日に書いている。

ピアソンの攻撃はドッドを深く傷つけた。ドッドは、ローズベルトに任じられた使命として、アメリカ的価値の模範を示すべく奉仕することを四年間、追求し続け、奇妙で不合理で野蛮なヒトラー政権において、人ができうる限りのことを自分はしていると信じていた。こんな不穏な雰囲気の中で今辞任したとしたら、辞めさせられたという印象になることを彼は恐れた。「私の立場は難しいものだったが、こんな批判の中、計画していたように来年の春に辞めるわけにはいかなかった」と日記に書いている。「この状況で仕事を辞めたならば、自国で、弁護と偽りの立場に立たされるだろう」。辞任は「失敗を告白したことになる」と認識していた。

退任する時期が来たことは知っていたが、辞任の延期を決めた。その一方で、再び一時帰国を願い出た。農場で休み、ローズベルトに会うためだった。一九三七年七月二四日、ドッドと妻はハンブルクまで長いドライブをした。そこでドッドはボルティモア・シティ号に乗船して、午後七時に海へと、エルベ川をゆっくり航行していった。

船に乗り込むドッドを見送る妻の心は痛んだ。翌日日曜日の夕方、彼が到着したら受け取るであろう手紙を書いた。「あなたのことを考えています。遠く離れたベルリンで。特にあなたが惨めな気分で行ってしまうのを見ると、悲しくて寂しくなります」。ドッドに、ゆっくり過ごして、ここ数ヶ月患っていた「神経性の頭痛」を静めるようにと書き送った。「自分のためでなく、私たちのために、どうか体を大切にして、負担の少ない生き方をしてください」。元気でいれば自分が達成したいこともできるでしょう、と書いた。おそらく、『旧南部』の完成を指していた。

ベルリンでの四年間の悲しみとストレスは、自分のせいではないかと心配していた。「野心を持ってあなたを急かせたのかもしれない。でもそれは、あなたを愛していないということではないのです。あなたのために、私は野心を持ったのです。それはあなたに内在しているものです」。

全部書いてから、次の言葉を加えた。「最良のこと、あなたがやりたいことを決めてください。私はそれで満足です」。

彼女の手紙はその後、暗い調子になる。その夜のベルリンへの帰り道について書いていた。「帰り道は快適でしたが、多くの軍のトラックも見ました。死と崩壊が詰め込まれた恐ろしい装備でした。それらを見ると、そして来るべき大破局の印を見ると、戦慄が走ります。人と国がお互いを破壊し合うことを止める方法はないのでしょうか。恐ろしい！」これは、アメリカが第二次世界大戦に参戦する四年半前のことであった。

ドッドには休息が必要だった。健康問題は、彼を悩ませ始めていた。ベルリンに着任以来、腹痛と頭痛を覚え、最近この症状は強くなっていた。痛みが、とドッドは書く。「腹と肩と頭の間の神経の結節に拡がり、眠ることもできなかった」。症状はさらに悪くなった。前回の休暇の時には、専門医のトーマス・R・ブラウン博士に診てもらった。彼は、ボルティモアのジョンズ・ホプキンズ病院の消化器系の主任だった（一九三四年の消化器病シンポジウムでは非常に真面目に、排せつについてあらゆる角度で研究することが大切だと言っていた）。ドッドが南部の歴史を書く仕事をしていて、その本を書き上げるのが生涯の目標と聞いて、ブラウン博士は、ベルリンの職を辞すよう静かに薦めた。ドッドに、「六五歳で自己評価し、何が大切なことかを決め、主要な仕事を完成するように計画することです。可能ならば」と告げた。

一九三七年の夏、継続的な頭痛と消化器系の発作のために、三〇時間にわたって食事を摂ることができなかったとドッドは症状を訴えた。

仕事のストレス以上に深刻な原因が彼の健康問題にはあったかもしれないが、ストレスは大きな要因だった。ジョージ・メッサースミスは、国務次官補に就任するためウィーンからワシントンに戻っていたが、未出版の回想録に、ドッドは神経的な知力の低下を患っていた、と書いている。ドッドの手紙は字が乱れていて、その手書きの文書が読めずに、省内ではメッサースミスのところに「判読不能」として戻ってきた。ドッドの手書き文書は、速記者への不信が増すにつれて多くなっていた。「ドッドに何かが起きているのは明らかだった」とメッサースミスは書いている。「彼は一種の精神機能低下状態を患っている」。

このためにドッドは、ヒトラー政権の振る舞いについていけないのだ、とメッサースミスは信じていた。暴力、戦争への執拗な傾向、ユダヤ人への無慈悲な扱い、これらすべてがドッドを「ひどく鬱状態にした」とメッサースミスは書いている。ドッドには、ライプツィヒで若い学者として知り愛したドイツに、どうしてこんなことが起こったか、理解できなかったのだ。

メッサースミスは書いている。「ドッドは、ドイツで起きているすべてのことと、理性的な思考や判断ができないほどの世界への危機を感じ、完璧に打ちのめされたのだ」。

農場で一週間過ごすと、ドッドは気分がかなり回復した。ワシントンに赴くと、八月一一日水曜日、ローズベルトと面会した。ローズベルトは、ドッドにはもうしばらくベルリンにいてほしいと言った。アメリカ滞在中にできるだけ講演をして「真実を」話してほしいと促した。それはドッドにとって、自分がまだ大統領の信頼を得ていることを確信させる指令だった。

しかし、ドッドの滞在中に、プリティ・グッド・クラブはとんでもない侮辱を企てた。大使館の報道官の一人、プレンティス・ギルバートは代理大使を務めていた。彼は国務省から、ニュルンベルクで行われる次のナチ党大会に出席するよう連絡を受けた。ギルバートは従った。彼は外交官用の列車に乗り、ニュルンベルクに到着すると、鉤十字型に飛行する一七の飛行機の歓迎を受けた。

ドッドは、次官のサムナー・ウェルズの計略だと考えた。「ウェルズは、私と私が推奨することと全てにいつも反対していた」と日記に書いている。国務省の数少ないドッドの仲間で、国務次官補のR・ウォルトン・ムーアも、ドッドがウェルズを嫌っているのに共感しており、その見立てを確かだとしてくれた。「昨年の五月以来、国務省の態度を決定しているのは誰かということに、私もまったくあなたと同意見です」。

ドッドは怒った。党大会に関与しないことが、ヒトラー政権に対する彼の、そしてアメリカ政府の真の感情を示す一つの方法だと思っていた。ドッドは厳しく、そして——彼の意図としては——内々の抗議を国務長官ハルに送った。しかし、彼が大変困惑したことに、この手紙もマスコミに流れた。一九三七年九月四日の朝、ニューヨーク・ヘラルド・トリビューン紙にこの件に関して記事が掲載された。手紙から丸々一段落を引用し、関連する電報も付けられていた。

ドッドの手紙はヒトラー政権を激怒させた。新任のドイツの駐米大使、ハンス・ハインリヒ・ディークホフは国務長官に、「ドッドの更迭を公式に要求するわけではないが」、「ドイツ政府はドッドがペルソナ・グラータ〔外交官として受け入れられる人物〕であると思わないことをはっきりさせておきたい」と言った。

一九三七年一〇月一九日、ドッドはハイドパークの大統領の家で、二度目の会談をした。「素晴らしい場所」だったと記している。息子のビルを同伴した。「大統領は外交案件への懸念を明らかにした」と日記に書かれている。彼らは、中国と日本の対立について話した。当時対立は全面的になっており、収束を目指してブリュッセルで開催される平和会議の見通しについて話した。「大統領が気に掛けているのは」とドッドは書いた。「合衆国とイギリス、フランス、ロシアが共同で行動することはできるのかということだ」。

会話はベルリンのことに移った。ドッドはローズベルトに、少なくとも一九三八年三月一日まで今の職に留まれるよう頼んだ。「一つには、ドイツの過激な者たちに、自分たちの申し立てが功を奏したと思わせたくないからだ」と言った。ローズベルトが合意してくれたという印象を持った。

ドッドは大統領に、仲間の歴史学者で、コロンビア大学のジェイムズ・T・ショートウェル教授を後任として推薦した。ローズベルトは前向きに考えてくれそうだった。会話も終盤に差し掛かって、ドッドとビルを昼食まで残るよう誘った。ローズベルトの母親と、そのデラノ一族から他の者も加わった。ドッドはこれを「楽しい機会」と呼んだ。

出発の準備をしている時に、ローズベルトは彼に、「ヨーロッパのことを私に個人的に書いてくれ。君の手書きもよく読めるよ」と言った。

日記にドッドは、「彼に、その主旨の個人的な手紙を書くことを約束した。しかし、どうやったら、スパイに読まれずに、彼の手元に届けることができるのだろう？」と記した。

ドッドはベルリンに向けて出航した。一〇月二九日金曜日の日記に到着の記述がある。簡単だが核心をついていた。「再び、ベルリン。何ができるのだろう」。

ローズベルトが国務省とドイツ外務省の圧力に屈して、その年の終わりまでにはドッドをベルリンから去らせることに合意していたことを、彼は知らなかった。一九三七年一一月二三日の朝、ハルからの「最高度の機密」と印のある電報を受け取って、驚いた。そこには、「大統領も個人的な不都合があることを遺憾に思っておられますが、できれば一二月一五日までに、遅くともクリスマスまでにベルリンを去るよう指示が出されました。あなたもご承知でしょうが、脅威を増す複雑な情勢のためです」。

ドッドは抗議した。しかし、ハルとローズベルトの決意は固かった。ドッドは、自分と妻のためにワシントン号の席をとり、一九三七年一二月二九日に出発することにした。

マーサは二週間早く出航した。ボリスに別れを告げるため、二人はベルリンで会った。

そのために、ボリスは許可を得ずにワルシャワを出た、と書かれている。それは、少なくともマーサにとっては、ロマンティックで心の痛むエピソードだった。再び、彼との結婚を主張した。

　これが最後のデートとなった。ボリスは一九三八年四月二九日付けで、ロシアから手紙を書いた。「今まで私は、最後にベルリンであなたと会った時の思い出と共に生きてきました。たった二日間だったとは、なんと哀れなことでしょうか。この時間を、私の残りの人生すべてにしたかった。あなたはとても優しく親切だった。忘れることはないでしょう。大西洋の旅はどうでしたか？　いつかこの海を一緒に渡り、永遠の波を見ながら、私たちの永遠の愛を感じる日が来るでしょう。ボリス。愛しています。あなたを感じ、あなたと私の夢を見ます。私を忘れないでください。ボリス」。

アメリカに戻るとマーサは、ボリスにではなく自分の本能に忠実に、すぐさま新しい男、アルフレッド・スターンと恋に落ちた。ニューヨーカーで、左翼寄りの意見の持ち主だった。彼は一〇歳年上で身長一七八センチ、ハンサムでお金持ち、早くに結婚したシアーズ・ローバック・グループの相続人の令嬢との離婚で莫大な調停金を得ていた。二人は婚約し、一九三八年六月一六日、あっという間に結婚した。ニュースによると、のちにヴァージニアのラウンド・ヒルの農場で二度目の披露宴をした。マーサは赤い薔薇のついた黒いベルベットのドレスを着た。のちに彼女は、スターンは三人目の、そして人生最後の愛する人だと書いている。

一九三八年七月九日付けの手紙で、ボリスに自分の結婚を知らせた。「わかっていると思うけれど、あなたは私の人生で、他の誰よりも特別な意味を持っているの。私が必要なら呼んでください。いつでも行くわ」。そして、「将来あなたとロシアで会うことを願っています」と加えた。

ロシアにこの手紙が届く頃、ボリスは処刑されていた。スターリンの狂乱の犠牲になった、数えきれないNKVDのスパイの一人として。マーサはのちに、ボリスがナチと共謀したとして処刑されたことを知った。彼女はその罪状を「馬鹿げている」と否定した。後になって彼女は、彼女との関係が、とりわけ、最後にベルリンに許可なく来たことが彼の運命を決めたのではないかと感じた。

彼女のことを夢見ていると書かれた最後の手紙は、処刑の前にNKVDからの指示で書かされた、偽りの手紙であったことをマーサは知らなかった。彼の死によって、ソビエトの大義に対する彼女の共感が壊れないようにするためだった。

第55章　闇の帳《とばり》が降りる時

帰国航路の一週間前、ドッドはベルリンのアメリカ商工会議所の昼食会で離任演説を行った。ちょうど四年前、古代の専制君主をほのめかしてナチの怒りを買った場所だった。世界は、とドッドは語った。「国際協力がキーワードとなる時代に、国同士がかつてないほどバラバラであるという、悲しい事実と向き合わなければなりません」。先の大戦の教訓が学ばれないままである懸念を聴衆に伝えた。そして、ドイツ国民は「基本的に民主的で、互いに親切にする人々」です、と讃えた。さらに、「ヨーロッパにいるどの大使もその責任を適切に果たし、国に報いているとは思えません」とも言った。

ドッドは、アメリカに着くやその調子を一変させた。一九三八年一月一三日、ニューヨークのウォルドルフ・アストリア・ホテルで彼のために開かれた晩餐会で、ドッドは述べた。「人類は深刻な危機にあります。民主的な政府がなすべきことをわからないでいます。何もしなければ西洋文明、宗教的、個人的、経済的自由が深刻な危機に直面するのです」。

彼の言及は、すぐさまドイツからの抗議を受けた。これに対し国務長官ハルは、ドッドは今や一民間人なので、言いたいことを言うことができると答えた。しかし国務省内でも、「我々は海外の方の気に障るところがあれば遺憾に感じています」という主旨の声明を添えて謝るべきではないかという議論があった。この考えは却下されたが、その反対者とは、他の誰でもないジェイ・ピアポント・モファットだった。彼は日記に、「私はドッドのことを嫌っていたし、評価していないが、それと同じくらい、彼はこのことで謝罪させられるべきではないと強く感じた」と書いた。

このスピーチを嚆矢としてドッドは、ヒトラーとその計画についての警戒を喚起し、アメリカにある孤立主義志向と戦うキャンペーンを始めた。ドッドは、ナチプロパガンダに反対するアメリカ会議を設立し、スペイン民主主義アメリカ友好協会の一員になった。一九三八年二月二一日、ニューヨーク州ロチェスターでのスピーチで、ユダヤ教徒を前にドッドは警告した。ヒトラーがオーストリアの支配権を得たら——これは切迫した事実だったが——、ドイツはその支配を周辺各国に広げるでしょう。ルーマニア、ポーランド、チェコスロヴァキアも同じ危機に晒されている。さらに、他のヨーロッパの民主主義国が、戦争よりも譲歩を選ぶことで武力による抵抗に及ばないならば、ヒトラーはその野望を果てしなく広げるだろう、と予測した。「大英帝国はひどく怒りを募らせていますが、一方でひどく平和を望んでもいるのです」と言った。

家族はそれぞれの道を選んだ。ビルは教職へ、マーサはシカゴ、そしてニューヨークへと。ドッドとマッティは、ヴァージニア州のラウンド・ヒルの農場に引退した。そしてワシントンに時々出掛けた。一九三八年二月二六日、講演旅行に行くためワシントンの駅でドッドを見送った後、マッティはマーサに手紙を書いた。「もっと近くで暮らせたらと思います。そうしたら色々な話ができて、共に時間を過ごせるのに。私たち一緒の生活はあっと言う間に通り過ぎていきます。お父様はよく、あなたがいた時のことを話します。あなたとビルが一緒にいたらどんなに幸せでしょう。お父様がもっと若くて活気に満ちていたらと思います。とても気むずかしくなって精神的な力が弱くなっています」。

マッティはヨーロッパ情勢を心配していた。その後に書かれたマーサ宛ての別の手紙で、「世界は混沌としているようです。何が起こるかわかりません。狂信者が拘束を解かれ、思いのままにしているのは残念です。遅かれ早かれ、私たちも巻き込まれることでしょう。なんということ」。

ドッド夫人は、夫のようにラウンド・ヒルの農場を深く愛することができなかった。夏と休暇の時はよかった。しかし、住まいとしては大変だった。ワシントンにアパートを持って、ドッドがいなくても一年のうち何日かをそこで過ごしたかった。しばらくして、彼女は農場をもう少し住みやすくなるよう試みた。ゴールドのシルクのカーテン、新品のジェネラル・エレクトリック社製冷蔵庫、新しいストーブ。春になってもワシントンの仮住まいが見つからず、また農場の家の改善も進まず、不満が募った。マーサに手紙を書いた。「今のところ、この家でやりたいことが何もできていません。でも、八人から一〇人の人が、石のフェンスを作るために働いています。野原を片付け、岩を拾い、荷車を引いて。もう「負けを認めて」、こんなバカなことは止めたくなります」。一九三八年五月二三日、娘への別の手紙で「家があったらと思います。シカゴでなくワシントンに。素敵だと思います」と書いた。

その四日後、ドッド夫人は亡くなった。一九三八年五月二八日の朝、いつもの習慣である夫との朝食に、夫人は現れなかった。二人は寝室を別にしていた。ドッドが夫人を見にいった。「私を襲った最大のショックだった」と彼は書いている。彼女はベッドで心臓麻痺を起こし、死んでいた。何の兆候もなかった。「マッティはまだ六二歳で、私は六八歳だった」と日記に記している。「彼女はそこに、完全に死んでいた。どうすることもできなかった。驚き悲しくて、どうしてよいかわからなかった」。

マーサは母の死を、ベルリンでの「生活の緊張と恐怖」のためだと思った。葬儀の日マーサは、母親に纏わせた衣装に薔薇の花を挿した。そして、自分もそれと合う薔薇を髪に挿した。父の涙を見るのは二度目だった。

ラウンド・ヒルの農場は、休息と平和の場というよりむしろ陰鬱な場に一変した。ドッドの悲しみと孤独は、既に害していた健康状態に打撃を与えた。しかし、ドッドは、国中での講演に邁進した。テキサス、カンザス、ウィスコンシン、イリノイ、メリーランド、オハイオ。いつも同じ話題を繰り返した――ヒトラーとナチズムが世界の大きな脅威となること、そしてヨーロッパの戦争は避けられないこと、一旦戦争が始まったら、合衆国が孤立していることは不可能であることを。一回の講演に七〇〇〇人ほど集った。一九三八年六月一〇日のボストンのハーヴァード・クラブ――特権階級の巣窟だが――での講演でドッドは、ヒトラーのユダヤ人に対する嫌悪を語り、彼の真の目的は「すべてのユダヤ人を殺すことにある」と警告した。

五ヶ月後、一一月九日から一〇日に水晶の夜事件が起こった。このナチのユダヤ人大虐殺はドイツを震撼させ、ついにローズベルトをして、公式に非難を発表させた。ローズベルトは報道記者に、「こんなことが二〇世紀の文明社会で起こるとは信じられない」と語った。

一一月三〇日、シグリット・シュルツはベルリンからドッドに書いた。「声をあげる機会はあった。あるいは、前から言っていたことだという予感はあった。とはいっても、無慈悲な野蛮人と、良識はあってもそうした野蛮さに対応できない人の二つに世界が分かれている時に、正しくあったことは何の慰めにもならないでしょう。私たちは破壊と略奪が起きていた時の証人ですが、見たことが現実なのかと疑問に思っている時、ここでは悪夢のようなことが起こりました。六月三〇日の抑圧をさらに越えるものが」。

奇妙なエピソードが、ドッドのその後の話に加わる。一九三八年一二月五日、ヴァージニア州マッケンジーでの講演に行くため運転していると、四歳の黒人の少女グロリア・グライムズが車にぶつかった。衝撃で怪我をし、脳震とうを起こしたらしい。ドッドは車を止めなかった。「私のせいではない」とのちに記者に説明した。「若い子が私の走行ラインの九〇〇メートル先に入ってきた。私はブレーキを踏んだ。車は曲がった。子どもは避けたと思ったので運転を続けた」。ドッドが子どもの母親への手紙に無神経なことを書いたため、事態が悪化した。「それから、どこの新聞であっても、この事故について記事にしてもらいたくない。御存知のように、新聞はなんでも誇張しますから」。

彼は告発され、一九三九年三月二日、裁判の初日に申し立てを変更して罪を認めた。友人のムーア判事が隣に座り、マーサも着席した。法廷はドッドに二五〇ドルの罰金を言い渡し、禁固刑はなかった。彼の健康状態と、今ではほぼ快復した少女の治療に一一〇〇ドルを既に支払っていたからだった。彼は、優先運転権と選挙権を失った。民主主義の熱心な信奉者だった彼にはこたえた。

ドッドはこの事故で自信を喪失し、また大使としての彼の経験も色褪せ、健康状態は悪化して疲弊し、農場に引っ込んだ。身体はさらに悪くなった。延髄の麻痺から来る神経症と診断された。徐々に喉の筋肉の麻痺が進行していくものである。一九三九年七月、ニューヨークのマウント・サイナイ病院に腹部の手術のため入院した。手術を受ける前に、気管支収縮による肺炎と延髄麻痺の複合症状を起こした。重体となった。彼に死が近づいていた頃、彼の地ではナチがドッドを糾弾した。

ゲッベルスの新聞デア・アングリフの一面に、ドッドは「ユダヤ人診療所」に入院しているという記事が載った。見出しには「悪名高い反ドイツの煽動者ドッドの最期」とあった。

その記事の筆者は、デア・アングリフ特有の子どもじみた悪意ある言葉を吐き散らした。「これまでの我々の経験の中で最も変わった外交官の一人であった七〇歳の老人は、二〇年間彼が奉仕した者たち――戦争を売る過激なユダヤ人の仲間の元に戻ろうとしている」。記事はドッドを、「小さくて、神経質で、衒学的で、外交や社交界の集まりで彼がいたなら、あまりの退屈さに欠伸を引き起こした」人物だとした。

ヒトラーの野心について警告を続けるドッドを、ナチは監視していた。「合衆国に帰ると、ドッドは第三帝国に対し、無責任で恥知らずなことを言い始めた。第三帝国の役人たちは、四年の間、超人的な寛大さで、彼と彼の家族のスキャンダル、失策、政治的無分別を見逃してくれていたのに」。

ドッドは退院して、農場に戻った。そこで『旧南部』を仕上げる時間ができたという望みを持ち続けた。ヴァージニア州の知事は、彼の選挙権を回復させた。事故当時、ドッドは病気で責任能力がなかったのだと説明した。

一九三九年九月、ヒトラーの軍隊はポーランドに侵攻し、ヨーロッパで戦争が勃発した。九月一八日、ドッドはローズベルトに、いつも述べているように「ヨーロッパの民主主義国が」ヒトラーを止めるために団結しさえしていたならば、避けることができただろうと書き送った。「協力すれば」と書いた。「成功しただろう。でももう遅い」。

秋になると、ベッドで寝込むことが続いた。鉛筆とノートでしか会話ができなくなった。この状態で数ヶ月、耐えた。それも、一九四〇年二月初めに肺炎が再発するまでのことだった。一九四〇年二月九日午後三時一〇分、マーサとビルが見守る中、ドッドは農場のベッドで亡くなった。彼のライフワーク『旧南部』は未完に終わった。二日後、カール・サンドバーグが棺の運び手となって、ドッドは農場に埋葬された。

五年後、ベルリンへの最終攻撃で、ロシアの砲弾がティーアガルテン西側の厩舎を直撃した。近接するクーアフュルステンダム通りは、かつてベルリンの主要な店が並ぶ目抜き通りだったが、今や不気味な死の舞踏場となった。ナチスドイツで最も幸福だった馬たちが、通りに四肢を引き裂かれて横たわり、たてがみや尾っぽは炎に包まれていた。

ドッドの同国人が大使としての彼のキャリアをどのように評価したかは、大西洋のどちら側に立っているかによって異なる。

孤立主義者にとって、ドッドはいうまでもなく問題である。国務省の対立者にとって、彼は絶えず不平を言い、プリティ・グッド・クラブの基準を満たさない異端者だった。息子のビルへの手紙では、ローズベルトは腹立たしいほどに、どちらにも与《くみ》していない。「歴史の真実への情熱と歴史の意味を照らし出す希有な能力を知れば」とローズベルトは書く。「彼の死は国家にとって真の損失である」。

ベルリンのドッドを知り、ヒトラー政権の圧政と恐怖を直に見た者にとって、ドッドは英雄だった。シグリット・シュルツはドッドを、「ドイツが得た最高の大使」と称した。そして、自分の政府の反対にあっても、彼がアメリカの理想を掲げ続けたことを尊敬していた。彼女は、「ワシントンがナチスドイツ下の大使に必要な支持を与えなかったのは、あまりに多くの国務省の人間がドイツ人を支持していたからで、また、あまりに多くの私たちの国の影響力あるビジネスマンたちが「ヒトラーとビジネスができる」と信じていたからであろう」。ラビのワイズは回顧録 *Challenging Years*〔難しい時代〕で、「ドッドは、ヒトラー主義の政治的、また道徳的意味を把握することにおいて、国務省の者より数年先んじていた。そして、その理解力のために報いを受けることになる。彼は、ヒトラーを称揚することになるニュルンベルクの年次祝典への出席を断る理性と勇気を持ったただ一人の大使であり、そのために実質的に更迭された」。

のちにメッサースミスは、ドッドのヴィジョンの明晰さを賞賛した。「私はドイツで起こっていることを、彼ほどしっかり理解できた人はいないとしばしば思う。確かに、他のヨーロッパ諸国や私たちと世界にとって、あの国で起きていることの意味を彼以上にわかっていた人はいない」。

最高の賛辞は、一九三五年春のベルリン訪問の際に、マーサと短い期間、関係を持ったトマス・ウルフのものだった。自分の編集者マックスウェル・パーキンスに、ドッド大使は自分の中に「アメリカへの新しいプライドと、私たちに偉大な未来があるという信念を」吹き込んでくれた、と述べている。ティーアガルテン通り27ａのドッド邸は「あらゆる意見の人々のための自由で恐れのない港であり、恐怖の中を歩いてきた者は安心して息をついて、何でも話せる家だった。これが真実であり、さらに、さりげなく素朴で飾らない無頓着さで、大使はすべての華美と虚飾の世界、そして行進する軍隊を観察していたのだ。それこそ、私たちが見たいものだった」。

ドッドの後継者ヒュー・ウィルソンは、ドッドが反対した古いタイプの外交官だった。外交を「プリティ・グッド・クラブのもの」と最初に言ったのは、ウィルソンだった。ウィルソンの金言は、タレーラン（ウィーン会議の時のフランス外交官）が言ったもので、まったく感動的ではない「何につけ熱くなりすぎるな」である。大使としてウィルソンは、ナチスドイツの肯定的な側面を強調しようとした。そして単独で懐柔作戦を行った。ドイツの新任の外務大臣ヨアヒム・フォン・リッベントロップに、もしヨーロッパで戦争が始まったら、アメリカが加わらないようできる限りのことをすると約束した。アメリカのマスコミは「ユダヤ人によって支配」されていて、「よりよい未来をつくろうとするドイツの努力に対して、嫌悪の賛美歌を合唱している」とウィルソンは批判した。彼はヒトラーを、道徳的・経済的絶望から自信と繁栄を享受する今の状態に引き上げたと賞賛した。とりわけナチの「喜びを通じて力を」方策を賞賛していた。これは、労働者に無償で休暇とレジャーの機会を与えるものだった。これによって、ドイツは国内の共産主義に対抗し、労働者の賃上げ要求を抑えることができた。多くの労働者は「概して愚かなこと」に浪費している。だから、このやり方が「世界全体にとっても役に立つ」と彼は考えたのだ。

ウィリアム・ブリットは一九三七年一二月七日付けのパリからの手紙で、ローズベルトがウィルソンを選んだことを褒め称えた。「あなたがベルリンにヒューを指名したことで、ヨーロッパの平和の機会が増えていくと思います。大変感謝しています」。

もちろん、結局のところ、ドッドの方法でもウィルソンの方法でも変わりはなかった。ヒトラーが権力を融合し、大衆を操っていくという時に効果があるとしたら、アメリカが拒否の姿勢を厳しく示すことだけだろう。一九三三年九月にメッサースミスが「強力な介入」と示唆したものである。しかし、そのような行動は政治的にはありえないことだった。ヨーロッパの揉め事には関係しないでいたいという夢想に、アメリカはとりつかれていたからである。「しかし、歴史は記録してくれる」と、ドッドの友人で、スペインの後にチリの大使となるクロード・バウアーズは書いた。「専制政治の力が自由と民主主義を根絶するよう働く時、「懐柔」という誤った政策が専制政治の武器庫に蓄積をさせる時、そして、社交的で政治的なサークルでファシズムが流行し、民主主義が呪いとなる時、ドッドは、私たちの民主的な生活のために決然と立ち向かい、闘い、信念を持っていた。そして、死が彼を捕えようとも、その旗はしっかり翻っていた」。

確かに不思議に思わざるをえない。ゲッベルスのデア・アングリフが、ドッドが入院して横たわっている時にも彼を攻撃していたことを考えると、敵たちが思っていたほどドッドが無能であることがありえようか。最後に判明したことは、ドッドは、ローズベルトが望んだように、闇が深まる地において、アメリカ的自由と希望のたった一つの明かりとなっていたのだ。

エピローグ

亡命地の奇妙な鳥

ソ連軍による攻撃を受けたティーアガルテン。後方の建物は国会議事堂

マーサとアルフレッド・スターンは、ニューヨーク市のセントラル・パークウエストにあるアパートに住み、コネチカットのリッジフィールドに別荘地を所有していた。一九三九年、*Through Embassy Eyes*〔大使館からの眺め〕というタイトルの回想録を出版した。ドイツは即刻、出版を禁止した。ナチ上層部に対するマーサのコメントを考えれば、驚くべきことではない。例えば、「ナチの断種法に何か論理や客観性があるとしたら、ゲッベルス博士はかなり前に断種されていただろう」など。一九四一年、マーサとビルは父の日記を出版した。二人はさらに、父の手紙の書簡集を出版しようと考え、ジョージ・メッサースミスに、ウィーンからドッドに宛てた手紙の何通かの使用許可を求めた。メッサースミスは拒否した。マーサが彼になんとしても出版すると言うと、彼女の信奉者では決してなかったメッサースミスは、厳しい態度を取った。「信頼のある出版社からであろうとなかろうと、もし私の手紙を出版したならば、私は、あなたとあなたの交流に関する短い記事を書くつもりだ。その私の記事は、あなたの本のどの部分より面白いものになるだろう」と言った。「その件はこれで終わった」と加えた。

それから数年は注目すべき時だった。ドッドが予測した戦争が起こり、アメリカは勝利した。一九四五年、ついにマーサは長年の夢を果たした。小説を出版したのだ。*Sowing the Wind*〔風を起こして〕というタイトルで、自分の昔の恋人たちの一人、エルンスト・ウーデットの人生に基づいているのは明白だった。その本には、第一次世界大戦の飛行隊の英雄を、ナチがいかに誘惑し堕落させたかが書いてあった。同じ年、彼女と夫は赤ん坊を養子にし、ロバートと名付けた。

マーサはついに、自分のサロンを作った。そこには時として、ポール・ロブスン〔俳優〕、リリアン・ヘルマン〔作家〕、マーガレット・バーク＝ホワイト〔写真家〕、イサム・ノグチ〔彫刻家〕といった人物が集った。会話は明晰で上質であり、友人のミルドレッド・フィッシュ・ハルナックの家での素敵な午後を思い出させた。しかし、ミルドレッドとの思い出は、今となっては暗い淵へとつながるものとなった。マーサはこの昔の友人の消息を探したが、最後にベルリンで会った時に不吉な予感を抱いたことを記憶していた。その時、彼らは裏通りのレストランで奥の席を選んだ。ミルドレッドが、彼女と夫のアーヴィドが作った地下組織が「効果を上げている」ことを話してくれた。ミルドレッドは身体で気持ちを表すタイプではなかったが、このランチの終わりにマーサにキスをしたのだった。

この数年後、ミルドレッドがアーヴィドや組織の他の人と共に、ゲシュタポに逮捕されたと聞いた。アーヴィドは裁判にかけられ、絞首刑を言い渡された。一九四二年一二月二二日、ベルリンのプレッツェンゼー監獄で処刑された。死刑執行人は、窒息するのに時間がかかる短いロープを使った。ミルドレッドはそれを目撃しなければならなかった。彼女のほうは裁判で六年の禁固刑となった。ヒトラー自ら再審を指示した。今度は死刑だった。一九四三年二月一六日午後六時、彼女はギロチンにかけられた。最後の言葉は、「それでも私は、ドイツをとても愛していた」だった。

ベルリンを去ってしばらくの間、マーサはソ連のスパイと秘密の情事を続けていた。暗号名は「ライザ」だった。そこからは、残されている記録では計り知れないドラマを連想させる。彼女がスパイとして役立つかどうかというよりむしろ、彼女を巻きこんで利用できる可能性に対して、ソ連の情報局は興味を示した。一九四二年一月、ニューヨークからモスクワへの秘密電報では、マーサは「才能があり、賢く教養のある女性」だが、「自分の行動をいつも抑制する必要がある」と記述していた。真面目なソ連の工作員は、彼女に感心していなかった。「彼女は自分を共産主義者と思っており、党の綱領を受け入れているると主張していた。しかし実際には、「ライザ」はアメリカのボヘミアンの典型で、ハンサムな男とならすぐに寝るような性的に堕落した女だった」。

マーサの努力で、彼女の夫もKGBの一員となった。暗号名は「ルイ」だった。マーサとスターンは共産主義と左翼思想に対する関心を公けにしていたので、一九五三年に非米活動委員会の注意を引いた。この委員会はマーティン・ダイス議員が議長を勤め、彼らに証言するよう召喚状を出した。二人はメキシコに逃れた。しかし、連邦政府からの圧力が増して、再び逃亡し、プラハに落ち着いた。プラハでは三階建ての一二室あるヴィラで召使いを雇い、共産主義とはかけ離れた生活をした。黒いメルセデスも買った。

国際的亡命者であることは、危険な女という自分のイメージに合っていると、マーサは最初のうちは気に入っていたが、時が経つにつれ、逃げ続けることに疲れてきた。二人の逃亡の最初の数年の間に、息子が精神的に不安定な様子を見せ始め、統合失調症と診断された。自分たちの逃亡と旅がロバートの病気の原因であると、マーサは、夫の言葉によると「取り憑かれる」ようになった。

二人は、プラハが言葉の通じない相容れない場所だと思い始めていた。「正直に言うと、ここが好きだとは言えない」と、マーサは友人に手紙を書いた。「もちろん国に帰りたいけれども、私たちを国はまだ受け入れてくれないわ。ここは、知的にも創造面でも制限があるの（私たちは言葉を話せないの。大きなハンディキャップだわ）。孤立していて寂しいの」。マーサは、庭いじりや家事で時間を費やした。「実のなる木、ライラック、野菜、花、鳥、昆虫、四年間に一度だけ蛇を見たわ！」

マーサはこの間に、かつての恋人ルドルフ・ディールスが死んだのを知った。あんなに逃げるのがうまかった人にはふさわしくない方法で。ディールスはケルンに二年間いて、ハノーバーの地方行政官になった。しかし、道徳的に厳格すぎて解雇される。私企業の国内航路を扱う局長職の仕事を得たが、一九四四年七月二〇日、ヒトラー暗殺計画の広範な検挙で逮捕された。戦争を生き延びて、ニュルンベルク裁判では検察側に立って証言した。のちに西ドイツ政府の役人となった。彼の運は一九五七年一一月一八日、狩りのときに尽きた。車から銃を取り出そうとしたところ、弾が発射されてその命を奪った。

マーサは、日ごろ信奉していた共産主義にも幻滅した。その幻滅は、一九六八年の「プラハの春」で嫌悪に変わった。ある朝起きると、家の前を戦車が走っていた。ソ連がチェコスロヴァキアを侵攻している間じゅう、それは続いた。「今まで目にしたなかで、最も醜くおぞましい光景だった」。

手紙で旧交を温めることにした。マックス・デルブリュックと活発に文通を開始した。彼女は「マックス、我が愛」と宛名にした。彼もマーサを、「愛するマーサ」とした。二人はお互い病気がふえることをからかい合った。「私は大丈夫」と彼は言った。「少し心臓が悪い以外は。そして多発性骨髄腫であること以外にはね」。放射線療法で、髪が後ろに下がったと言った。

マーサが回顧して評した男の中にはよく言われない者もいた。ルイ・フェルディナントは「愚か者」で、プッツィ・ハンフシュテングルは「本当の道化」だった。

しかし、これまでなかったほど大きな愛情を感じ始めたかつての夫、バセットに手紙を書いた。彼女が愛した三人のうちの最初の男性だった。すぐに、二〇代に戻ったように文通を始めた。過去の愛のどこがいけなかったか、考え始めた。バセットは、彼女が送ったラブレターを全部燃やしたことを白状した。「時間が経っても読むのが耐えられないからだった。それに、自分が死んでから誰かに読まれるのも嫌だった」。

マーサは彼の手紙を持っていた。「素敵なラブレター！」と彼女は書いた。

「一つはっきりしていることは」と、一九七一年一一月の手紙で、マーサが彼に言ったことがある。彼女が六三歳の時だった。「一緒にいたら、もっと活気があって楽しい生活が送れたかもしれないわ。……かつての、そして今の私のように奔放な女と一緒で、あなたが幸せでいられたのかと思う。後々私の身に起きた複雑な事情がなかったとしても。私は今でも悲しみに喜びを感じ、美しさと衝撃に生きる勇気を感じている。私は、あなたとアルフレッドをどちらも愛している。かつてあなたが愛し、結婚してくれた奇妙な鳥は、まだ生きているわ」。

一九七九年、連邦裁判所は彼女とスターンに、すべての罪状の無罪を、しぶしぶであるが、宣言した。証拠に足る資料が不足し、証人が死んでいたからだ。長い間、アメリカに戻りたかった。そう考えた時に、一つ障害があった。逃亡先で、合衆国に税金を払っていなかった。積もり積もった税金は今や法外なものとなった。

イギリスやスイスなどをあちこち回ることを考えた。またもや一つ障害があった。最も厄介な問題だ。年齢である。

これまでの年月と病気によって、マーサの思い出の世界にあった多くの者が亡くなった。一九五二年一〇月、ビルが死んだ。妻と二人の子どもを残して癌で亡くなった。ベルリンで過ごした後、ビルは職を何回も変えた。サンフランシスコのメイシーズ〔百貨店〕の図書部門の事務員で終わった。その間、自身の左翼寄りの傾向がダイス委員会の標的となった。そのために、連邦政府の職には不適格となった。これは、彼が連邦通信委員会に勤務している時のことである。彼の死によって、マーサはドッド家唯一の生存者となった。

「ビルはとても大きな人で、温かく素敵な性格だった。本来負うべきものより大きな不満と苦しみを背負っていた」。マーサは、ビルの最初の妻オードリーへの手紙に、「彼がいないと寂しい。彼なしだと空虚で一人ぼっちだ」と書いた。

クウェインティン・レイノルズが一九六五年三月一七日に死んだ。まだ年寄りとも言えない六二歳だった。プッツィ・ハンフシュテングルは、その巨体が彼を不死身にしていたが、一九七五年一一月六日に亡くなった。ミュンヘンで。八八歳だった。シグリット・シュルツ、シカゴのドラゴンが一九八〇年五月一四日に死んだ。八七歳だった。マックス・デルブリュックも、おそらく髪はもとに戻っただろうが、一九八一年三月に亡くなった。その情熱もとうとう消えた。七四歳だった。

こうして人々が死に自分も老いていくのは悲しいことであり、また大きな疑問も生じた。一九八四年三月、マーサ七五歳、スターン八六歳の時、マーサは人に尋ねた。「どこか選べるなら、どこで死ぬのがいいかしら？　ここ？　外国？　つらい思いとともにここに取り残されるほうが楽かしら？　あるいはここを出て一人で新しいところに行くほうかしら。それとも一緒がいいかしら。実現しない夢に悲しんで、新しいところで友もなく、でも数年のうちに何か家のようなものを作り上げて」。

マーサは長生きした。スターンは一九八六年に亡くなった。マーサはプラハに留まった。友人に「ここほど孤独なところはない」と書き送っていたが。

彼女は一九九〇年、八二歳で亡くなった。英雄とはいえないが、世界が何もしたがらなかった時にナチに抗して、ソビエトを支援することで正しいことをしたという信念が決して揺らぐことのない、原則を貫いた女性だった。危険の縁で踊りながら死んでいった。マーサは、亡命地の奇妙な鳥だ。才能があり、男遊びが好きで、誰からも記憶される。ベルリンの後、自分の役割を主婦として落ち着かせることは不可能だった。もう一度、何か大きく明るい自分を見る必要があったのだ。

バセット、年老いて忠実なバセットは、彼女より六年長生きした。ラーチモントの大きな銅色のブナの屋敷を手放し、マンハッタンのアッパーイーストのアパートに住んだ。そこで一〇二歳で穏やかに息を引き取った。

コーダ「雑　談」

戦争から何年もが経過して、封印されていた書類の存在が明らかになった。ヒトラーとその部下たちの会話の記録を、副官のマルティン・ボルマンが取っていた。その一つが、一九四一年一〇月、東プロシアにあるヒトラーの総統大本営、狼の巣《ヴォルフスシャンツェ》で行われた夕食の際のものだった。マーサ・ドッドの話題が出た。

ヒトラーはかつてマーサの手にキスをしたが、「この内閣の中で、前アメリカ大使ドッドの娘に触手を伸ばした者はいなかったのだな。彼女は難しい女ではなかった。仕事として誰かがしておくべきだったな。要するに、手なずけておくべきだった。……昔は、産業家を落とそうと思ったら、子どもからやったものだ。ドッドのやつ、頑固者め。娘から落としておくべきだった」。

ヒトラーの夕食仲間の一人が聞いた。「少なくとも美人だったんでしょうね」。

もう一人が小馬鹿にしたように笑って言った、「酷いもんだよ」。

「いや、我々はそんなことを気にせずにやるべきだ、なあ諸君」とヒトラーは言った。

「我々の能力の一つだ。そうでなければ、一つ聞くが、どうして外交官は金をもらっているのだ？　その場合、外交はもはや仕事でなく、遊びだよ。結婚で終わりということにもなりかねない！」。

謝辞

ヒトラーが支配する暗い時代について書くことは、自分の魂もその暗さを吸い込むことだとは思ってもみなかった。作品を書く時、私はジャーナリストとしてたいてい対象とは距離を取っていて、悲劇を悲しむ一方で、書くこと自体を楽しんでいた。しかし、ナチの時代を行き来することは、恐るべき経験だった。机の上には、イアン・カーショーの『ヒトラー　1889－1936　傲慢』〔二〇一六年　白水社〕を置いていた。この時代の政治を理解するのに必要な大作であった。イアン卿には申し訳ないが、本のカバーにあるヒトラーの写真を見ると吐き気を覚えたので、本はいつも伏せていた。そうでもしないと、あの憎しみに満ちた目、緩んだ頰、口髭にしている毛の塊を見て一日を始めるのは、あまりに気が重いからだった。

ヒトラーと第二次世界大戦に関しては、どんなに小さなエピソードでも読むべきものがたくさんある。こうした本を読んで、さらに私は暗澹とした気持ちになった。読んだ量からではなく、その内容の残酷さからだ。ヒトラーが創り出した悪の広さと深さを計り知ることは容易ではない。ドイツの敗北が必至となった後でさえ、ユダヤ人は収容所に強制移住させられた。ロシアとの戦車戦では数日間に何万人もの死者を出した。ナチを悪名高くしたのはその報復的殺害だった——ある晴れた午後、フランスのある村で、十数人の男女が家や店から連れ出され、壁に向かって立たされ、射殺された。なんの前触れもなく、別れを言う暇もない。後には鳥の鳴き声と流血があるだけだった。

カーショー『傲慢』は、第二次世界大戦前夜の権力闘争と人間について知るのに、とりわけ役に立った。昔の名著では、アラン・ブロック『アドルフ・ヒトラー』〔一九五八年みすず書房〕やウィリアム・シャイラー『第三帝国の興亡』があり、最近では、カーショーと双璧をなす作品と言ってもよいくらいのリチャード・エヴァンズによる *The Third Reich in Power, 1933–1939*〔権力を持つ第三帝国——一九三三年から一九三九年〕と *The Third Reich at War: 1939–1945*〔戦時下の第三帝国——一九三九から一九四五年〕は、驚愕しながらも惹きつけてやまない詳細が書かれた大作である。

他に私の関心をひく分野で大変有用だった本には以下のものがある。シャリーン・ブレア・ブライセックの *Resisting Hitler: Mildred Harnack and the Red Orchestra*〔ヒトラーへの抵抗——ミルドレッド・ハルナックと赤のオーケストラ〕、KGB史の専門家アレン・ワインスタインとアレクサンドル・ヴァシリエフの *The Haunted Wood*〔憑かれた森〕、ヴァシリエフ、ジョン・アール・ヘインズとハーヴェイ・クレアの *Spies: The Rise and Fall of the KGB in America*〔スパイたち――アメリカにおけるKGBの興亡〕。

とりわけ貴重だったのは、マーサとビルの編集した *Ambassador Dodd's Diary*〔大使ドッドの日記〕とマーサの回想録 *Through Embassy Eyes*〔大使館からの眺め〕だった。どちらも完全に信用できるものではなかった。十分注意を払い、他の関連資料と突き合わせた。マーサの回想録は、出会った人や出来事の記述が彼女の視点からのものであるから、彼女の考え方や感じ方を知るのには欠かせないものの、いくつか重要なことが省かれていた。たとえば、ミルドレッド・フィッシュ・ハルナックやボリス・ヴィノグラードフの名前はなかった。おそらく、一九三九年の時点で名前を出すことは非常に危険だと考えたからだろう。しかし、アメリカ議会図書館に保管されているマーサ文書の中のある資料には、ハルナックとヴィノグラードフが登場する箇所がある。ボリスやハルナックとの関係から出版されなかった詳細や、二人とのそれぞれの書簡などが含まれていた。ボリスの手紙はドイツ語だったが、時折「ダーリン！〔愛している！〕」など英語も混じっていた。これらの翻訳については、シアトルの友人ブリッタ・ヒルシュに協力してもらった。翻訳してもらったものには、些細な記録もあったが、中にはティーアガルテン通りの家の古い売買請求書や、ルドルフ・ディールスの回想録 *Lucifer Ante Portas*〔悪魔は戸口に〕もあった。ドッド大使の日記に関しては、一般的に理解されている日記と同じと考えていいのか、マーサとビルの手によって日記の形に編集されたものかが問題だった。マーサは、日記は本物だと言っていた。大統領の伝記作家ロバート・ダレックは、一九六八年に刊行されたドッドの伝記 *Democrat and Diplomat*〔民主党員そして外交官であること〕を書く際、この問題に取り組んだ。そして、マーサ本人からその経緯に関する手紙を受け取った。「日記は本物です」とマーサはダレックに言っている。「ドッドは中くらいの大きさの光沢のあるノートを何冊か持っていて、就寝前にベルリンの書斎でできるかぎり毎晩書き込んでいた」。これが日記の主要な部分で、自分たちはページに挟まっていたスピーチの原稿、手紙や報告書を加えたのだ、とマーサは説明した。最初の原稿は一二〇〇ページの日記で、出版社が雇ったプロの編集者が整理したものだった。ダレックは、日記は「概ね正確なもの」と考えた。

この問題に関して小さなことだが、私がわかったことをいくつか加えておこう。議会図書館での調査から、一九三二年になされた記述のすべてが含まれている革張りの日記を一冊発見した。少なくとも、ドッドが記録をつけていたことの証拠となるものである。ボックス58に入っているものだ。他のドッド文書で、さらに個人的なことが示唆されているものを見つけた。ドッド夫人からマーサに宛てた一九三八年三月一〇日の手紙は、ドッドが大使を引退してニューヨークに向かう直前に書かれたものだった。ドッド夫人はマーサに、「お父様は、あなたに見てもらうために日記をつけているのよ。必要な時にはお父様に返してね。引用する時はくれぐれも気をつけて」と書いている。

マーサの回想録、ウーデットについての小説、書類を読み、そして何千ページにものぼるドッド大使の書簡、電報、報告書を読むと、こうした資料にくまなくあたった時に感じる何ともいえない感覚に達する。ドッドの出版された日記は、記述がいかにもドッド的であり、本物のように感じられ、ドッドがローズベルトやハルたちに出していた手紙の内容と完全に一致していると思わされる。

メリーランド州のカレッジ・パークにある国立公文書記録管理局分室（第二公文書館）には、ベルリンの大使館、公使館に関する二七箱分もの驚くべき詳細な資料が残されていた。フィンガーボールの数にまでわたる食器セットのリストもあった。議会図書館には、ウィリアム／マーサ・ドッド文書、コーデル・ハル文書、ウィルバー・カー文書があり、至福の資料だった。ニューアークのデラウェア大学では、ジョージ・メッサースミスの資料を調べた。それは、私が出会った最も美しく整理された資料だったし、その調査の期間は友人のカレン・カールやジョン・シャーマンの家に泊まって、散々飲んだ楽しい日々でもあった。ハーヴァードでも――何年か前に不合格になった大学だが、もちろん何かの手違いだと今は許している——楽しい数日を過ごした。そこでハーヴァードの卒業生であるウィリアム・フィリップス文書とジェイ・ピアポント・モファット文書の記録をとった。イェールのバイネッケ稀覯書写本図書館の人々は大変親切で、マーサ・ドッドがソーントン・ワイルダーに送った手紙のコピーを、ワイルダー文書から探し出し提供してくれた。他の歴史文書も有用だったが、コロンビア大学とニューヨーク公立図書館のオーラル・ヒストリーの記録はとりわけ役に立った。

オンラインの資料はあまり信用していなかったが、いくつか素晴らしいものがあった。ニューヨークのハイドパークにあるフランクリン・デラノ・ローズベルト大統領図書館による、ローズベルトとドッドの書簡集のデジタル資料。元KGBのエージェントで学者となったアレクサンドル・ヴァシリエフも自分のノートを、ワシントンDCにあるウッドロー・ウィルソン・センターの冷戦国際歴史プロジェクトのウェブサイトに公開し、一般の人にもアクセス可能にしてくれた。希望する人にはいわゆるヴェノナ計画が傍受、解読したものとして、モスクワ・センター〔KGB本部〕とアメリカに潜入中のKGBエージェントの通信記録を見ることができる。その中にはマーサ・ドッドとアルフレッド・スターンに関する書簡もあった。かつてアメリカで最も秘密にされていたものの一つだが、今はアメリカ国家安全保障局のウェブサイトで公表されており、アメリカはスパイで溢れていただけでなく、あまりによくある職業であったことも明らかになった。

この本の調査で一番困難だったのは、戦前のベルリンのティーアガルテン地区の様子を把握することだった。ドッドとマーサがもっとも長く過ごしたところだったし、のちの連合国の爆撃とロシアとの市街戦で跡形もなくなってしまったところである。戦前のベデカー旅行案内書を手に入れた。おかげでクーアフュルステンダム二三八番地のカフェ・ロマーニッシェスやウンター・デン・リンデン一番地のホテル・アドロンなど、重要なランドマークの場所が判明した。できるだけたくさんの回想録を読んだ。そこからベルリンの日常を知ることができればと思ったからだ。しかし、ナチ時代の回想録は、ナチの台頭とその支配に加担していた人もそうでなかったかのように書かれていることがかなりあるという傾向にも気をつけた。その最たるものは、フランツ・フォン・パーペンの回想録だった。一九五三年に出版されたが、自分はマールブルクの演説を入念に準備したと書かれていた。しかし、この記述をまともに受け取る者はいない。演説は聴衆だけでなく、彼自身も全く予期していなかったものだった。

クリストファー・イシャウッドの回想録的小説『いかさま師ノリス』〔二〇二〇年　白水社〕と『さらばベルリン』〔一九五七年　研究社〕は、イシャウッド自身がベルリンに生活した頃の、ヒトラーが台頭する直前の街の様子や感覚がわかる価値あるものだった。今でも私は、古いベルリンの映画を見つけようとユーチューブを検索する。一九二七年のサイレント映画『伯林－大都会交響楽』もある。とりわけ、一九三五年の *Miracle of Flight*〔奇跡の飛行〕というプロパガンダ映画を見つけた時は嬉しかった。この映画は、多くの青年をドイツ国防軍空軍に引き入れようとして作られたものだった。この映画には、マーサのつかの間の恋人エルンスト・ウーデットがスターのように登場し、ベルリンのアパートを見せびらかすところがある。マーサの回想録での記述にきわめて近かった。

ウィスコンシンの州立歴史協会では、ヒトラー治下のベルリン時代における生活の基本的な状況を押さえるのによい資料に出会えた。そこには、シグリット・シュルツ、ハンス・V・カルテンボーン、ルイス・ロッホナーの資料があった。ウィスコンシン大学からの美しい散歩道を行った先で、ヒトラーの命令でギロチンにされた唯一人の卒業生ミルドレッド・フィッシュ・ハルナックに関する資料も見つけた。

もっとも重要なことは、私自身のベルリンでの滞在だった。まだ当時の面影が残っているところもあった。奇妙なことだが、ゲーリングの空軍の建物は、ベントラー・ブロックにある軍隊の本部と同様、戦争でも破壊されずに残っていた。一番驚いたのは、今はもう存在しないが、ゲシュタポ本部やヒトラーの執務室などがドッドの家のとても近くにあり、歩いていける距離だったことだ。ティーアガルテン通り27aにあるドッドの家は今では空き家で、チェーンの掛かったフェンスに囲まれている。ベントラー・ブロックはその真後ろに広がっていた。

ジャンナ・ソンミ・パノフスキーと夫、ハンスには特に感謝したい。ハンスは、ドッドのベルリンでの大家、アルフレッド・パノフスキーの息子である。夫妻は現在、イリノイ州エバンストンに住んでいて、ハンスはノースウェスタン大学で教鞭をとっている。パノフスキー夫人にはティーアガルテン通りの家の元の間取り図を見せていただいた（これをノースウェスタン大学のジャーナリズム専攻の院生アシュレー・カイザーが丁寧にコピーしてくれた）。パノフスキー夫人と話すのは楽しかった。残念ながら、二〇一〇年に結腸癌で亡くなった。

とりわけ、原稿から読んでくれた人々、キャリー・ドーランと夫ライアン・ラッセル、私の娘たちクリスティン、ローレン、エリンに感謝する。そしていつもながら、妻と私の秘密兵器クリスティーヌ・グレアソンに。泣き顔やイビキ音（zzzzz...）などの彼女の余白への書き込みは、なくてはならないものだった。そして私の服装に対する娘たちの辛辣な言葉にも感謝したい。ここ二〇年来の私の編集者ベティ・プラシュカーと、私の本をその敏腕で出版してくれたジョン・グラスマンには大変お世話になった。ドメニカ・アリオトのこの上ない厚情と、ウェブと世界を繋いでくれたジェイコブ・ブロンスタインにも感謝したい。ペニー・サイモンの友情と面倒な仕事をしてくれたことに感謝したい。ティナ・コンスタブルの信頼と、私のエージェントでありワイン・アドバイザーでもある友人のデイビッド・ブラックにも感謝したい。そして最後に、我が家の愛すべきペット、モリーにも。私の仕事がちょうど終わる時、肝臓癌で亡くなった。一〇歳だった。最後の数週間にとうとう、ウサギを捕まえることができた。いつもしくじってばかりだったのに。モリーがいないことを毎日寂しく思っている。

私がベルリンにいる時、不思議なことが起こった。本の調査に没頭している時によく起こる、時空を飛び越える瞬間だ。ティーアガルテンのリッツ・カールトンに泊まっていた。リッツに泊まりたかったからでなく、開店早々の割引レートがあったからだ。二月という時節柄もあった。最初の朝、時差ぼけで何もする気が起こらず、ティーアガルテンを目指して散歩に出た。ドッド邸までたどりつけたら、という程度の考えしかなかった。凍え死にしない範囲で戻るつもりだった。凍りつく風の強い朝だった。時折斜めに雪が吹き込んだ。歩いているうちに、面白い歴史的建造物に行き当たった。大きなガラスの壁の後ろに建っている古い建物には銃痕があった。ファサードの上には橋のようなテラスがあって、モダンで瀟洒なアパートがその上にあった。ちょっとした好奇心から、ファサードの案内板のところに歩いていった。ドッドが初めてベルリンに来た時に宿泊したホテル・エスプラナーデのものだった。ガラスの後ろには、エスプラナーデの朝食用の部屋が元の状態に復元されていた。ガラスの後ろに巨大な建物があるのは、まるで動かない大きな魚を見ているような奇妙な気持ちだったが、啓示的でもあった。これから出掛けようとするドッドとマーサが現れたように思った。ドッドはベントラー通りにある大使館のオフィスに出勤するため、ティーアガルテンをきびきびと歩いていく。マーサは南へと急ぐ。ルドルフ・ディールスとプリンツ・アルブレヒト通りの古い美術学校で落ち合って、静かな隠れ家風の店で昼食をとるためだ。

注をつけたが、すべてを網羅できているわけではない。他の作品から引用した時、たとえば、イアン・カーショーの発見、『傲慢』の四八五ページ〔原書〕にあるヒトラーの好きな映画の一つが『キング・コング』であったことなど、元となったものの出典はいつも明らかにするよう注意した。脚注を読むのが好きな読者のために――多くの方がそうだと思うが――、本文にはそぐわない小話や事実などを注に入れた。実は、私も省略するのが忍びなかったからでもある。わがままをお許しいただきたい。

（参考文献は中央公論新社ホームページに掲載）

雪原となったティーアガルテンを歩いていた。そこには、壊れた銅像や新しく植えられた若木があった。ブランデンブルク門では、赤い旗が冬の青い空に揺らいでいた。地平線には、疲弊した鉄道の駅の鉄骨がクジラの骨のように横たわっていた。朝の光は、容赦なくありのままを照らし出す。まるで歴史の声が私たちに愚かなことをしないようにと言っているようだった。これは、どんな都市にも、だれにも、そしてあなたにも起こりうることだ。

——クリストファー・イシャウッド *Down There on a Visit*〔ベルリン再訪〕

訳者あとがき

本作品の英語のタイトルは*In the Garden of Beasts: Love, Terror, and an American Family in Hitler's Berlin*であり、ベルリンの中央に位置するティーアガルテン（動物園を含む公園）が主要舞台となっている。この周囲には、第二次世界大戦前夜、ヒトラーの政権の中枢部が入った建物が立ち並び、その近辺に、多くの大使館が居を構えていた。本作品の中心人物の一人ウィリアム・ドッド駐独アメリカ大使は、この公園への散歩を楽しんだという。

時は一九三三年、ヒトラーがドイツの実権を握り、国中を掌握し始めた時であった。当時の人々は、ヒトラーがのちにいかに残虐な行為を行う独裁者となっていくかの確証はなかったが、ドイツが確実に変容していくことに対する不安を覚えつつ生きていた。

そんな時に駐独アメリカ大使となったのが、シカゴ大学歴史学部教授ウィリアム・ドッドである。彼は任地へ、すでに成人した息子と娘を伴っていく。本作品の著者エリック・ラーソンが注目するのは、ドッド大使の娘マーサと大使本人である。ハーヴァード大学出身の裕福な人々がほとんどを占める外交官の職に、中産階級出の大学教授というドッドが就くのは、異色の人事であったといえる。そして、ドッドは、まさに中産階級の知識人が抱いているアメリカ的理想をもって外交にあたっていく。その娘マーサは、のちにソ連のスパイとなり、奔放な男性関係で知られる女性となる。

外交という駆け引きの世界に飛び込んだアメリカ人父娘が主義を変えることなく奔走する様は、滑稽に見えつつ、賞賛すべき姿として読者に迫ってくる。それは、とりもなおさず、ヒトラー統治下のドイツの異常な状態を映し出す鏡ともなっている。本作品は、急速に、かつ確実に変化していくドイツに対してアメリカ人は何を感じていたか、大西洋を挟んで、ドイツとアメリカ双方の思惑を明らかにしたノンフィクションとなっている。

作者のエリック・ラーソンは、アメリカ・シアトル在住のノンフィクション作家であり、ウォール・ストリート・ジャーナル、タイムにも寄稿していた。興味深い歴史上の事件を、膨大な資料で読み解いてノンフィクションに仕上げていく作風の作家である。これまでにも、二〇世紀目前のロンドンを舞台に無線通信の発明者と殺人犯の交錯する物語を描いた *Thunderstruck*、一九世紀末のシカゴ博覧会を舞台に連続殺人犯を追う *The Devil in the White City*（邦訳『悪魔と博覧会』、のち文庫『万博と殺人鬼』）、死者六〇〇〇人以上となった大災害を扱った*Isaac's Storm*（同『1900年のハリケーン』）などの作品がある。ラーソンの作品は歴史書ではないが、手紙や文書、史料などから多くの歴史上の人物の声を掘り起こすことによって、それらの書き手、受け手、そしてその中で言及される人々の複雑な人間関係を浮かび上がらせる、いわば群像を捉える伝記風の作品である。

多くのヒトラー関連書籍の中で、本作品『第三帝国の愛人』の特徴は、これまであまり取り上げられることのなかった、外国人の視点で捉えた第三帝国の姿にある。なかでもマーサという女性を通して、彼女をスパイという側面からだけでなく、愛情と欲望の狭間で揺れ動く人物として位置づけることによって、ドイツの変容を明らかにしている。

マーサがドイツにいた間に付き合った数多くの男性の中で、とりわけ興味深いのは、ゲシュタポ局長ディールス、そしてKGBの前身NKVDのスパイであるソビエト大使館員ボリスである。マーサの二人との書簡や伝記的作品から、ヒトラー政権下で、男女の関係がいかに怪物的なものになっていったかが想像できる。

翻訳にあたっては、作者の手法をそのまま訳出するように、手紙や文書など実際の人物が書き残したものは、原文と同様に引用符をつけて訳した。作者が意図するように実際にそこに生きた人の言葉が当時のまま再現されることで、読者が歴史の中へ入り込んでいただければと思う。多くの資料の行間を埋める作者ラーソンの想像力が作り出した世界から、外から見たナチの人々の姿、そして彼らと共にその時代を生きたアメリカ人の姿が時空を超えて浮かびあがってくることだろう。

本作品に出会うきっかけをつくっていただいた学習院大学の上岡伸雄先生に感謝したい。また、アメリカ文学が専門の訳者にとって非常に悩ましいドイツ語の名称については、学習院大学の高田博行先生から適宜助言をいただいた。心からお礼申し上げたい。しかし翻訳上の誤りがあるならば、訳者の責任である。また、この翻訳にあたって様々に協力していただいた方々に、私の家族も含めて、感謝したい。そして、最後になるが、翻訳のきっかけから訳文まで丁寧にアドバイスいただいた岩波書店の清水野亜さんに最大の感謝を。清水さんの粘り強い尽力がなければ本作の翻訳が完成することはなかったであろう。

二〇一五年八月　　佐久間みかよ

文庫版訳者あとがき

本書の翻訳が単行本として刊行されたのは二〇一五年九月のことだった。ヒトラーが大方の見方を裏切って、巨大な指導者となりドイツが変質していく様を駐独アメリカ大使一家の視点から描いた本書は、朝日新聞（「ヒトラーの流れをなぜ、変えられなかったのか　本書の問いでもある」二〇一五年一〇月二五日掲載）など多くのメディアで取り上げられた。

今回、中央公論新社から文庫化の話をいただき再読した。あれから一〇年ほどたっても、当時の人々が感じた不安、驚き、怒りには引き込まれるものがあった。そのニュアンスを伝えられるように、訳文を見直し修正した。訳文の修正にあたっては、中央公論新社の編集者、三浦由香子さんに大変お世話になったが、何よりも文庫化を実現させたそのセンスと行動力に心から感謝したい。なお、翻訳の経緯については、前出の「訳者あとがき」を参照していただきたい。

二〇二四年七月

佐久間みかよ

解説

辻田真佐憲

われわれは今日、ナチ・ドイツの破局的な結末を知っている。そのため、「なぜあのときヒトラーを止めなかったのか」と、しばしば過去にたいして苛立ちを感じることがある。だが、当時のひとびとは目の前の仕事や人間関係に追われながら、さまざまな問題に対処し、手探りで懸命に生きていた。ヒトラーやナチだけが唯一の課題ではなかったのだ。未来から一方的に断罪するのは公平ではない。

本書は、アメリカ駐独大使ウィリアム・ドッドとその娘マーサのふたりを主人公としている。かれらは外国人という部外者でありながら、ドイツで生活する内部者でもあった。本書はこのユニークな視点を通じて、破局へと突き進んでいく一九三〇年代ドイツの「どうしようもない現実」をありありと描写している。

ドッドは外交官としても部外者だった。もともとシカゴ大学の歴史学教授であり、雑務に追われて研究が進まないことに不満を抱いていた。そこで静かな環境で研究に専念できる閑職を求めたが、かれに与えられたのは駐独大使という重責だった。

一九三三年、ドッドはヒトラーが政権を握って間もないドイツに赴任した。妻とふたりのこども、息子のウィリアム・ジュニア、娘のマーサも一緒だった。

当初、ドッドは多くのひとびとと同様に、ヒトラー政権がすぐに終わり、暴力も一時的なもので収まるだろうと楽観的に考えていた。しかし現実は異なった。かれはナチの厳しい統制と暴力が日常化し、ますます過激化していく様子を目の当たりにすることになる。そんななかで「長いナイフの夜」として知られる事件が起こり、ナチ高官や反対者たちが大量に粛清された。ドッドはドイツの危険性を何度も本国に訴えたが、アメリカはヨーロッパの問題に関わる気がなく、せっかくの警告は生かされなかった。さらに、典型的な外交官ではないドッドにたいする同僚たちの目線も冷たかった。ドッドは孤立し、絶望感を深めるばかりだった。

そのいっぽうで、娘のマーサは当初ナチ・ドイツにきわめて肯定的だった。若い彼女はベルリンの華やかな社交界に溶け込み、多くのナチ高官たちと親交を深めた。

彼女の異性関係は、驚くほどに派手だった。ナチ党の海外新聞局局長のハンフシュテングル、その息子のエゴン、のちに航空省の幹部になる元エースパイロットのウーデット、ゲシュタポ局長のディールス、フランス大使館三等書記官のベラール、そしてソ連大使館一等書記官でありながらＮＫＶＤ（のちのＫＧＢ）のスパイであったボリス・ヴィノグラードフなど、国境もイデオロギーもやすやすと乗り越えていくほどだった。

しかし、マーサは次第にその広い交友関係を通じて、ナチ体制の暗部に気付く。彼女の信奉は次第に疑念に変わり、最終的に嫌悪へと変わっていった。彼女は、自分が関わっていたひとびとが持つ残虐性や冷酷さに直面し、ナチの真の姿をようやく理解するようになった。

老成した歴史家ドッドと若々しい社交家マーサの立場は対照的だが、互いに補完し合いながら、ナチ・ドイツの禍々しい実態を浮かび上がらせている。著者エリック・ラーソンの構成はじつにみごとだ。

しかもその描写は、広範な資料を渉猟していることもあり、まるでナチ時代に遡ったかのように生々しく、詳細にわたっている。そのため、当時のドイツ人が徐々にナチ体制に順応していく、細やかな変化がしっかり押さえられている。

海外のノンフィクションはしばしば長すぎると言われ、要約サービスが提供されることもある。しかしこの作品においてそれはまったく当てはまらない。本書で重要なのは、まさに細部だからだ。

ベルリン市民は、だれに監視されているかわからないので、友人や知人に会うときも辺りをさっと見回すようになった。ドッド一家も、雇っているドイツ人を信用できないので、ふつうの会話まで抑制せざるをえなくなった。こうしたエピソードのひとつひとつが、本書の読みどころである。

わたしはそのなかでも、ドッドの歴史家らしい冷めた観察眼に強い印象を受けた。ドイツの法律では、動物への虐待が禁じられており、違反者は牢獄に送られることになっていた。ドッドはここに皮肉を感じた。当時のドイツ人にはそんな保護が与えられていなかったからだ。「自分が馬だったらよかったと思う人もいるだろう」。かれはそう日記に記した（52章）。ナチ社会の異常性をつく鋭い一節だろう。

本書を読み終えると、歴史の教訓とはなんなのかと考えさせられる。現代に生きるわれわれの時代も、後世のひとびとに「なぜあのとき、そんな決断を」と驚かれるにちがいない。とはいえ、われわれは故意に誤りを犯しているわけではなく、前例を参照しながら、できるだけ正しく合理的な選択をしているつもりなのだ。

ナチ時代においても、多くの場合同様だった。だが、結果的にナチの台頭を許してしまった。では、われわれは同じ過ちを繰り返すしかないのだろうか。

残念ながら、「正しい行動」はすぐ報われるとは限らない。ドッドは適切な報告をしていたにもかかわらず、外交官の同僚から嫌われて解任され、一九三七年に帰国した。その後、みずからの研究をまとめようとするも妻を亡くし、失意のうちに一九四〇年に志半ばで世を去ってしまった。

マーサもまた、ナチへの失望から共産主義にシンパシーを強め、ソ連のスパイとなるものの、最後は共産主義にも失望することになった。ソ連もまた、別の意味で全体主義国家にすぎなかった。

現実とはかくも虚しい。それなら、時代の流れに身を任せて、小賢しく生きたほうがいいという考えにも傾いていく。だけれども、未来のノンフィクション作家が本書のようにやがて取り上げてくれる日がくるかもしれない。ドッドは歴史家として畢生《ひっせい》の大作を完成させられなかったが、たしかな歴史感覚の持ち主として永遠の名声を得た。そこに一抹の希望を見出すしかないのだろう。

（つじた・まさのり　評論家・近現代史研究者）

IN THE GARDEN OF BEASTS
Love, Terror, and an American Family in Hitler's Berlin
by Erik Larson
Copyright © 2011 by Erik Larson
Japanese translation and paperback rights arranged with David Black Literary Agency, Inc., New York through Tuttle-Mori Agency, Inc., Tokyo

『第三帝国の愛人　ヒトラーと対峙したアメリカ大使一家』
2015年９月　岩波書店刊

中公文庫

第三帝国《だいさんていこく》の愛人《あいじん》

——ヒトラーと対峙《たいじ》したアメリカ大使一家《たいしいっか》

2024年9月25日　初版発行

著　者　エリック・ラーソン

訳　者　佐久間《さくま》みかよ

発行者　安 部 順 一

発行所　中央公論新社

〒100-8152　東京都千代田区大手町1-7-1
電話　販売 03-5299-1730　編集 03-5299-1890
URL https://www.chuko.co.jp/

ＤＴＰ　嵐下英治
印　刷　三晃印刷
製　本　小泉製本

©2024 Mikayo SAKUMA
Published by CHUOKORON-SHINSHA, INC.
Printed in Japan　ISBN978-4-12-207564-1 C1122

定価はカバーに表示してあります。落丁本・乱丁本はお手数ですが小社販売部宛お送り下さい。送料小社負担にてお取り替えいたします。

●本書の無断複製（コピー）は著作権法上での例外を除き禁じられています。また、代行業者等に依頼してスキャンやデジタル化を行うことは、たとえ個人や家庭内の利用を目的とする場合でも著作権法違反です。

各書目の下段の数字はISBNコードです。978 - 4 - 12が省略してあります。

中公文庫既刊より

た-89-1
雪あかり日記／せせらぎ日記　谷口吉郎
一九三八年、ベルリンに赴任した若き日の建築家。建設総監シュペールとの面会、開戦前夜の市民生活などが透徹な筆致で語られる。〈解説〉堀江敏幸
206210-8

の-20-1
潜艦U-511号の運命　秘録・日独伊協同作戦　野村直邦
戦時中ベルリンで三国同盟の軍事委員を務め、Uボートの日本回航を担った著者が枢軸国側から描く迫真の戦争秘史。私家版の自叙伝を増補。〈解説〉大木毅
207326-5

ウ-12-1
ウィトゲンシュタイン家の人びと　闘う家族　A・ウォー　塩原通緒訳
破格の富、恐るべき才能、凶事の予感――天才哲学者と片腕のピアニストを生んだ名家の百年を、二度の大戦を背景に描いた傑作評伝。〈解説〉金原瑞人
207053-0

カ-5-2
カーネギー自伝　新版　カーネギー　坂西志保訳
移民の子から鉄鋼王へ、その成功哲学の原点をたどる感動の自伝。カーネギーを敬した渋沢栄一による本邦初訳版序文ほかを新たに収録。〈解説〉亀井俊介／鹿島茂
207105-6

ケ-7-1
ジョージ・F・ケナン回顧録Ⅰ　ジョージ・F・ケナン　清水俊雄　奥畑稔訳
封じ込め政策を提唱し冷戦下の米国政治に決定的な影響を与えた外交官ケナン。米国外交形成過程を活写した本書はその代表作にして歴史的名著である。
206324-2

ケ-7-2
ジョージ・F・ケナン回顧録Ⅱ　ジョージ・F・ケナン　清水俊雄　奥畑稔訳
本書はケナンの名を一躍知らしめた「X―論文」とそれがトルーマン政権下で対ソ政策の基調となり冷戦が始まる時代を描く。日本問題への考察も重要だ。
206356-3

ケ-7-3
ジョージ・F・ケナン回顧録Ⅲ　ジョージ・F・ケナン　清水俊雄　奥畑稔訳
最終Ⅲ巻は冷戦が激化を迎える一九五〇―六三年が対象。ケナンはモスクワ等での経験を描きつつ冷戦下世界へ根源的な分析を加える。〈解説〉西崎文子
206371-6

シ-12-1
ナチス軍需相の証言（上）回想録 シュペーア
シュペーア
品田豊治 訳
一九三三年の政権掌握から対ソ開戦、山荘に集う取り巻きたち。ヒトラーの側近の一人が間近に見たその虚栄と没落。軍事裁判後、獄中で綴った手記。
206888-9

シ-12-2
ナチス軍需相の証言（下）シュペーア回想録
シュペーア
品田豊治 訳
戦況の悪化、側近たちの離反にヒトラーは孤立を深めていく。終戦、そしてニュルンベルク裁判まで。『第三帝国の神殿にて』を改題。〈解説〉田野大輔
206889-6

タ-10-1
諜報の技術 CIA長官回顧録
アレン・ダレス
鹿島守之助 訳
兄の国務長官ジョンと冷戦外交を主導、スエズ動乱、朝鮮戦争、キューバ危機、U2事件から対KGB謀略戦の実態と情報機関の在り方を問う。〈解説〉有馬哲夫
207195-7

タ-11-1
戦争か平和か 国務長官回想録
ジョン・ダレス
大場正史 訳
対日講和に奔走しアイゼンハワー大統領下で冷戦外交を主導、ソ連・中国の脅威、安保理の機能不全のなか平和への策を提言。〈解説〉土田 宏
207252-7

チ-2-1
第二次大戦回顧録 抄
チャーチル
毎日新聞社 編訳
ノーベル文学賞に輝くチャーチル畢生の大著のエッセンスをこの一冊に凝縮。連合国最高首脳が自ら綴った、第二次世界大戦の真実。〈解説〉田原総一朗
203864-6

ハ-12-1
改訂版 ヨーロッパ史における戦争
マイケル・ハワード
奥村房夫
奥村大作 訳
中世から現代にいたるまでのヨーロッパの戦争を、社会・経済・技術の発展との相関関係においても概観した名著の増補改訂版。〈解説〉石津朋之
205318-2

ハ-16-1
ハル回顧録
コーデル・ハル
宮地健次郎 訳
日本に対米開戦を決意させたハル・ノートで知られ、「国際連合の父」としてノーベル平和賞を受賞した外交官が綴る国際政治の舞台裏。〈解説〉須藤眞志
206045-6

マ-10-1
疫病と世界史（上）
W・H・マクニール
佐々木昭夫 訳
疫病は世界の文明の興亡にどのような影響を与えてきたのか。紀元前五〇〇年から紀元一二〇〇年まで、人類の歴史を大きく動かした感染症の流行を見る。
204954-3

各書目の下段の数字はISBNコードです。978-4-12が省略してあります。

マ-10-2
疫病と世界史（下）
W・H・マクニール
佐々木昭夫訳
これまで歴史家が着目してこなかった「疫病」に焦点をあて、独自の史観で古代から現代までの歴史を見直す好著。紀元一二〇〇年以降の疫病と世界史。
204955-0

マ-10-3
世界史（上）
W・H・マクニール
増田義郎
佐々木昭夫訳
世界の各地域を平等な目で眺め、相関関係を分析しながら歴史の歩みを独自の史観で描き出した、定評ある世界史。ユーラシアの文明誕生から紀元一五〇〇年までを彩る四大文明と周縁部。
204966-6

マ-10-4
世界史（下）
W・H・マクニール
増田義郎
佐々木昭夫訳
俯瞰的な視座から世界の文明の流れをコンパクトにまとめ、歴史のダイナミズムを描き出した名著。西欧文明の興隆と変貌から、地球規模でのコスモポリタニズムまで。
204967-3

マ-10-5
戦争の世界史（上）技術と軍隊と社会
W・H・マクニール
高橋均訳
軍事技術は人間社会にどのような影響を及ぼしてきたのか。大家が長年あたためてきた野心作。上巻は古代文明から仏革命と英産業革命が及ぼした影響まで。
205897-2

マ-10-6
戦争の世界史（下）技術と軍隊と社会
W・H・マクニール
高橋均訳
軍事技術の発展はやがて制御しきれない破壊力を生み、人類は怯えながら軍備を競う。下巻は戦争の産業化から冷戦時代、現代の難局と未来を予測する結論まで。
205898-9

マ-17-1
ナチを欺いた死体
英国の奇策・ミンスミート作戦の真実
マッキンタイアー
小林朋則訳
スパイは死体⁉ 推理小説をヒントに英情報部が仕掛けた大芝居が、大戦の趨勢を変える。最も奇想天外ながら最も成功した欺瞞計画の全容。〈解説〉逢坂剛
207173-5

マ-17-2
キム・フィルビー かくも親密な裏切り
マッキンタイアー
小林朋則訳
誰からも愛されながらその全員を裏切っていた男は、MI6長官候補にしてソ連側の二重スパイ。衝撃の亡命までの三十年を同僚との血塗れの友情を軸に描く。
207489-7

ミ-3-1
なぜリーダーはウソをつくのか
国際政治で使われる5つの「戦略的なウソ」
J・ミアシャイマー
奥山真司訳
ビスマルク、ヒトラー、米歴代大統領のウソとは？国際政治で使われる戦略的なウソの種類を類型化し実例から当時のリーダーたちの思惑と意図を分析。
206503-1